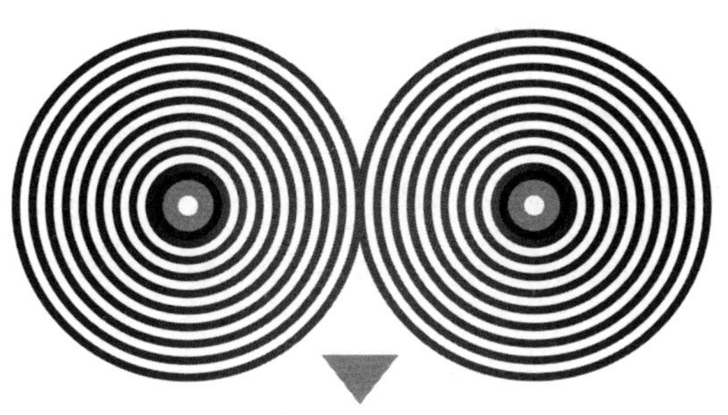

搜索营销

理解关键字广告之核心

[美] 伯纳德·吉姆·詹森（Bernard Jim Jansen）著
杨彦武 译

Understanding
Sponsored
Search
Core Elements of Keyword Advertising

图书在版编目（CIP）数据

搜索营销：理解关键字广告之核心 /（美）伯纳德·吉姆·詹森（Bernard Jim Jansen）著；杨彦武译．—北京：机械工业出版社，2019.3

书名原文：Understanding Sponsored Search: Core Elements of Keyword Advertising

ISBN 978-7-111-62022-8

I. 搜… II. ①伯… ②杨… III. 广告 – 市场营销学 IV. F713.86

中国版本图书馆 CIP 数据核字（2019）第 031706 号

本书版权登记号：图字 01-2018-8792

Bernard Jim Jansen. Understanding Sponsored Search: Core Elements of Keyword Advertising.

ISBN 978-1-107-62836-6

搜索营销：理解关键字广告之核心

出版发行：机械工业出版社（北京市西城区百万庄大街 22 号 邮政编码：100037）

责任编辑：孟宪勐　　责任校对：殷 虹

印　刷：北京诚信伟业印刷有限公司　　版　次：2019 年 4 月第 1 版第 1 次印刷

开　本：170mm × 242mm 1/16　　印　张：18.25

书　号：ISBN 978-7-111-62022-8　　定　价：79.00 元

凡购本书，如有缺页、倒页、脱页，由本社发行部调换

客服热线：（010）68995261 88361066　　投稿热线：（010）88379007

购书热线：（010）68326294　　读者信箱：hzjg@hzbook.com

译者序

随着大数据和信息技术的发展，互联网已经成为我们日常生活中的重要信息来源。如今，人们已经习惯于通过搜索引擎来查找自己需要的信息，并依赖得到的信息来进行决策。正是在这样的背景下，搜索引擎成了商业推广和营销活动中非常重要的工具之一。赞助搜索广告（sponsored search advertising）巧妙地把信息技术与商业推广融合在一起，通过精确定位、分析、引导消费者的需求，让搜索引擎公司、广告主、搜索用户都能在这一过程中获利。正如本书作者詹森教授所讲："赞助搜索广告定义了万维网！"赞助搜索广告的飞速发展与演变，不仅仅使万维网与搜索引擎生态系统发生了改变，同时也推动着互联网广告商业模式的创新以及广告行业的发展，甚至潜移默化地影响着消费者的行为与习惯。消费者利用搜索引擎进行信息查找的过程，看似简单，实则是一个包含着查询请求表达、沟通、信息评估、再搜索（或停止搜索）决策、搜索意图演化等在内的复杂的多阶段过程。这直接影响着赞助搜索广告活动管理与决策的方方面面。近年来，赞助搜索广告模式已经走出搜索引擎领域，出现在大量互联网应用中，包括电子商务平台（如亚马逊和淘宝）、网站内搜索、移动 App 等。实时竞价（RTB）融合了传统内容广告模式和赞助搜索广告模式，广泛应用于多种互联网广告中（如展示广告、社会媒体广告、移动广告等）。实际上，我们可以发现，互联网广告甚至整个现代广告行业处处都或多或少地闪现着赞助搜索广告模式的影子。

詹森教授是信息检索、搜索引擎技术、赞助搜索广告和社会媒体分析等领域的资深学者，他在这些领域中做出了杰出的贡献，建树颇丰。同时，詹森教授也是我个人非常敬仰的一位前辈学者。在攻读博士学位期间，我就经常阅读詹森教授发表的学术论文和著作，受益匪浅。2012 年，在北京召开的运筹学和管理科学研究学会（INFORMS）年会上，我有幸遇到作为特邀报告人的詹森教授。我们围绕搜索引擎的技术与商业话题进行了深入的探讨与交流，进而共同开展了一些学术项目，合作撰写并发表了多篇学术论文。在合作过程中，詹森教授给予我非常大的支持和帮助。他严谨的学术态度、创新包容的学术思路和友善的处事风格让我们的合作过程非常愉快，也让我获益良多。

国内对赞助搜索广告的研究与应用起步较晚，但也呈现出百家齐鸣的景象。关于赞助搜索广告活动组织与实施的书籍如雨后春笋般出现。学者们广泛探讨了赞助搜索广告的核心方面，包括竞价机制、预算分配、投标价确定、关键字选择以及商业侵权等。然而，一直缺少一部完整地对赞助搜索广告理论与实践进行细致分析的著作。本书共包含 10 个章节，囊括了赞助搜索广告的历史、框架、过程、核心、发展前景等方面的内容，涵盖了计算机科学、数学、心理学、经济学、市场营销学、统计学等多个学科的知识。为了方便读者学习使用，本书每个章节都选定了有趣的词条、知识等作为集锦，提升了本书的趣味性、可读性，并给出了一些需要读者回应的与章节内容相关的实战训练问题，供读者思考与实践训练，进一步强化对章节内容的理解。本书中每个章节看似相互独立却又融为一体，并将赞助搜索广告系统固有的组件全部联系起来形成了一个完整的框架，这会大大加快人们掌握这一相当复杂的在线广告知识的进程。

2017 年，我征得詹森教授的同意，开始着手翻译这部著作。我试图尽可能地通过本书的翻译将作者的思想分享给读者。然而，翻译过程并非一帆风顺。为了保证翻译精准并更好地体现作者的原意，我就书中内容的疑惑多次与詹森教授进行沟通。他始终满怀热情，耐心地进行解释。同时，由于赞助搜索广告是一门交叉学科，一些术语可能在不同的学科表达不同的含义或者在学科传统上采用了不同的中文表述，所以，我尽量采用市场营销学、计算机科学和信息检索中通用的说法，以便于读者理解。

本书侧重于从理论方面介绍赞助搜索广告这一领域中的知识，因此建议读者结合有关赞助搜索广告实际操作方面的书籍（如 *Learning Google AdWords and Google Analytics*）同时阅读。诚然，搜索引擎和赞助搜索广告的发展日新月异。为了能够跟上赞助搜索广告行业前进的脚步，我还针对本书每个章节的内容提供了作为延伸阅读的材料列表和作为实战训练的习题。读者在阅读本书时，在基本理解章节内容的基础上，可以通过进一步阅读给出的参考文献，分析解决所列出的实战训练问题，来加深、拓展对赞助搜索广告相关知识的理解。希望本书可以成为国内搜索营销从业者和研究人员的一本较为全面的教材，也能为相关领域的学者开展研究提供参考。

首先我要感谢詹森教授，他的大力支持是这本书得以顺利出版的重要保障。在翻译、出版的过程中，机械工业出版社华章公司的编辑张有利、孟宪勐辛勤付出，并为本书的翻译提供了大量的宝贵意见，在此我也一并表示感谢。同时，我也要感谢我的博士生聂晗、高婷、李慧然、冯宝珠，她们对本书的清样进行了仔细校对。本书得到国家自然科学基金项目（NSFC 71672067、71272236）的支持。

由于译者水平有限，书中难免存在一些错误和疏漏之处，请读者批评指正。

杨彦武

2018 年 8 月 1 日于喻家山

•• 前言 ••

几乎凡事都始于好奇心。

艾萨克·阿西莫夫（Isaac Asimov），《科学指南》[1]

如阿西莫夫在他的《科学指南》[1]中指出的，好奇心是一个基本的人类属性。它是驱使我们学习、探索、描述和理解周围世界的一种动力。同样，这也是我撰写这本关于赞助搜索广告书籍的一种强大的驱动力。

我有幸能够与一些年轻而又出类拔萃的搜索引擎营销专业人士进行了大量讨论。他们有些来自知名的在线营销公司，当然还有些来自不那么知名的公司。他们在赞助搜索广告机制与策略方面知识的深度与广度常常给我留下了深刻（实际上，非常深刻）的印象。在关键字选择、广告文案（ad copy）的写作以及实施关键字广告活动的其他方面，他们多次提出了一些有趣且有洞察力的见解。

然而，我也经常感受到来自这些专业人士的一种关于赞助搜索广告底层的好奇心。这预示着人们关于赞助搜索广告的基础与底层要素的知识的理解可能存在一种缺失。为什么选择某些关键字（而不选择其他那些前期推广活动中起作用的关键字）？为什么在广告文案中选择某些特定的词汇（而不选择其他那些前期推广活动中起作用的词汇）？为什么这个关键字出价过程是这样的？为什么考虑某些指标，而不考虑其他指标？

也就是说，我们为什么这么做？

本书的目标读者则是那些对此类问题有好奇心的人。

我本人就是这些人中的一员，因为我自己也对赞助搜索广告背后的原因与动机感到好奇。在这个过程中，广告主为其广告出现在一个搜索结果页面上而支付一定的费用，而此搜索页面则是对一个搜索用户的查询请求的响应。赞助搜索广告通常也被称为关键字广告。

理解赞助搜索广告的理论基础也会带来丰厚的实际效益。上下文场景、情况或者环境改变之前，重复做之前起作用的事情通常都会产生好的结果。而这些改变发生之后，所有的历史数据与结果的作用则非常有限。然而，理解某一特定领域的理论与模型则能够在动荡时期为我们提供一种连续性，[2] 因为理论更加稳定与持久。

因此，理论对于学术和实践都是有价值的。

□ **集锦**

大量关于广告的学术文献指出，广告学术研究人员与广告从业者之间一直存在着令人惋惜的裂痕。作为一名学术研究人员，我过去一直对此感到惊讶。

但这仅限于过去，现在我不再惊讶。

通常，确保学术研究诉诸实践而做出的努力非常有限。不幸的是，这种现象在许多学术领域普遍存在，并且在（从发表到实践影响的）奖励系统改变之前会依然如此。本书几乎每一章内容都被研究人员和业界工作者审阅过，以确保其中的素材对两者都有价值。

此外，理论可以帮助我们避免终极相对主义（ultimate relativism），因为每个个案可能在属性和上下文场景方面都是独特的。理论有助于发掘这些个案中的普遍性，强调趋势和共性。

理论可以帮助我们从树木中看到森林。

本书旨在从理论和方法论的角度讲解赞助搜索广告的底层基础要素，故受日新月异的技术实施变革的影响较少。我们主要考察“什么”（what）引起“如何”（how），而不是聚焦于“如何”。

- 为什么某些关键字起作用，而其他关键字则不然？
- 为什么某些广告起作用，而其他非常类似的广告则不然？
- 为什么一个关键字会花费一定的金额？
- 为什么我们这样来测量关键字广告？

本书主要围绕理解在赞助搜索广告中我们为什么这么做所涉及的一些好奇心问题。

因此，本书并不是一本讲述关于按点击付费（pay-per-click）广告、关键字广告或付费赞助搜索的指南性书籍（how-to book）。现存大量的讲解赞助搜索广告实施技巧与细节的书籍、手稿、文章、网站和博客。其中许多素材是相当不错的，而且还是从业人员的必读材料。然而，由于广告平台与技术的界面和算法的快速变化，这些出版物的半衰期比较短，因而需要进行持续更新。

关键字广告是一种关于人的商业活动。

我相信，因特网、万维网和搜索引擎已经改变了（而且还在继续改变）人类的行为方式，但对人类的思维，更确切地说，人类对周围世界的认知过程，几乎没有影响。现在，人们可能交流得更快，处理更碎片化的信息，购买产品和服务的方式不同了，许多其他行为方式也随之改变。人们所采用的比喻说法可能也改变了。然而，我很难相信人们千百年来所形成的认知过程已经发生了很大的变化。

因此，本书的许多理论观点都与人性有关。赞助搜索广告是融合了信息与技术的人类商业活动。

□ **集锦**

虽然我认为人类的思维方式几乎没有任何变化，但是我对这种可能性持一种开放态度。事实上，的确存在一些证据可以证明我们的思维方式发生了极大的改变，然而这些改变跟因特网没有任何关系。

关于这些改变的证据是什么呢？

在最近大约两万年间，人类大脑的平均尺寸缩小了约10%。[3]那就对了！根据大脑尺寸来判断，克鲁马努人（Cro-Magnon）拥有最佳的脑体比（brain-to-body ratio）。现代人每一体重单位对应的大脑尺寸要小一些。

人类大脑尺寸减小这一现象大约始于从狩猎采集文明到农业社区的过渡时期。

研究人员相信，人类大脑尺寸的减小是更复杂的人类社会结构的产物。这样的社会结构较少地需要攻击性及其他的野外求生的认知过程。

也就是说，人类进行了自我驯化！这一驯化可能使得大脑尺寸减小，同时也改变了我们的思维方式。

据观察，已驯化的动物（比如狗、猫、羊、牛等）比其在野外生活的同类拥有较小尺寸的大脑。

然而，据我们所知，因特网显然并没有对人类大脑尺寸的减小产生任何影响。

理论与实践之间的关系是什么呢？

有这样一个学术笑话。“理论与实践的区别是什么呢？”妙语是“在理论上，它们并非那么不同，而实际上，它们是截然不同的”。（注：学术笑话通常并不特别有趣。）

如同许多笑话一样，上述学术笑话也存在一个内在真理。任何一个赞助搜索广告系列的账号管理者都会告诉你，理论与实践是不同的。每个广告主、每种产品、每个广告系列都有其需要注意的地方和与众不同之处，实践者则必须在每个账户下处理这些特殊性。然而，其中也存在一些一般性的趋势、行为和指南。理论解释了这些指南和趋势背后的原则和构念。

因此，我们在本书中讲述赞助搜索广告的理论与模型，从而为那些被实证检验与实践证明有效（或无效）的技术提供基础。这些实践方法通常是经过了众多行业中的大量广告主重复检验的结果。本书也旨在为这些行业实践提供见解。

我们将涉及理解赞助搜索广告的基本原理。但是，我本人并不抵触实证。正好相反，我自己也是一名实证研究人员。

关键字广告本质上是一个实证领域。许多优秀的广告主都主张避免以表面价值来判断，而是应该进行持续检验。[4,5,6,7] 我完全赞同这一立场。然而，本书所讲述的理论已经经受了反复的实证评估。这些理论解释了赞助搜索广告的大部分内容，虽然每个账户、广告系列、关键字短语和广告均有其需要注意的地方和与众不同之处。

□ **集锦**

有些人认为理论是“高地”，我完全同意，但这取决于不同情况。有时候，人们只能通过实证研究来解决问题或者利用机会。

这方面的一个经典的例子是纸的发明，虽然英文中“paper”这个词源于埃及人发明的“papyrus”(纸莎草（最早的纸状物)），但纸的发明却归功于大约公元 105 年的蔡伦（Ts′ai Lun)。

以为纸是一种实证发明的原因在于，并不存在从“我需要廉价、轻便、耐用、柔软有弹性、用途广泛的材料来写字”到“因此我需要粉碎木材，再将它与水混合，然后让它干燥”之类的理论。通过实证方法我们只能从需求中得到解决方案。[8]

本书不涉及哪些主题?

本书并不涉及联属网络营销（affiliate marketing）或者内容关联广告（contextual advertising）的任何细节。这些是与关键字广告概念有关的在线广告形式，但与赞助搜索中触发关键字的广告不同。

本书的目标读者是哪些人?

本书的目标读者是那些对理解赞助搜索广告的基础知识有兴趣的人，主要包括：

- 刚刚开始接触赞助搜索广告这一领域的初学者；
- 拥有熟练的赞助搜索广告操作技能的专家。

本书提供了一个框架来将赞助搜索广告系统固有的组成部分联系起来，对于本领域的初学者来说有着非常重要的意义与价值。这种对基本要素的介绍将大大加快人们熟练掌握这一相当复杂的在线广告领域的进程。如果这在某种程度上符合你的情况，那么本书就是为你而著的。

然而，以我自身的经验来讲，我认为，一个人在真正理解赞助搜索广告的相关问题和议题之前，必须在这个领域中工作过一段时间并沉浸在其中的微妙之处。在这个阶段，你才能意识到这个领域中的细微差别，以及还有多少需要学习。此时，你就需要回过头学习基础知识来重新琢磨该领域的核心概念。如果你的专业知识水平差不多是这样的话，那么这本书也是为你而著的。

如何阅读本书？

本书可以完整阅读，也可以作为讲习班、研讨会或者课程的参考书。作为参考书，你可以阅读整本书或其中的个别章节。我试图全面涵盖赞助搜索广告的每个主要方面。然而，取决于你的背景，书中的有些领域你可能并不熟悉，而且每一章都是独立的。如果你没有完全理解某一部分，可以先跳过，以后再回过头来重新阅读。

本书涉及哪些学术领域？

本书聚焦于赞助搜索广告，但也深入探索了信息科学、消费者行为学和广告学几个学术领域，以及计算机科学、认知科学、市场营销学和统计学的一些方面。我会避免学术界所青睐的那些微妙行话。然而，当需要一个术语的精确含义时，我可能会要求使用这些行话。相反，为了本书的内容流畅，我选择牺牲描述的精确性。欢迎有兴趣的读者通过深入阅读学术文献来了解一些细节。每一章都包含完整的参考文献。事实上，我试图提供已发表的研究成果来支持赞助搜索广告领域的通用实践。本书也为你提供了一个完整的专业术语表[㊀]，既包括本书中涉及的，也包括那些你在赞助搜索广告实践中所听到的。

因此，虽然我专注于一些严肃的学术主题，但仍试图保持本书的行文轻松且娓娓道来的风格。本书中存在一些数学公式，但这些都有直截了当的解释。每个章节包含若干选定的有趣名目（标记为**集锦**），用来强调一些重要信息（如果你喜欢的话，在涉足整本书之前，可以先行阅读这部分的内容）和一个小节来将理论讨论与实践结合起来。第 1 章阐述了整本书其余部分的上下文背景，有经验的读者当然可以跳过该章。但这也只是一个简短的并且不会花很多时间的阅读过程。因而，我还是鼓励你花几分钟来阅读第 1 章。

本书的内容是如何组织的?

我将赞助搜索广告的主题相当精确地划分于一系列章节中。我并不赞成那些关于网络相关主题的书籍，它们给人的印象如同“在因特网上随机游走”或者“看看我浏览的网页”。虽然本书中各个章节被人为地进行了划分，但同时我也尝试将这些章节融为一个连贯的整体。因此，虽然本书的章节各自独立，但是整体来讲，本书是一项连贯一致的工作成果。

为了使每个章节独立，有时我必须跨章节重复一个概念。在这种情况下，我会引述全面介绍该概念的章节。虽然这种方式会带来一些重复，但它也有助于读者专注于个别章节，而不必消化整本书。

我尽自己的学术所能尝试着保持本书的简短、直接、扼要。然而，有时某些方面可能会比较微妙，因而需要多次钻研才能把问题讲清楚。

尽管本书以一种浅显易懂的语气来撰写，但是我花了大量精力来确保每一个字都有价值。这种方式的缺点是没有给予细节和例外情况应有的公平待遇。然而，澄清这些细节和例外情况的其他文章和信息源是可获得的。参考文献中就列出了许多诸如此类的信息源。

本书的内容涵盖赞助搜索广告活动中的主要成分，而不管其基层技术、客户或者产品如何。本书阐述了关键字、广告组、消费者、定价、竞争者、广告分

㊀ 参见华章网站 www.hzbook.com。

析、品牌化、营销和广告活动，以及将这些独立的组成部分整合为一个整体的赞助搜索广告。本书聚焦于赞助搜索广告的关键要素，并利用大量的插图、案例和足够的细节来引导感兴趣的读者进一步探究。

总而言之，在本书中我设法满足读者的好奇心，也就是“为什么”。

参考文献

[1] Asimov, I. 1965. “Chapter 1: What Is Science?” In *Asimov’s Guide to Science*. New York: Basic Books, pp. 3–16.

[2] Shapiro, C. and Varian, H. R. 1999. *Information Rules: A Strategic Guide to the Network Economy*. Boston, MA: Harvard Business Press.

[3] McAuliffe, K. 2010. “The Incredible Shrinking Brain.” *Discover*, September. pp. 54–59.

[4] Caples, J. 1997. *Tested Advertising Methods*, 5 ed. Rev. by Fred E. Hahn. Upper Saddle River, NJ: Prentice Hall.

[5] Hopkins, C. 1924. *Scientific Advertising*. New York: Cosimo Classics.

[6] Ogilvy, D. 1963. *Confessions of an Advertising Man*. London: Atheneu.

[7] Ogilvy, D. 1983. *Ogilvy on Advertising*. Toronto: John Wiley and Sons.

[8] Hart, M. H. 1992. The *100: A Ranking of the Most Influential Persons in History*. New York: Citadel Press.

•• 致谢 ••

谢谢！

很多人使得本书的问世成为可能，他们值得被感谢，再多的语言也表达不尽我对他们的谢意。他们的大量工作使本书的内容相较于我的初稿更加清晰明了，从而对读者来说更有价值，所有这些人的努力和帮助值得褒奖。对此，我深表感激。

剑桥大学出版社和蔼的工作人员对本书的设想和观念持开放态度，特别是劳伦·考尔斯（Lauren Cowles）和大卫·朱（David Jou）。在整个过程中，大卫简直太棒了。同时，非常感谢新一代出版与数据服务（Newgen Publishing and Data Services）公司的工作人员！干得漂亮！

本书提案的三位匿名评审专家支持了本书的观念，并提供了初步的反馈和指导意见。他们的快速反应、热情鼓励和精彩建议是最初促使我开始写作本书的巨大动力。

独立撰稿人布鲁克·兰德尔（Brook Randell），对全书进行了专业校稿和内容评审。布鲁克是我之前的一名学生，她现在继续从事更好的事情！我们会继续听到更多关于她的好消息。

我的女儿里安纳·詹森（Rianna Jansen），做了稿件提交之前最后的审稿工作。她纠正了我在不停地修改手稿时出现的许多语法错误。她的工作极大地提高了本书最终内容的可读性。

我还要感谢对个别章节进行审阅的行业专家。几乎每一章都同时被一位学者和一位业界工作者审阅过。这些章节的审稿专家包括：

- Brad Geddes, CertifiedKnowledge.org
- Daehee Park, Acxiom
- Dietmar Wolfram, University of Wisconsin, Milwaukee
- Don Turnbull，独立顾问及学者
- G. Allen Westra, Upper Iowa University
- George Michie, Rimm-Kaufamn Group
- Lu Zhang, Penn State University
- Nico Brooks, Two Octobers
- Sebastien Lahaie, Yahoo! Research
- Shelby Thayer, Penn State University
- Theresa Clarke，James Madison University

出于礼貌，我列出了这些审稿专家的服务单位。但是，这些审稿专家提供的意见仅代表其本人，与其相应的服务单位无关。

我要感谢戈德·霍彻基斯（Gord Hotchkiss）和伊恩·埃弗德尔（Ian Everdell），他们均来自 Mediative（前身为 Enquiro），为本书提供了搜索引擎结果页面热图。戈德是本领域从事眼动跟踪研究工作的初期研究人员之一。因此，我表示非常感激。

感谢克莱·戴维斯（Clay Davis）给我提供“电视上你不能说的七个字”（Seven Words You Can't Say on Television）的这一想法。

这些年来，我与许多搜索引擎营销公司和中介公司进行过交流。这也大大加深了我对赞助搜索领域和关键字广告相关技术的了解。

我很有幸与 IMPAQT 公司有着很好的关系。这家公司一直是搜索引擎营销教育的一个出色的支持者。因此，我要特别感谢 IMPAQT 公司的首席执行官理查德·哈格蒂（Richard Hagerty），他真的很棒！

我还要感谢其他搜索引擎营销的相关公司和中介机构，他们慷慨地为我们提供了时间、专业知识上的帮助，主要包括：

- Acronym Media
- AskHowie.com
- Atlas Solutions (now part of Microsoft)
- bjTheory
- BlitzLocal
- Bloom Marketing
- CertifiedKnowledge.org
- ClickEquations
- Google AdWords
- Google Research
- GSI Commerce
- iProspect
- Mediative (formerly Enquiro)
- Pepperjam (now part of TrueAction)
- Razorfish
- Rimm-Kaufman Group
- Seer Interactive
- TrueAction (part of GSI Commerce)
- WebMasterWorld.com
- Wordstream
- Yahoo! Research
- Yahoo! Search Marketing
- Yodle

最后，我非常感谢多年来与我在赞助搜索广告领域的研究、教育、咨询或者专家见证方面进行合作的许多专家，既包括学术研究人员，也包括行业实践者。你们的见解和知识被证明是非常宝贵的！

当然，本书中出现的一些差错、遗漏和错误都归因于我本人。

•• 关于术语的注释 ••

教育始于对词语含义的钻研。

安提斯泰尼（Antisthenes），

希腊雅典的哲学家，苏格拉底的弟子，公元前445—前365年（据称）

在任何一个横跨多个学科的复杂领域中，如赞助搜索广告，其行业术语会很快变得过载（同一术语表示多个含义）、不准确（一个术语的含义取决于上下文场景而变得比较微妙，而且在给定情况下，上下文场景还可能不同）和草率（多个术语表示同一概念）。因此，正如安提斯泰尼提醒我们的那样，考察词语的含义是教育的基础。

在本书中，我一直努力使用同一术语来表示同一概念，使讨论尽可能准确，术语尽可能精准。

然而，有些术语含义的细微差别在于依赖上下文场景和惯例。因此，我们必须解决几个术语问题。

搜索用户与潜在消费者

- 搜索用户（searcher）指的是向搜索引擎提交查询请求，与搜索结果进行互动，或者浏览网页的人。

- 潜在消费者（potential consumer）指的是可能购买或者参与电子商务交易的搜索用户。
- 参与搜索过程的搜索用户可能在某一时刻转变为潜在消费者。这个转变时刻是赞助搜索广告概念的关键之处。

消费者与潜在顾客

- 消费者（consumer）指的是一个细分市场中的一个个体。
- 潜在顾客（potential customer）指的是有一个现实转化（购买、注册一个新闻简报等）可能性的人。
- 消费者可能在某些时刻变为潜在顾客。事实上，这便是赞助搜索广告的目标。

关键字与关键字短语

- 关键字（keyword）指的是广告主所选择的用来连接搜索用户的查询请求和广告的一个单词。
- 关键字短语（keyphrase）指的是包含两个或者多个关键字的集合。

关键字与词条

- 关键字（keyword）指的是广告主所选择的用来连接搜索用户的查询请求和广告的一个单词。
- （搜索）词条（term）指的是一个搜索用户选择用于查询的单词。
- 一个查询请求可能包含一个或者多个词条。

广告与赞助搜索结果

- 广告（advertisement）指的是发送给消费者的商业信息。

- 赞助搜索结果（sponsored-search result）指的是展现在搜索引擎结果页面的广告。

作为商业的搜索引擎（search engine as business）和作为技术的搜索引擎（search engine as technology）

- 搜索引擎是一种商业，特别是在赞助搜索领域。
- 搜索引擎是提供搜索服务的一项技术，可以是通用搜索引擎、利基搜索引擎或者提供搜索功能的社会媒体服务。
- 搜索引擎有时被视为一种商业，有时则被视为一项技术。采取哪种观点依赖于讨论的上下文场景。

作为过程的赞助搜索（sponsored search as process）与作为平台的赞助搜索（sponsored search as platform）

- 赞助搜索是一种涉及多方的过程，包括搜索引擎技术、搜索引擎公司的商业方面、可能变成潜在顾客的搜索用户和广告主。
- 赞助搜索是搜索引擎公司提供的一种广告平台。
- 赞助搜索有时被视为一种过程，有时则被视为一个平台。采取哪种观点依赖于讨论的上下文场景。

广告主与企业

- 广告主（advertiser）指的是为一则商业消息支付费用的实体。
- 企业（business）指的是可能为了某种商业目的而参与广告活动的实体。
- 广告主和企业有时可能是同一实体。

企业与组织

- 企业（business）指的是可能为了某种商业目的而参与广告活动的实体。
- 组织（organization）指的是可能为了某种非商业目的而参与广告活动的实体。

广告主与投标者

- 广告主（advertiser）指的是为一则商业消息支付费用的实体。
- 投标者（bidder）指的是参与赞助搜索竞价的实体。
- 依赖于上下文场景，一个实体有时被视为赞助搜索过程中的广告主，有时则被视为赞助搜索竞价中的投标者。

作为搜索竞价技术的搜索引擎（search engine as auction technology）和作为拍卖者的搜索引擎（search engine as auctioneer）

- 搜索引擎为广告活动提供搜索竞价技术。
- 搜索引擎作为拍卖者参与赞助搜索竞价。
- 依赖于上下文场景，搜索引擎有时被视为搜索竞价技术，有时则被视为拍卖者。这两种角色的目标是不同的。

排名与位置

- 排名（rank）指的是一则广告在赞助搜索列表中的数字标签。
- 位置（position）指的是一则广告在赞助搜索列表中的广告位。

关键字短语出价与最高每点击成本

- 关键字短语出价（keyphrase bid）指的是广告主就搜索引擎为其提供广告服务（通常指一次点击）而愿意支付的金额。
- 最高每点击成本（maximum cost-per-click）指的是广告主为其广告的每次点击所支付的最高金额。
- 最高每点击成本小于或等于关键字短语出价。

赞助搜索活动与赞助搜索系列

- 赞助搜索活动（sponsored-search effort）包含（广告主的）一个或多个赞助搜索系列。
- 赞助搜索系列（sponsored-search campaign）包含一组关键字短语及其出价和与（广告主的）一个主题相关联的广告。

万维网与因特网

- 万维网（Web）指的是基于浏览器（通常为 HTTP 和 HTML）的通信媒介。这是一个处于因特网（Internet）硬件和软件网络中的用户应用程序层。
- 互联网（internet）指的是任何非基于浏览器的通信媒介，通常指促进用户在因特网（Internet）硬件和软件网络上进行交流和交易的应用程序与软件。

•• 目录 ••

㊀ 术语表请参见华章网站 www.hzbook.com。

㊁ 延伸阅读与实战训练请参见华章网站 www.hzbook.com。

第1章

赞助搜索广告的上下文场景

上下文场景是指用来确定、指定、澄清一个事件含义的周围事物、情况、环境、背景或设置。

维基词典，2010[1]

当你试图从一个给定的现象中得出任何含义时，都应该考虑其上下文场景。如维基词典所讲，上下文场景可以澄清一个事件的含义。[1]

让我们处于适当的上下文场景中

设想你是一个出售某种产品或服务的中小企业主。任选一种你感兴趣的产品或服务。我们采用镶框商店作为贯穿全书的案例。我们将镶框商店称为“快速镶框”(faster frames)。

你拥有一个实体店面，但是你决定要在线销售你的产品（与服务），以便更好地为在你周边地区的潜在顾客提供服务，并有可能向你的特定地理区域以外的目标受众提供服务。你应该怎么做呢?

首先你需要某种虚拟店面。从传统意义上来讲，虚拟店面指的是一个网站，可以内部建设，也可以外包给提供这种服务的公司。然而，虚拟店面也可以是许多社会媒体平台上的虚拟呈现（virtual presence)，因为那里也会发生某些方面的业务。假设我们为这个镶框商店创建了一个漂亮的网站来展示我们的镶框及其服务。

现在呢?

很少有大量的潜在顾客走进实体店面。很多时候，我们会做一些市场营销工作来吸引该业务的潜在消费群体。当然，如果你的产品、定价、性能、渠道和人员可以为消费者带来价值，那么市场营销工作会更容易，因为你的业务可能在潜在消费群体中有着良好的品牌形象。然而，在这个地理区域内，通常存在一些提供类似（或者同样）产品的竞争企业。这样的话，甚至一流的公司通常也需要开展某些市场营销工作和广告活动。由于存在几个国家级的竞争对手，以及大量的本地特许经营和一些夫妻店，所以对于我们的镶框商店来说，当然也是如此。

在虚拟世界中，竞争情况甚至更激烈。在同一个市场中可能会存在十几个、上百个，甚至数千个互相竞争的企业。甚至你可能会发现，其中许多企业在你自己的地理区域内与你的实体店面展开了竞争。

因此，无论你是否愿意，你都要与在线世界中的公司进行竞争。

既然镶框同时是一项服务和一种产品，那么只要我们提供运输与接收服务，就没有理由不在全国范围内的高端市场上竞争。

每个竞争企业都拥有某种在线呈现（online presence），即其虚拟店面。对于一个网站来讲，一般也很少出现大量的潜在顾客随机到访的情况。就像实体店面一样，企业也必须做一些市场营销工作来吸引新顾客来访问其在线店面。当然，鉴于市场竞争如此激烈，对我们的镶框商店来说也是如此。

在万维网进行市场营销依赖于一些关键技术服务。社会媒体站点是重要的商业营销网点，对病毒营销（viral marketing）来讲尤其如此。然而，在线世界中最有力的营销武器是搜索引擎。当然，社会媒体站点和搜索引擎也可能为同一实体。

搜索引擎如何影响商业活动

多年来，搜索引擎一直是万维网的主要门户。因为搜索引擎拥有规模庞大的软件代理来创建索引网页、大量的计算机来存储词条和网页的元数据，以及直观的搜索界面，因而它成为万维网上的重要“交通工具”。也就是说，这些主流搜索引擎是价值增强剂，因为如果网站上的信息仅被很少人找到的话，那么它们就没有什么价值了。

□ **集锦**

虽然，搜索引擎及其采用的技术非常重要这一事实现在看起来是显而易见的，但其并非一直如此明确。

那篇讨论谷歌排名算法的论文原稿曾经被信息检索专业组（Special Interest Group on Information Retrieval，SIGIR）国际会议拒绝接受。信息检索专业组国际会议是信息检索学术界的重要会议之一。

信息检索专业组的审稿专家辩解说，这篇论文表达得不清楚。这是功能与形式之间的重要关系的一个范例。此二者均不可轻视。

这篇论文的一个版本最终被一个学术期刊接收并发表，后来竟成为信息检索领域的高频率引用论文之一。[2]

为什么万维网会产生如此巨大的影响呢？

一个原因可能是能供性理论（theory of affordances）。[3] 该理论设想人们同时根据事物的形状（包括空间关系）和事物的行动可能性（能供性）来感知世界。这种对于事物可能性的感知有助于激发人们采取行动（感知激发行为）。有时候，能供性是设计师的目的。而另外一些时候，人们将他们自己的能供性引入到一项技术中。这当然也发生在万维网的使用过程中。

因此，为了我们的在线业务，我们要让该网站被主要的搜索引擎索引。幸运的是，这个做起来相当容易。有时候，我们什么也不用做。而另外一些时候，我们可能需要请求搜索引擎来索引我们的网站。鉴于我们在技术方面比较有经验，主流搜索引擎很快就索引了我们镶框商店的网站。

一旦该网站被搜索引擎索引，我们真正的挑战就开始了。任何一台计算机或者计算设备的屏幕空间都是有限的。屏幕上仅有这么大的空间（也可称为“屏幕房地产”）来显示信息。因此，当一个搜索用户向搜索引擎提交一个查询请求时，搜索引擎仅能展示这么多结果。我们假定所能显示结果的数量是 10。

实际上，10 也是一种夸张的说法，通常展示在上半版版面（首先展示给用户的屏幕部分，即用户无须下拉即可看到网页区域）的结果往往少于 10 个。大部分用户并不会下拉网页。[4]

因此，潜在顾客会提交一个与你的业务直接相关的查询请求。虽然你可以想象其中一个结果就是你的网站，但这并不能被保证。一家公司独占整个市场的情况比较少见。相反，可能有几十、上百，甚至成千上万家企业向同一潜在顾客群体提供可行的产品，从而竞争这 10 个结果位置中的一个。

你的企业需要获得 10 个首页结果位置中的一个，因为这些位置的顾客流量是最高的。实际上，你更应得到这个位置列表中靠上端的位置。在每个业务同等可行的情况下，搜索引擎会采用多种因素来决定每家企业的网站在这 10 个位置列表中的排名。然而，关于搜索引擎采用哪些因素进行排序，你可能仅了解有限的信息，因此这有点儿像赌博。

还有其他可选方案能让你的企业网站在首页展示吗？其中一个答案是赞助搜索广告（也称为关键字广告、付费搜索广告、按点击付费广告）。赞助搜索广告是指这样一个过程：搜索用户的一个查询请求触发一个搜索引擎结果页面（search engine results page，SERP），广告主则为其广告在该结果页面中展示而向搜索引擎支付一定的费用。在赞助搜索广告中，广告主购买搜索引擎引流到其网站的流量。主流搜索引擎利用赞助搜索广告使在线商务发生了重大的改变。

□ **集锦**

赞助搜索广告以各种形式出现，最常见的是按点击付费。

国际搜索引擎营销专家组织（Search Engine Marketing Professional Organization，SEMPO）将按点击付费定义为一种在线广告模型，广告主仅为其广告上的点击支付费用，这些点击引导搜索用户到该广告主网站上的一个特定登录页面。

假定我们的镶框商店没有出现在如“镶框商店”这样一个本地查询请求所触发的前 10 个结果位置上。那么，我们确实需要依靠赞助搜索广告作为一个广告媒介。

如何利用赞助搜索广告来出售你的业务

主流搜索引擎都有赞助搜索广告平台，你可以在短时间内创建一个账号。赞助搜索广告的实现有好几种方式。假设在一个按照点击付费的平台上注册账号，即我们仅当搜索用户点击广告时才向搜索引擎付费。当然我们可以在多个赞助搜索广告平台上注册账号。假设我们为我们的镶框商店在一个主流搜索引擎上注册了赞助搜索广告账号。

我们开展赞助搜索广告活动的目标与大多数广告活动一样，力求以一定的成本获得新顾客，并通过把产品和服务出售给这些顾客来获利。

一旦完成这个管理工作，我们该怎么做

第一步是选择一些关键字。我们认为潜在顾客会用这些关键字在万维网上查找我们的业务。然后，利用搜索引擎的赞助搜索广告平台，我们把这些关键字

添加到我们的账号中。一般来讲，我们的镶框商店的关键字短语可能包括“相框”(frames)、“镶框”(framing)、“定制化镶框”(custom framing)。

我们还需要决定当搜索用户输入其中一个关键字时应该展示什么样的广告。利用搜索引擎的赞助搜索广告技术，我们在自己的账号里创建一则广告，并把该广告与先前所选择的关键字链接起来。

假设我们为我们的镶框商店创建了如下广告：

快速镶框

立减 50 美元的定制镶框优惠券

快速镶框，保证满意

www.fasterframe.com

一旦我们创建并开始运营一个赞助搜索广告账号，我们的广告将会出现在网页、手机、平板电脑和许多其他设备上。这些广告会把潜在顾客引导至我们的网站，或者给潜在顾客提供一种方式来点击广告并打电话咨询我们的业务，或者访问其他与我们的业务相关的网站，比如我们的某个社会媒体网站。

搜索引擎如何赚钱

搜索引擎并不提供免费的营销服务。我们表示愿意为每个关键字短语向搜索引擎支付一定费用，这被称为一个报价（bid)。将其称为一个报价的原因是还有其他一些企业想要在同样一组关键字的搜索结果页面上展示其广告。每个企业报出一个投标价，供求法则开始发挥作用。选择某一个关键字并出价的企业越多，你的广告展示在相应的搜索引擎结果页面所需的报价就越高。其中的关键资源就是“屏幕房地产”。

报价是我们愿意为自己的广告上的一个点击而向搜索引擎支付的最高费用。通常，实际支付的价格与报价相同，有时也会比出价低，但不会高于报价。

这个报价过程需要每个参与企业做出一些决策，即该企业愿意为其广告承担什么样的成本。做出这个决策在初期是相当困难的，但一旦得到一些历史数据，我们就可以对自己的报价和预算进行微调。我们假设为该镶框商店设定最高每点击报价为 1.00 美元。

这样，我们就创建好了赞助搜索广告账号：输入了关键字，制作了广告，并设定了最高每点击报价。我们已经为运营赞助搜索广告活动做好了准备。通常我们可以在几分钟内激活账号。这样，我们的广告就可以开始展现了。

这真的很简单。一个人可以在几分钟内使赞助搜索广告系列活动开始运营。然而，在这个看起来简单的设置背后，有许多复杂的问题、假设和议题。

本书旨在解决这些复杂的问题。

□ **集锦**

赞助搜索广告是技术创新概念的一个典型代表，其在一个自我强化的发展周期中经历了三个阶段。

这三个阶段是：①一个创造性且可行的想法；②实际实施与应用；③该技术在社会中的扩散。[5, p27]

在不到 10 年的时间里，赞助搜索广告从概念化发展成为一个数十亿美元的产业，直接影响上百万企业和数十亿人。这真是太棒了。据我们所知，赞助搜索广告塑造了万维网。

除了其直接影响，赞助搜索广告可能还产生了几十亿美元量级的次级影响。[6]

这些复杂的问题、假设和议题是什么

我们从乍一看起来简单的关键字选择这一步骤开始，应该选择哪些关键字？应该选择多少个？为什么选择这些关键字？关键字选择是搜索引擎广告过程中的一个关键步骤。不夸张地说，有成千上万的指南、清单和工具来帮助我们进行关键字选择。然而，能够阐明这些指南、清单和工具背后的理论与模型的文献却很有限。为什么某些关键字可以起作用，而其他则不然，在本书中我们将考察这些深层次的理论。

对于广告文案来说也一样。赞助搜索广告系统中的广告文案通常比较短，仅仅有几行文本（也可能包括一些其他元素，比如小图片）。跟关键字一样，也有大量的关于如何制作赞助搜索广告文案的清单和建议性指南。但是，为什么这些建议有用？为什么某些广告文案可以获得潜在顾客的注意，而其他则不然？到底是什么因素促使潜在顾客点击对应于同一个关键字的某些广告文案，而不点击其他广告文案？

那么报价呢？乍一看，报价好像是企业决定愿意花费多少钱的一个简单过程。实际上，我们的报价是一个错综复杂的涉及多方（我们自己、竞争对手和搜索引擎）利益的在线竞价过程的一部分。

以上这些都是与赞助搜索广告的主要组成部分相关的问题。

还有一些其他相关组成部分需要考虑：

- 顾客组成部分：我们如何确定顾客真正追求的是什么？在线购物过程中，顾客的行为是什么样的？促使顾客进行购买的因素是什么？
- 营销活动组成部分：我们的企业如何参与赞助搜索广告过程？我们企业的总体战略目标和战术目的是什么？
- 广告活动组成部分：如何利用赞助搜索广告来达到我们广告活动的目标？
- 品牌化组成部分：我们想要为企业在在线市场中树立什么样的形象？我们是否可以利用赞助搜索广告来增强我们的品牌价值？

总　结

我撰写本书的目的是提高人们对赞助搜索广告的这些问题的理解。目前没有策略、清单，也没有实施建议来解决这些问题。为了达到这个目的，我们必须深入理论与模型中进行历险。

让我们开始吧。

参考文献

[1] Wiktionary. 2010. Context. Retrieved January 15, 2011, from http://en.wiktionary.org/wiki/context.

[2] Brin, S. and L. Page . 1998. "The Anatomy of a Large-Scale Hypertextual Web Search Engine." *Computer Networks and ISDN Systems*, vol. 30(1), pp. 107–117.

[3] Gibson, J. J. 1977. "The Theory of Affordances." In *Perceiving, Acting and Knowing*, R. Shaw and J. Bransford, Eds. Hillsdale, NJ: Erlbaum.

[4] Jansen, B. J. and Spink, A. 2003. "An Analysis of Web Information Seeking and Use: Documents Retrieved Versus Documents Viewed." In *4th International Conference on Internet Computing*, Las Vegas, NV, pp. 65–69.

[5] Toffler, A. 1970. *Future Shock*. New York: Random House.

[6] Johnson, C. H. 2009. *Google's Economic Impact United States 2009*. Mountain View, CA: Google.

赞助搜索广告的过程建模

搜索引擎从白页到黄页的转变只是一个开场白。

比尔·格罗斯（Bill Gross）

丹尼·沙利文（Danny Sullivan）

《搜索引擎报告》[1]（1998）

通过为镶框商店创建赞助搜索广告账号这一案例，我们通过实例接触了一个过程，而没有意识到赞助搜索广告中固有的技术与人交互中深层次的复杂性。什么技术支撑了整个过程？赞助搜索广告的商业模式是什么样的？谁是赞助搜索广告中的主要参与者？这些参与者的目标和动机是什么？为了回答这些和其他类似的问题，我们需要考察赞助搜索广告模型。

开发一个通用的赞助搜索广告的过程模型是很重要的。模型是对复杂自然过程的一种简化，并体现出其基本属性的表现形式。也就是说，模型允许我们剥离不必要的因素从而得到关键因素。

为了给我们的模型增添一些有意义的成分，从赞助搜索广告早期的简单介绍出发是很值得的。这将揭示我们如何到达目前的境况。广告被引入搜索结果页面改变了一切，比尔·格罗斯的这种说法[1]是正确的。最后，在本章结束时，我们介绍赞助搜索广告的一些概念性术语。

赞助搜索广告早期的历史回顾

1996 年，搜索引擎 OpenText 进行了赞助搜索广告的首次尝试。[2]然而，由于多种原因，这个实验进展得并不顺利，主要原因可能是搜索用户不愿意让搜索过程商业化。事实上，OpenText 收到了许多投诉而不得不在几周内撤下赞助搜索广告。

□ **集锦**

赞助搜索广告概念的引入有多早？根据我的记录，网络广告首次出现于 1994 年 10 月 27 日，Hotwired 公司与 14 家公司签署协议，并在其网站上展示这些公司的横幅广告。从那天起，万维网成为一个商业媒介。

据称，AT&T 是第一家展示其横幅广告的公司，虽然其他公司（包括 Club Med、MCI、沃尔沃和 Coor's Zima）也可能声称拥有这项荣誉。

免责声明：其他基于万维网的杂志（也被称为网络杂志）包括 *Global Network Navigator*、*Virtual Journal*、*Synapse*、*Medio* 和 *Chaos Control*，也宣称自己

是第一个出售横幅广告的杂志。然而，所有这些网络杂志出售横幅广告的大体时间都是 1993 年或 1994 年。

无论如何，Horwired 公司的商务总监里克·博伊斯（Rick Boyce）被公认为是开创了横幅广告想法的人。该想法成为在线公司的重要商务概念。

图 2-1（据称）是类似于第一则横幅广告的图片。

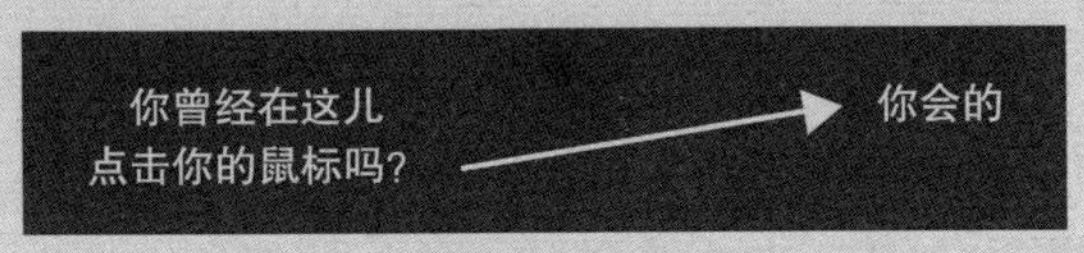

图 2-1 第一则横幅广告图片

这让我想起美国州际公路的一个超炫的路边广告牌，它向游客推销州际公路以外的旅游路线。

1998 年 2 月 21 日，GoTo.com 公司发布了一个赞助搜索广告模型：通过一个实时的竞争性报价过程，搜索引擎根据网站为了出现在搜索结果页面的顶部而愿意支付的费用来对其进行排名。[3] 这些网站的广告出现在搜索结果页面上，并依据当时搜索用户主动查找的信息来进行展示。

这个概念比较直接，利用一个透明的排序因素（金钱），广告主针对确切的短语进行报价，编辑检查其相关性。这个概念是第一价格竞价（first-price auction），最高出价者获得最好的广告位置。GoTo.com 公司也提供由 Inktomi.com 支持的非付费搜索结果列表。

□ **集锦**

World-Wide Web Worm 是第一个万维网搜索引擎，GoTo.com 是它更名后的搜索引擎。

1993 年 World-Wide Web Worm 由奥利弗·麦克布兰（Oliver McBryan）在科罗拉多大学（University of Colorado）创建，它是所有万维网搜索引擎的鼻祖。它就是创始者！

与 OpenText 的经历相比，直到 1998 年 7 月，GoTo.com 公司才拥有了超过 1000 名广告主，他们为每次点击支付 1 美分到 1 美元不等的价格。[4] 这时，反对赞助搜索广告的抗议声音已经很少了。

□ **集锦**

1998 年 5 月 28 日，GoTo.com 公司申请了赞助搜索广告的早期专利之一。[5]

比尔·格罗斯（Bill Gross）通常被公认为是创建了这种商务模式的人，虽然其他人包括同时期 Ideas at IdeaLab 的副总裁斯科特·班尼斯特（Scott Banister）、GoTo.com 公司的首席执行官杰弗里·布鲁尔（Jeffrey Brewer），也会被认为值得获此殊荣。

名字列在这个原创专利上的人包括达伦·J. 戴维斯（Darren J. Davis）、马修·德雷尔（Matthew Derer）、约翰·加西亚（Johann Garcia）、拉里·格雷科（Larry Greco）、托德·E. 库尔特（Tod E. Kurt）、托马斯·克沃（Thomas Kwong）、乔纳森·C. 李（Jonathan C. Lee）、卡·卢克·李（Ka Luk Lee）、普雷斯顿·普法纳（Preston Pfarner）和史蒂夫·斯科夫兰（Steve Skovran）。

到 2010 年，在线广告（主要是赞助搜索广告）的花费已经超过了印刷广告。[6] 这仅仅耗费了 12 年时间，这真是一个了不起的成就！这可以与搜索引擎自身突显成为万维网信息门户这一戏剧性崛起的事实相对照和匹敌。

为什么赞助搜索广告成功了

理解为什么赞助搜索广告在 1998 年取得了成功，而在两年前却不成功，是至关重要的。据说，那时的许多技术都领先于时代。一个更准确的说法是，成功的技术需要合适的上下文场景。1998 年，万维网的上下文场景对于发生变革来说已经成熟，具体来讲，就是网站的一个崭新盈利模式、一个崭新的商业广告模式和一个人们使用万维网的崭新的参考框架。

很明显，在 OpenText 和 GoTo.com 两次体验之间的两年时间里，万维网的上下文场景已经发生了很大的变化。如 GoTo.com 公司的首席执行官杰弗里・布鲁尔所说："很坦率地说，没人理解服务是怎样提供结果的。消费者满意了，实际上他们对机制并不感兴趣"。[4]

搜索用户更能接受赞助搜索广告的一个原因是，它可以应对那时候出现的对搜索结果的无关操作（一个关于垃圾信息的很好说法）。

另一个原因是，对广告来说，横幅广告（当时主要的在线广告形式）被证明是低效的。[7] 横幅广告变得司空见惯，人们对它们的新鲜感很快消失了，其点击率（click-through rate，CTR）从 10% ～ 40% 下跌到 1997 年的约 1%。[3, p7]1996 年，平均点击率约为 7%，1999 年下滑到约 0.6%。[8] 目睹点击率的大滑坡，宝洁公司（Procter and Gamble，P&G）宣布他们仅愿意为横幅广告的每千次展示支付 5 美元，这让业界颇为震惊。

最后一个原因是，作为在线广告的一个指标，点击率的概念真正得到了承认。宝洁是第一个坚持只按照在线广告的点击率付费的公司，虽然最终它改变了立场来支持一种为展现（impression）与点击（click）混合付费的模式。[3] 特别是 1996 年宝洁公司与雅虎公司达成协议：宝洁公司仅为其在线广告的点击付费，而不为展现付费。[9]

自始至今，点击率的概念一直与赞助搜索广告模式连在一起，即使还有不少人批评其作为一个指标的价值很低。根据早期的研究成果，点击率作为投资回报率（return on investment，ROI）优化的一个指标基本上没什么价值，因为它与转化率（conversion rate）的相关性往往比较低。

因此，1998 年年中，在各种各样的环境、情境、商务因素的共同作用下，赞助搜索广告的概念被搜索用户、广告主和在线商务所接受。

赞助搜索广告是如何演化的

图 2-2 显示了 GoTo.com 公司赞助搜索广告列表的一幅截图。注意搜索结果中列出了报价。

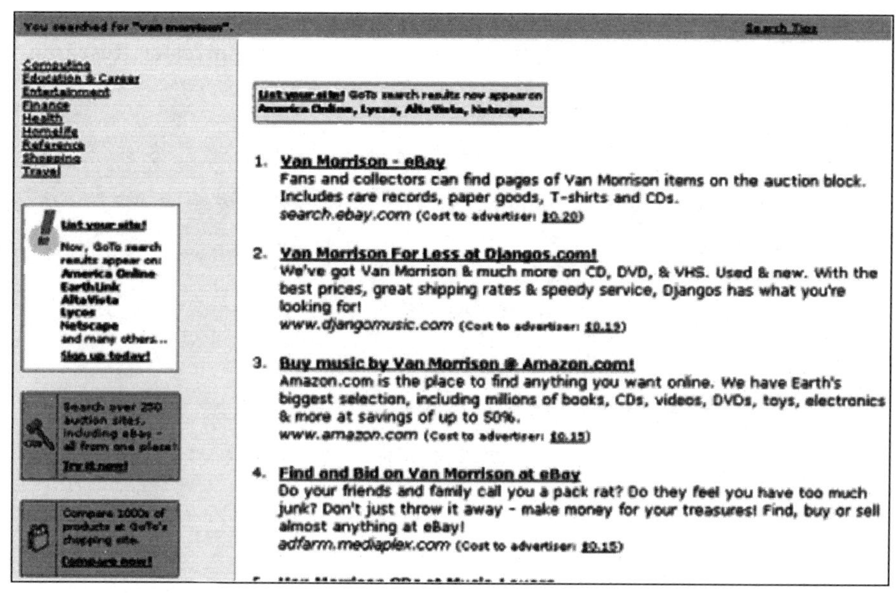

图 2-2　GoTo.com 公司的搜索引擎结果页面

赞助搜索广告的确是相当具有革命性的概念。一个关键字具有货币价值的想法真的很有见地。在那之前，搜索越来越多地被视为一种商品，甚至一种成本，搜索引擎基本上侧重于开发门户。[10] 赞助搜索广告使搜索引擎重新聚焦于搜索和检索的核心竞争力。另外，它沿袭在线广告的问责制与度量标准，广告主只有在其赞助搜索结果（广告）被潜在顾客点击时才付费。相对于其他形式的单方推动、基于展示的广告媒介（如电视、广播，或者印刷），这是一种战略优势。

另外，除非广告被一个搜索用户点击，否则广告主无须支付任何费用，鉴于此，搜索引擎无偿提供广告服务直至该广告被点击。这就打下了风险分配的基础，即在线广告的另外一个侧面。赞助搜索广告的概念的确是万维网游戏规则的改变者。

□ **集锦**

当 GoTo.com 公司首次推出赞助搜索广告模式时，许多行业分析家对此持怀疑态度。这里给出那时关于这个过程的引述：

“这很奇怪。”——Excite 公司的执行副总裁布雷特 · 布林顿（Brett Bullington）

"我有一个疑问：消费者是否关心这种模式。"——Forrester Research 的分析师凯特·德尔哈吉恩（Kate Delhagen）

"他们认为这污染了搜索。"——OpenText 公司企业网络系统经理马克·克拉茨（Mark Kraatz)(对 OpenText 的付费列表经历发表意见)

"从长远来讲，我不确定这会真正为用户提供价值。我认为，他们想要某种独立的排序。"——Lycos 公司的搜索经理拉吉夫·马瑟（Rajive Mathur）[1]

实际上，万维网上广告的整体概念曾经备受质疑。比如：

"通观全局，广告几乎与万维网的成功无关。"(Jakob Nielsen (1997) *Why Advertising Doesn't Work on the Web*. Retrieved March 9, 2011 from http://www.useit.com/alertbox/9709a.html.)

然而，GoTo.com 公司（2001 年更名为 Overture）面临一个挑战，即流量。换句话说，他们并没有多少流量。

赞助搜索广告平台的一个关键是有足够多的搜索用户来到该网站，提交查询请求，然后有可能点击广告。这是赞助搜索广告平台的一个持久方面——通过提供免费搜索得到大量的网站流量（成本），然后利用赞助搜索广告结果对其中一部分流量进行货币化（收益）。

当然，这是一个平衡行为。搜索引擎尽可能多地将其网站流量货币化，但所采用的方式必须不能导致搜索引擎的整体流量降低。也就是说，如果来到该网站进行免费搜索的搜索用户失去兴趣，由于搜索的转移成本几乎是零，他们就会离开。

所以在某种程度上，每个搜索引擎的赞助搜索广告平台与其自然搜索服务既合作又竞争！自始至今都是如此。

为了得到流量，Overture 与当时的几个大型网络门户（比如 CNN、雅虎、微软）达成协议，在它们的网站上提供广告服务（将其现有的流量货币化）。Overture 还购买了几个现有的搜索引擎：Alta Vista 和 AlltheWeb.com。

□ **集锦**

2003 年 Overture 被雅虎收购；2010 年其被归入微软的必应赞助搜索广告平台，这有效地将 Overture 从赞助搜索广告业务中剥离出来。

我个人对此表示很难过。

但是，世界继续前行。

2000 年，谷歌发布了第一个广告业务，谷歌 Adwords，虽然其定价最初是基于展现次数的，[11] 但是，该项目相当成功，首月就有大约 350 个用户注册了。谷歌的第一个赞助搜索广告平台开始于 2002 年 2 月，采用了 Overture 的按每次点击付费的盈利模式。与此同时，它仍继续采用之前按照展现销售的模式（sales-by-impression model）。[12] 最终，它抛弃了按照展现销售的模式，全力支持按每次点击付费的模式。

相较于 Overture 模式，谷歌的赞助搜索广告模式引入了一些重要改变。首先，谷歌 Adwords 的研发人员将定价方案从第一价格竞价改变为更稳定的第二价格竞价。在一个单物品第二价格竞价中，最高出价者胜出，但仅支付第二高出价加上某一小调整量（附加额的一个花俏说法）。（注：我们会在第 8 章详细介绍报价工作时，讨论这个小调整量的意义。）

此外，谷歌也对标准的分配方案进行了修改。它计算源自于报价金额和点击率的质量得分，而不是仅仅以投标价格来进行排名，随后，又增加了如关键字相关性和登录页面质量之类的因素。

点击率度量了搜索用户点击一个广告超链接的比率。当它与谷歌其他基于质量的指标结合起来时，此方法有助于惩罚那些使用欺骗做法或者糟糕网站的广告主。此外，这可以避免广告主通过购买获得高广告位而没有产生任何点击（或者至少使得这种行为成本很高）的情况发生。也就是说，谷歌将相关性的概念纳入赞助搜索广告过程，从而创造了广告主和搜索用户之间的协同与共赢。

引入相关性的概念也有助于赞助搜索广告被网络社区所接受。这表示搜索引擎关注提供良好的搜索结果，而不只是在乎赚钱。这也符合谷歌当时的品牌形象，包括其公司理念的第六点：你可以赚钱而不必作恶。[13]

> □ **集锦**
>
> 根据最直接的定义，相关性表示搜索引擎结果页面上的一条结果满足搜索用户需求的程度。
>
> 然而，除此之外，相关性的概念可能很快会变得非常微妙。
>
> 关于相关性的一篇原创论文见参考文献 *Relevance: A review of and a framework for the thinking on the notion in information science*。[14]

通过这个方法，谷歌维护了用户的搜索体验，同时增加了它的利润，因为用户更可能点击相关的广告。搜索竞价机制的这两点改变使得谷歌的竞价机制更稳定、更有利可图。

> □ **集锦**
>
> 2002 年，紧随谷歌之后，Overture（后来被称为雅虎搜索营销）将其定价方案更新为第二价格竞价，并于 2007 年年初以质量指标（quality index）的形式实施了基于质量的出价机制。

因此，谷歌的赞助搜索广告模式包括四个协同作用的部分。多年来，这些部分逐步被完善，现在已成为大部分赞助搜索广告模式的特性，具体如下：

- **自助服务**（广告主设定价格、创建广告、监测流量等）
- **按点击付费**（广告主只有在搜索用户点击其广告时才付费，而在其广告被展示时无须付费）
- **基于竞价的定价**（一个行业市场的一群广告主决定来自某一特定关键字的流量的价值）
- **相关性**（一则广告只有在其被搜索用户的一个关键字触发时才被展示）

谷歌还拥有 Overture 所欠缺的一个因素——流量！谷歌拥有巨大的流量。

谷歌自 1998 年成立以来，一直积极地专注于搜索和搜索质量完善。然而，搜索是一项昂贵的工作，且其本身并不赚一分钱。然而，谷歌相当擅长搜索，从而聚集了一个庞大的搜索用户群体。赞助搜索广告的推出，为这些搜索流量的货币化提供了一种方案，并且是以与其核心搜索使命相一致的方式实现的。此外，谷歌使用点击率符合其作为一个相关性搜索引擎的品牌形象。因此，与 OpenText 的经历不同，几乎没有公开抗议谷歌商业化搜索过程的声音。

在赞助搜索广告领域，最初几年，雅虎搜索营销（Yahoo! Search Marketing）和谷歌 Adwords 一直保持主导玩家的地位，虽然不时有一些小玩家尝试进入这个市场，但赞助搜索广告的核心元素一般保持不变。

□ **集锦**

为什么搜索流量会经历这样的整合?

一个可能的解释是马太效应（Matthew effect）。

根据基督教圣经的经文，马太效应的基本意思是，一旦某人拥有很多东西（比如很多搜索流量），他将得到更多。

在很多经济学概念中，我们可以发现马太效应，比如从众效应（一旦许多人做某件事，越来越多的人就会开始做这件事）。

在以上关于赞助搜索广告最初几年的历史概述中，我们聚焦于为基本理解打下基础的一些方面。当然，还有许多方面、见解和事件我们没有提及。关于赞助搜索的历史记录，可以参阅本章参考文献［15］［16］［17］。一个关于谷歌和在线商务的精彩综述，可以参阅本章参考文献［18］。从经济和交流的角度讨论其演化过程，可以参阅本章参考文献［10］。

赞助搜索广告有什么影响

赞助搜索广告的影响几乎怎么强调都不为过。它为万维网生态系统的其他部分的运营提供了“空气”。它以循环系统的方式提供服务，将“生命必需的血液”

(金钱)带给万维网的其他组成部分。它是支撑着其他表现不佳的网络系统的“唤雨巫师”。它是网络社区开展其商务活动的“法院广场”。

赞助搜索广告定义了万维网!

赞助搜索广告支撑了搜索引擎提供的其他免费服务(如拼写检查、货币转换、航班时刻、桌面搜索应用程序等),并在使得这些服务可被访问的过程中发挥了关键作用。对许多网络用户来说,这些服务很快会变得不可或缺。如果没有可行的赞助搜索广告商业模式的话,主流搜索引擎是否能够承担任何近似于它们目前的基础设施的费用,这是值得怀疑的。这些基础设施提供了大量的功能:抓取数亿网页,索引数亿文档(如文本、图像、视频、报纸、博客和音频文件),每天处理百万级别的网络查询请求,每周呈现数亿链接,同时还要在几分之一秒的时间内服务于大部分查询请求。这是一个非常惊人的过程!

赞助搜索广告也为元搜索引擎(meta-search engine)提供了一个可行的商业模式。元搜索引擎对需要高查全率和要求对主题进行彻底覆盖的搜索非常有益。

通过允许内容提供者以一个相对比较低的成本将其链接移动到搜索结果的首页中,赞助搜索广告提供了一个能有效地克服网络搜索引擎技术实现过程中的固有偏见和非预期结果的方法。在这么做的过程中,赞助搜索广告变得对许多商务的成功至关重要。

公平地说,如果没有赞助网络搜索广告、网络搜索引擎市场——实际上是整个万维网,今天会看起来大不一样。

然而,除了作为搜索引擎的一个商务模式,赞助搜索广告对企业来说也是一个很棒的品牌化、营销和广告平台。实际上,对搜索引擎来说,赞助搜索广告是一个好的商业模式,其原因是,它对需要将其产品展现在人们面前的企业(或者任何实体)来说是一个很好的营销媒介。

让我们通过赞助搜索广告模型来考察其关键过程。

赞助搜索广告的概念模型

赞助搜索广告持续演化,已经形成了一种前所未有的复杂过程,在帮助潜在消费者得到所需相关信息的同时,也满足广告主获得目标流量的需求。

虽然其支付过程和排名经历了多次转变，但赞助搜索广告的其他要素本质上自始至终一直保持不变。[19] 这些要素如图 2-3 所示。

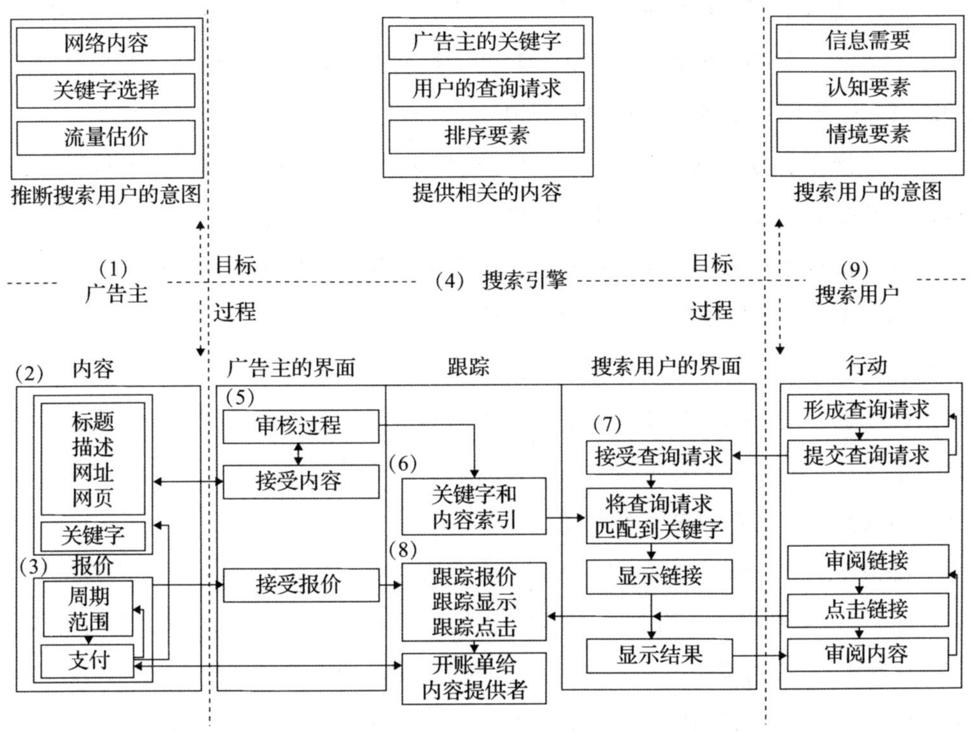

图 2-3　网上赞助搜索广告的参与者、目标和过程

（1）**广告主**：为了某种特定目的，对用户到一个特定的网站产生流量感兴趣并愿意为此支付费用的一个实体（如企业、个人，或者组织）。

（2）**广告内容**：一个关键字集合（代表概念）以及一个广告中所包含的指向特定网站的相关统一资源定位器（uniform resource locators，URL）、标题和描述。

（3）**广告报价**：一个提供商针对特定关键字的支付提议，即一个网站流量的货币化估值。

（4）**搜索引擎**：一个信息搜寻平台，在其 SERP 上提供广告内容、相关网站或者电子邮件界面来回应搜索用户的查询请求。

（5）**搜索引擎审查过程**：搜索引擎采用的一种方法，来保证广告内容与语境资料中的目标关键字是相关的。

（6）**搜索引擎关键字和内容索引**：一种将广告主的关键字与搜索用户的查询请求进行匹配的机制。

（7）**搜索引擎用户界面**：一种将广告内容向搜索用户展示为有序链接的应用程序。通常，在 SERP 上这个界面一起展示赞助链接和非赞助链接，在电子邮件中或者在一个网页中则展示在内容旁边。

（8）**搜索引擎追踪**：匹配关键字与查询请求，收集广告内容、出价、点击量，以及根据所展示链接的点击量向供应商收费的一种手段。

（9）**搜索用户**：提交查询请求并可能会点击相关广告中赞助链接的人。

图 2-3 从信息搜索的视角，而不是严格地从一个广告渠道的视角，呈现了赞助搜索广告的过程。在这个框架中，潜在顾客执行搜索用户的角色，而且每一次搜索都将触发这个框架！考虑一下一分钟内的情况。考虑一下搜索引擎上数百万搜索请求带来的流量。每个搜索请求都会触发这个赞助搜索广告过程，包括关键字短语的竞价。这真的是一个奇观！

如格迪斯（Geddes）所说，“对于每个搜索结果，三个不同的实体设法达成其各自的目标。有时这些目标互相牵制，导致糟糕的搜索结果；另外一些时候，它们相得益彰，导致共赢。很重要的一点是，考察每个搜索结果的搜索引擎目标、广告主目标和搜索用户目标”。[20, p15] 这描绘了一种涉及多方共生、互惠互利的关系。在商业活动中，我们试图进行共生型营销，以发展一种与顾客互惠互利的关系。向顾客展示相关的结果是有益的，并有益于广告主和搜索引擎。实际上，可以证明，对搜索引擎来说，不向顾客展示无关的广告而空着广告空间比赚广告主的钱来展示无关广告，更加有利可图。

在图 2-3 的上半部分，三个主要参与者（广告主、搜索引擎和搜索用户）有着相互支持的目标。搜索用户的需求受情感、认知和情景因素的制约，这些因素将其引导至搜索引擎并激发其提交查询请求。

广告主提取其认为满足如下条件的搜索词和短语（关键字）：

- 可能被搜索用户用来提交查询请求；
- 适用于广告主的网页内容；
- 连接广告主的内容与搜索用户的潜在意图。

广告主定制广告描述的目的是使广告符合具有某种人口统计特征的目标搜索用户的要求。在一个特定的广告活动中，广告主也可能制作几个不同的链接到特定的查询请求组合中的广告描述。

□ **集锦**

第一个谷歌 Adwords 广告是关于在线邮购龙虾（Live Mail Order Lobsters）的，其在 2000 年启动的谷歌 Adwords 平台发布了不到 30 分钟。[22]

SERP 上的这些列表也被称为广告或赞助搜索广告结果，区别于非赞助搜索广告结果（也被称为算法或者自然搜索结果）。当其中的网站内容被认定与某种搜索用户行为（如在这些网站上搜索）相关时，搜索引擎也在一个大型网站网络联盟上提供这种赞助搜索广告结果。

千万不要混淆赞助搜索广告与上下文广告（contextual advertising），有时后者被简称为内容定位（想想横幅广告）。上下文广告方法的基本理念是，这些网站的访问者也对某些与网站内容相似的广告感兴趣。

搜索引擎提供赞助搜索广告过程与机制，如图 2-3 下半部分所示，广告主和搜索用户也是这个过程的重要参与者。

虽然存在其他方式（如按展示付费（pay-per-impression）、按行动付费（pay-per-action）和按来电付费（pay-per-call）），但按点击付费是一种常见的支付方式。当一个用户点击展示在 SERP 或网站上广告主的链接时，广告主就需要向搜索引擎支付费用。广告主可以定制这个匹配算法，从精确目标匹配到适用于各种拼写方法和词语用法的非常宽松的匹配。搜索引擎将搜索用户的查询请求与广告主的投标关键字进行了匹配。

广告主通过对关键字报价来向搜索引擎支付费用。报价一般包括每个关键字的最高价格，也可以包括激活期、语言、地理限制和越来越多的其他要素。报价是广告主愿意为其对应于某个特定关键字的广告上每次点击支付的最高价格。对于其他网站上的广告，搜索引擎与网站拥有者分割每次点击的收入，虽然广告主为这些链接支付的每次点击价格通常低于 SERP 上的每次点击价格。

□ **集锦**

关于赞助搜索广告的教育与培训可能很难，而获得有意义的实践经验甚至更难。为了解决这个问题，人们已经做了很多尝试，其中一个是谷歌在线营销挑战（Google Online Marketing Challenge）。

谷歌在线营销挑战（或称GOMCHA，宾州州立大学的一个学生大河·帕克（Daehee Park）首次使用的英文缩写）开始于2008年，被用作关键字广告的全球本科生和研究生的课堂内学习训练活动。

在这一活动中，学生相互协作并接受一位教授的指导，学设计、开发、实施和管理中小企业的关键字广告系列活动。

谷歌的一名员工（李·亨特（Lee Hunter））负责整个GOMCHA项目的运行，西澳大学（University of Western Australia）的一位教授（杰米·墨菲（Jamie Murphy））担任学术带头人。

GOMCHA同时被作为一个学习训练活动和一个全球竞赛来运营。

多个广告主可能就同一个关键字向搜索引擎付费。在这些情况下，通过一种决定广告顺序的电子竞价系统来排序（哪条结果放在最上面）。在实践中，通常最高出价者得到最高排名，次高出价者得到次高排名，依此类推。不同搜索引擎的赞助搜索广告平台也将其他因素纳入其排序方案，比如哪条赞助搜索广告结果得到更多点击。这种方法有助于解决如下问题，即搜索引擎纯粹为了利润向搜索用户展示不相关的广告和将“泡沫相关”的广告置于列表的上端。

在实践中，获得最多点击的链接通常为搜索引擎带来最多的利润。因此，设法将相关的内容展现给搜索用户，对赞助搜索广告过程的各参与方来说都有货币化价值。这也是赞助搜索广告如此成功的因素之一。搜索用户对相关的内容感兴趣，这种抑制因素使广告主或搜索引擎没有理由操纵系统来展示不相关的内容。

□ **集锦**

网络搜索引擎采用各种技术为搜索用户提供结果。这些技术统称为信息检索。信息检索定义为自动定位存储在计算机上的非结构化的电子内容，作为对查询请求的回应。通常，这些结果以其与查询请求的匹配程度来进行排序。

关于信息检索的经典学术工作是编著《信息检索》。[23]

赞助搜索广告旨在提供一种机制让广告主得到访问其网站的搜索用户。当搜索用户提交一个查询请求，查阅 SERP 上的结果，并点击一个赞助链接时，其浏览器将展示指向这个链接提供者的网页。搜索引擎跟踪这个点击以及一个给定周期内的其他点击。这个周期结束后，搜索引擎开账单给广告主，并提供关于该广告主的广告系列活动结果的各种统计数据。

广告主通过分析这些统计数据，可以实时调整报价、每个周期的最高成本和关键字。广告主也可以改变关键字和短语、愿意支付的最高报价、匹配程度，甚至一个给定周期内的费用。通过参与和购买搜索短语，这些广告主成为信息搜寻过程的主动参与者。

□ **集锦**

信息搜索（information search）是指人们与信息检索系统进行交互，涵盖范围从采纳一项搜索技术到判断信息检索的相关性。[24]

这种会计方式是赞助搜索广告受企业和组织欢迎的原因之一。在许多广告形式中，对于展示所引起的费用几乎没有任何说明（如一个特定的广告被展示多少次和什么时候被展示）。

自然，各种结果被展示给搜索用户，并不仅仅是赞助搜索广告结果。在赞助搜索广告出现的最初几年，有一些抵制这种广告的声音，也可能一直都会有。然而，在詹森（Jansen）和雷斯尼克（Resnick）的一项研究中，[25] 他们发现提交商业查询请求的搜索用户并不关心结果是赞助的还是非赞助的。这些用户关心的是相关性。实际上，当搜索用户真正查看并评估（响应一个特定查询请求的）这些链接时，赞助搜索广告链接的评分与非赞助搜索广告链接的一样。此外，詹森[26]

证明了赞助和非赞助搜索广告链接在相关性方面是等同的。

总而言之，赞助搜索广告对搜索引擎来说是一个可行的盈利模式，对企业来说是一个切实可行的广告媒介，并可能给网络搜索用户提供相关的内容。

赞助搜索广告的语言

我们的模型为探讨赞助搜索广告的基本结构提供了一种框架。然而，我们还必须清晰地理解赞助搜索广告的一些技术，以便深入钻研其基本要素。在这里，我们简单介绍这些概念，在后续的章节中再做更详细的探讨。

虽然这个评述对专业人士来说比较基础，但是，经常回顾清晰而明了的广告过程对在这个领域中重塑自己是非常有益的。

我们从搜索引擎结果页面开始，如图 2-4 所示。

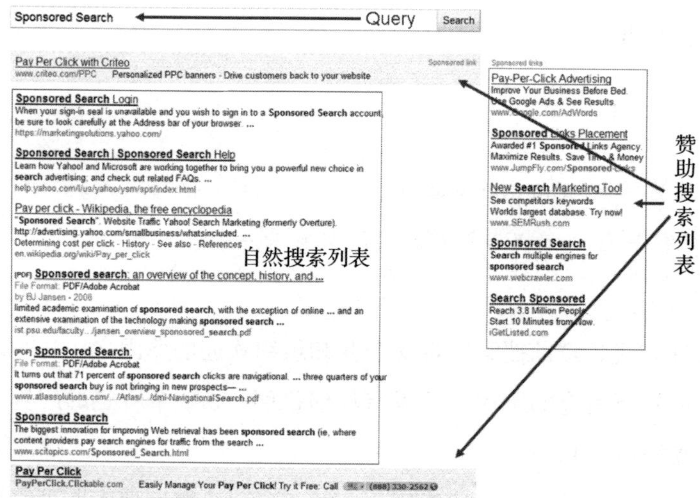

图 2-4 显示自然和赞助搜索列表位置的搜索引擎结果页面示例

SERP 指的是搜索引擎展示的整个页面和所有内容，搜索用户在其中点击一个搜索或提交按钮，或者在搜索引擎提供自动搜索的情况下，输入查询请求的回应。SERP 的空间被称为“屏幕房地产”。为了看到整个 SERP，搜索用户可能需要在浏览器上进行向下滚动屏幕到 SERP 的底部。

□ **集锦**

为什么搜索引擎在一个单独的列表中列出广告？

其中一个主要原因是，2001 年 7 月，通过商业警报（Commercial Alert）提交给联邦贸易委员会（Federal Trade Commission，FTC）的一个投诉。这项投诉主要针对 AltaVista、AOL Time Warner、Direct Hit Technologies、iWon、LookSmart、Microsoft 和 Lycos。[27] 这个投诉宣称消费者在一个联合列表中看到混合了付费和非付费的结果会感到困惑，从而构成搜索引擎的广告欺诈。

之后，按照惯例，赞助搜索结果被单独列出，或者如果它们与自然结果组合在一起的话，至少被标记为赞助搜索。

折痕指横穿浏览器的一条水平线，当浏览器刚打开时，它把搜索用户看到的 SERP 部分和搜索用户需要向下滚动屏幕才能看到的部分分割开来。

搜索用户无须向下滚动屏幕就能看到的 SERP 部分被称为“上半版版面”（above the fold）。搜索用户需要向下滚动屏幕才看到的 SERP 部分被称为“下半版版面”（below the fold）。因此，折痕是根据是否向下滚动屏幕分割 SERP 这两个部分的一条线。

搜索结果的类型

SERP（见图 2-4）有两种结果列表，作为对所提交的用户查询请求的响应。非赞助（或者自然）搜索结果占了大部分的屏幕房地产。自然搜索结果由结果摘要组成，这些结果被搜索引擎抓取、存储、索引，并基于其专有的算法进行排序。通常网站所有者无须为其内容被索引而付费，这些结果为搜索引擎带来大部分流量。

□ **集锦**

让你网站的一条结果摘要出现在自然搜索结果列表中的过程被称为**搜索引擎优化**（search engine optimization），因为它根据搜索引擎的排序算法优化网页。

SERP 上的另外一种搜索结果是需要付费的广告。赞助搜索广告结果，如图 2-4 所示，通常出现在三个位置。它们可以出现在 SERP 的右侧（被称为东部，也被称为右栏）、自然搜索列表的上方（被称为北部）或自然搜索列表的下方（被称为南部）。

□ **集锦**

网站所有者几乎无法控制他们的结果出现在自然搜索列表中的位置上，因为他们不能控制搜索引擎如何索引网页。搜索引擎能够而且的确会更新其索引方式。

其中一次臭名昭著的重大索引更改事件发生在谷歌，就在 2003 年繁忙的圣诞购物节之前。一些在线商家曾经投入了大量金钱和精力使其网站在自然搜索列表中排名靠前，然而，它们突然发现其网站不再出现在列表中的靠前位置了。

这次索引更新臭名昭著，被称为“佛罗里达”，来纪念首次注意到这一变化的地方。谷歌索引的一系列更新及其所需的搜索引擎优化活动被称为“谷歌之舞”(Google dance)。

一旦谷歌开始几乎连续地更新其索引方式并简化流程，其效果就不会那么剧烈，类似谷歌之舞的短语就很少被用到。

在图 2-4 中没有显示，赞助搜索广告结果也能跟自然搜索的结果混在一起，这被称为综合搜索结果列表。[28]

□ **集锦**

不时，有意见的论文，甚至法庭案件，会对谷歌的自然搜索结果排序进行质疑，尤其在美国。然而，根据美国宪法第一修正案约因（U.S. Constitution’s First Amendment considerations），这些努力大部分以失败告终。

虽然谷歌（或者任何一个搜索引擎）是一种技术（其本身而言），它同时也是一个法人实体（其本身也是一家公司制企业）。其结果就是，（在美国）搜索引擎被赋予一定的编辑权利（言论自由）。因此，任何对搜索引擎进行网页排序权利的法律挑战，看起来似乎正好适合重要的第一修正案约因。

触发赞助搜索广告结果

在图 2-4 中，在搜索框里的是搜索用户提交给搜索引擎的两个单词。这些单词被统称为查询请求。查询请求的长度是指单词的数目，可以从零（经常发生）到搜索引擎所设定的限制值。

查询词连同搜索按钮上的点击一起，触发 SERP 显示结果。对于赞助搜索结果（广告）来说，如果任一查询词或两者链接到广告主选择的关键字，就会链接到一个或者多个广告。因此，当搜索用户提交一个查询请求时，如果其中包含的查询词可以以某种方式链接到广告主选择的关键字的话，相应的广告则会出现在 SERP 中。

查询词和关键字可以通过不同的方式产生联系，但是通常遵循从精确匹配到模糊匹配的一个连续体。匹配的精确程度由广告主设定。

赞助搜索广告文案的创作

如果你注意到图 2-4 中的广告，它们的一般格式，由三个部分组成，详解如图 2-5 所示。

图 2-5　广告示例包含突出标题、描述和链接

广告的第一部分是标题或者题目，即广告的最顶一行。第二部分是描述或者概要，即标题下的部分，通常由一行或者两行文字组成。第三部分是链接或者 URL。这个链接指向广告主的网站。这种链接是不是网页的精确 URL 都可以，但通常比较类似。标题、描述和链接共同被称为广告文案。

可能还会有其他的广告组分，比如缩略图，即一个小图片、地理位置标签、电话号码、产品评论得分或者其他元数据。

□ **集锦**

元数据是关于数据的数据。元数据可以通过向大量信息，特别是多媒体内容，增加价值来帮助搜索用户。

赞助搜索广告的排名位置

注意图 2-4 中 SERP 上显示有多则广告。广告不仅显示在三个不同区域（北部、东部和南部），每个区域中的广告还显示在有序列表中。在每个区域中最高位置的广告排在第一位，它下方的广告排在第二位，以此类推。广告排名会影响多个赞助搜索广告指标。

赞助搜索广告的关键指标

当一则广告出现在 SERP 中时，这个出现被称为展现（impression）。我们可以统计一段时间内的展现数量来计算我们产品（或服务）的需求量或市场容量（基于搜索用户的搜索请求）。

一个广告主想要其广告出现在 SERP 中，往往希望搜索用户点击其广告链接。

如果我们的广告出现在 SERP 中，一个搜索用户可以（但不一定）点击该广告。一个给定时期内的这些点击被记录下来。我们可以统计这些点击数量来得到广告活动几个方面的表现指标，包括广告和关键字选择的效用。

同一时期内点击数量与展现数量的比率被称为点击率（click-through rate，CTR），这是众多赞助搜索广告指标的基础。点击率是衡量赞助搜索广告活动兴旺程度的一个关键指标。我们可以建立关于点击率（和其他因素）的最终目标，这就是所谓的关键绩效指标（key performance indicator，KPI）。

广告主希望搜索用户点击其广告从而让用户访问其网页。广告主还希望到访的用户在其网页上采取某些行动。这种行动，不管是什么，被称为转化（convert or conversion）。这是赞助搜索广告的真正核心，也是所有关键绩效指标应测量的最终目标。

这些都是赞助搜索广告的核心行业术语，是我们探索这个领域的基础。

□ **集锦**

为了阐明赞助搜索广告对企业的多重效果，我们今天考虑选择一种产品或品牌名称的过程。一种办法是获得（或者设计）一个目前没有被使用的词，但它隐含正在使用的可以向潜在顾客传达正面形象的一个词。为什么需要经历这个过程？

- **搜索引擎技术：**因为人们使用搜索引擎来查询万维网，你想要一个没有被用于一些通用产品的商业名称。也就是说，你希望这个名称独一无二。
- **商标：**如果你开发出一个独一无二的名称，那么你就可以在法律上以其注册商标，并开始建立你的品牌。
- **用户的认知方面：**你想要一个独一无二的名称，同时你也希望这个词在认知上向潜在搜索用户或消费者传达品牌信息。
- 你也不希望你的名称关联任何负面暗示，这会被你的竞争对手或者不满的顾客用户用来反对你。

因此，赞助搜索广告涉及一系列生理、市场营销、法律和技术过程。

基本要点

我们可以将赞助搜索广告建模成包含三个角色（广告主、搜索引擎、作为搜索用户的潜在顾客）的目标与过程矩阵。

每个角色都有其特定目标，但是这些目标可以通过经济激励变得一致。

每个角色及其参与的过程协调一致以实现其各自目标（如消费者、搜索引擎和广告主）。

鉴于赞助搜索广告中广告主只有在搜索用户点击其广告时才付费，这激励着搜索引擎仅显示相关的广告。因此，这种定价模型增强了在 SERP 中仅显示相关广告的必要性，从而确保搜索引擎和广告主共同努力来为消费者提供一个相关的 SERP。

理论与实践相结合

在赞助搜索广告模型中，我们剥离了一些非基本要素以得到一个赞助搜索广告过程的通用模型。然而，我们可以把这个方法提升到另外一个层次，将这些要素添回模型中，从而反映一个特定应用领域、搜索引擎、垂直行业或者潜在顾客（作为网络搜索用户）的本质特征。

我们通过提问来做到这一点，比如：

- 这个应用领域的特殊属性是什么？
- 搜索引擎广告平台的特质是什么？
- 这个垂直行业中广告主的具体目标是什么？
- 这个应用领域中潜在顾客的显式和隐式目标是什么？

这种理解赞助搜索广告的综合方法是很重要的，因为许多具体领域有其特殊属性，这会影响赞助搜索广告的过程。比如，为一个国家卫生保健提供者管理赞助搜索广告系列活动肯定不同于为一个本地面包店管理广告系列活动，尽管其中的核心要素是完全相同的。

结　　论

赞助搜索广告开始于 1998 年，起初毫不起眼，但很快就成为网络搜索引擎的主要商业模式，为这些网络门户提供了收入来源。运营一个拥有必要软件、硬件和人力的主要搜索引擎，是个相当昂贵的商业冒险历程。赞助搜索广告提供了一种将搜索流量货币化的方式，使得搜索引擎在经济上是可行的。正如我们所知，赞助搜索广告塑造了万维网这种说法并不为过，它为“免费”网络搜索提供了经费。对我们大多人来讲，搜索在我们日常生活中已经变得必不可少。因此，特别对在赞助搜索广告领域工作的我们来讲，理解这个过程是至关重要的。

本章介绍的赞助搜索广告模型将这个过程分解至其核心要素。我们发现，赞助搜索广告系统具有三个主要组成部分：搜索用户（潜在顾客）、搜索引擎（广告系统和做市商）和广告主（内容提供商）。这三个组成部分有一个共同目标，即提供相关的结果来响应搜索请求。潜在顾客需要相关的广告来满足其深层需求；搜索引擎需要提供相关的广告来最大化其收入并防止搜索用户转移到其他的搜索引擎；广告主仅需要可行的消费者点击其广告以控制成本即可；搜索引擎为这个过程提供了技术平台。

如同任何一种过程，赞助搜索广告发展出了自己的行业术语。为了理解赞助搜索广告的具体实施，就有必要潜心钻研这些行业术语。其中的重点是理解网络搜索引擎。

搜索引擎结果页面是广告主和搜索用户之间的接口。它通常由两种列表组成。广告可以出现在 SERP 的多个区域中。广告通常遵循一种固定的结构，但其精确格式会随时间变化，也会因搜索引擎而异。

关于赞助搜索广告的衡量指标，我们主要对搜索用户和广告之间的交互感兴趣。为此，我们跟踪这个交互中的各种组成部分，包括广告出现的次数、搜索用户点击广告链接的次数和搜索用户访问网站的结果。

这些指标仅告诉我们搜索用户在做什么，而不能说明搜索用户为什么这么做。我们将在其他章节来探讨这些问题的原因。

我们探讨的第一个领域是关键字选择。这些关键字是什么，它们的目的是什么？为什么有些关键字起作用而其他则不然？这些关键字与消费者的关系是什么？理解关键字选择的深层理论有助于我们解决这些问题。

参考文献

[1] Sullivan, D. 1998. "The Search Engine Report." Vol. 3 (March).

[2] Pelline, J. 1998. "Pay-for-Placement Gets Another Shot." *CNET News*, vol. 19 (February).

[3] Kaye, B. K. and Medoff, N. J. 2001. *Just a Click Away: Advertising on the Internet*. Needham Heights, MA: Allyn and Bacon.

[4] Sullivan, D. 1998. "GoTo Going Strong." *The Search Engine Land Report* (July 1).

[5] Davis, D. J., Derer, M., Garcia, J., Grecco, L., Kurt, T. E., Kwong, T., Leee, J. C., Lee, K. L., and Skovran, S. 1999. "System and Method for Influencing a Position on a Search Result List Generated by a Computer Network Search Engine." Vol. US 6,269361 B1, U. P. Office, Ed. USA, p. 28.

[6] Fontevecchia, A. 2010. Online Ad Spending Exceeds Print, Hitting $25.8 Billion. (December 20). Retrieved January 4, 2011, from http://blogs.forbes.com/afontevecchia/2010/12/20/online-ad-spending-exceeds-print-hitting-25–8-billion-2/.

[7] Johnston, M. 1998. "Web-Design Guru Predicts the Days of the Banner Ad Are Numbered." CNN.com.

[8] Nielsen/Netratings. 1999. "Click Through Rates." In The Nielsen/Netratings Reporter (June 17).

[9] Associated Press. 1996. Procter & Gamble World Wide Web ad strategy raises online ire. April 28.

[10] Couvering, E. V. 2008. "The History of the Internet Search Engine: Navigational Media and the Traffic Commodity." In *Web Search: Multidisciplinary Perspectives*, A. Spink and M. Zimmer, Eds. Berlin: Springer, pp. 177–206.

[11] Voge, K. and McCaffrey, C. 2000. Google Launches Self-Service Advertising Program. (October 23). Retrieved January 6, 2011, from http://www.google.com/press/pressrel/pressrelease39.html.

[12] Krane, D. and McCaffrey, C. 2002. Google Introduces New Pricing For Popular Self-Service Online Advertising Program. (February 20). Retrieved January 6, 2011, from http://www.google.com/press/pressrel/select.html.

[13] Google. 2010. Google, Corporate Information, Our Philosophy. Retrieved July 13, 2010, from http://www.google.com/corporate/tenthings.html.

[14] Saracevic, T. 1975. "Relevance: A Review of and a Framework for the Thinking on the Notion in Information Science." *Journal of the American Society of Information Science*, vol. 26(6), pp. 321–343.

[15] Battelle, J. 2005. *The Search: How Google and Its Rivals Rewrote the Rules of Business and Transformed Our Culture*. New York: Penguin Group.

[16] Fain, D. C. and Pedersen, J. O. 2006. "Sponsored Search: A Brief History." *Bulletin of the American Society for Information Science and Technology*, vol. 32(2), pp. 12–13.

[17] Jansen, B. J. and Mullen, T. 2008. "Sponsored Search: An Overview of the Concept, History, and Technology." *International Journal of Electronic Business*, vol. 6(2), pp. 114–131.

[18] Gallaugher, J. M. 2010. "Google: Search, Online Advertising, and Beyond …" In *Information Systems: A Manager's Guide to Harnessing Technology*. Irvington, NY: Flat World Knowledge.

[19] Jansen, B. 2006. "Paid Search," *IEEE Computer* (July), pp. 88–90.

[20] Geddes, B. 2010. *Advanced Google AdWords*. New York: Wiley.

[21] Libby, B. 2010. *Pay Attention to the Man Behind the Curtain*. (February 24). Retrieved January 19, 2011, from http://www.thesearchagents.com/2010/02/pay-attention-to-the-man-behind-the-curtain/

[22] Google Inside AdWords. 2005. "An AdWords history lesson." In *Inside AdWords*. Mountain View, CA: Google. Retrieved April 4, 2011, from http://adwords.blogspot.com/2005/08/adwords-history-lesson.html

[23] vanRijsbergen, C. J. 1975. *Information Retrieval*, 2 ed. London: Butterworths.

[24] Wilson, T. D. 2000. "Human Information Behavior." *Informing Science*, vol. 3(2), pp. 49–55.

[25] Jansen, B. J. and Resnick, M. 2006. "An Examination of Searchers' Perceptions of Non-Sponsored and Sponsored Links during Ecommerce Web Searching." *Journal of the American Society for Information Science and Technology*, vol. 57(14), pp. 1949–1961.

[26] Jansen, B. J. and Molina, P. 2006. "The Effectiveness of Web Search Engines for Retrieving Relevant Ecommerce Links." *Information Processing & Management*, vol. 42(4), pp. 1075–1098.

[27] Ruskin, G. 2001. Commercial Alert Files Complaint against Search Engines for Deceptive Ads. (July 16). Retrieved November 6, 2010, from http://www.commercialalert.org/issues/culture/search-engines/commercial-alert-files-complaint-against-search-engines-for-deceptive-ads.

[28] Jansen, B. J. and Spink, A. 2009. "Investigating Customer Click Through Behaviour with Integrated Sponsored and Nonsponsored Results." *International Journal of Internet Marketing and Advertising*, vol. 5(1/2), pp. 74–94.

[29] Goldman, E. 2010. "Texas AG Investigation." Retrieved April 4, 2011, from http://blog.ericgoldman.org/archives/2010/09/texas_ag_invest.htm.

第3章

理解关键字短语选择中的消费者意图

意图数据库就是这样的：每个曾经输入的搜索、每个曾经提供的结果列表和每条曾经采取的路径的汇总结果。这些信息以汇总的形式代表一个人类意图的占位符——一个关于愿望、需要、欲望和喜欢的庞大数据库，可以被发现、传递、存档、跟踪和用于各种不同目的。

约翰·巴特尔（John Battelle）

《搜索：谷歌与它的对手如何改写商业规则和改变我们的文化》[1]

当在线消费者查询一个镶框商店时，他们向搜索引擎中提交包含某些关键字的查询请求。这些查询词代表了搜索用户的愿望和意图，形成了赞助搜索广告活动的基础。

在为我们的镶框商务设计赞助搜索广告系列时，一个关键因素是选择合适的关键字短语。这些关键字短语是潜在顾客和我们所要销售的产品（或服务）之间，用以触发广告的纽带。因此，关键字短语是任何赞助搜索广告活动的一个关键方面。关键字短语与搜索用户的查询词相连接。

如果关键字选择得比较糟糕，那么别的方面——广告、出价、指标，甚至我们销售的产品都无所谓了。如果关键字短语没有触发任何广告的话，搜索用户将不会看到广告。

在一个严格的机制层面，我们选择的关键字短语必须以某种方式匹配潜在顾客提交到搜索引擎的查询请求中的查询词。

因此，参考我们的镶框商店（picture-framing shop）的赞助搜索广告活动。如果我们要推广自己的框架，可以选择“画框”（picture frame）作为一则特定广告的一个关键字短语。该广告的地理目标为我们的实体店附近的区域。当搜索用户输入“画框”（或者它的某些衍生词）为查询请求时，查询请求和广告之间的联系被建立起来，我们的广告则会出现在搜索引擎结果页面中。

然而，在这个直接的机制层面之外，会发生更深层的认知、情境和情感联系，即关键字短语必须捕捉到搜索用户在查找什么（搜索的“框架”，可能是图片、眼镜或者房子，还有许多其他可能的意图）和为什么用户在查找（他是为小装饰物查找便宜的框架，还是为一件礼物查找特殊框架）。关键字，如巴特尔所言，[1] 具有更深远的意义，对电子商务、在线广告和网络营销有着重大的影响。

搜索用户和广告主参与的沟通过程是富有成效的关键字短语选择的核心。这个过程的关键要素集中于信息的含义。这个信息必须对搜索用户有影响，而且，根据每个个体的认知、情境和情感联系，其对不同用户的影响可能截然不同。

- 认知方面指的是搜索过程中信息处理的理性部分。
- 情境方面指的是搜索发生的背景。

- 情感方面指的是影响搜索用户对信息反应的情感部分。

因此，我们作为广告主所选的关键字短语不仅必须联系到查询请求（在某种机制意义上），还要联系到搜索用户的深层意图（在某种上下文场景意义上），即最初导致这个人搜索的原因是什么。

选择能够联系到搜索用户意图的关键字短语有助于成功实现赞助搜索广告活动的目标。建立合适的联系是关键字选择的关键，也是某些关键字起作用而其他则不然的原因。

在本章中，我们主要探讨这种联系。正式来讲，这种联系发生的上下文场景又被称为搜索市场，即任何买家和卖家不能直接找到对方的情况。在这些情况下，特别是在赞助搜索广告中，词汇是重要的。

□ **集锦**

词汇可以有特殊意义，远远超出任何语言层面。这真的可以困扰赞助搜索广告活动。

可能没有比“电视上你不能讲的七个词”(the seven words you cannot say on television）更好的例子。

这七个脏字（下流的字）指的是美国喜剧演员乔治·卡林（George Carlin）在 1972 年的独白“电视上你不能讲的七个词”中使用的七个英语词汇。

这七个词汇既象征着美国政府对国家电视广播的监管，又象征着其对家庭在看电视期间出现不雅内容的限制。这表明了这些词汇可以产生的影响和不同意义。

参见 http://en.wikipedia.org/wiki/Seven_dirty_words。

术语的快速说明：关键字短语指的是广告主选择来触发其广告的包含两个或者多个关键字的集合。当搜索用户输入的查询请求与这个关键字短语相匹配时，其相应的广告就被触发。查询请求是搜索用户提交给搜索引擎的一个或者多个单词（又被称为关键查询词）的集合。

因此，我们讨论的是同一个概念，只是从不同的角度进行讨论，如表 3-1 所示。

表 3-1　搜索用户的查询词和广告主的关键字之间的关系

广告主	搜索用户（作为潜在客户）
关键字短语	查询请求
关键字 1	查询词 1
关键字 2	查询词 2
关键字 3	查询词 3
……	……
关键字 *n*	查询词 *n*

这取决于我们如何构建匹配选项，有时可能存在一对一的关联（关键字的顺序与查询词的顺序有关联）。另外一些时候，顺序则不重要。在这些情况下，一个关键字可以与查询请求中的任一词相关联。

然而，从搜索用户和广告主的视角来看，我们是在处理词汇，无论是关键字短语还是查询词。搜索用户和广告主使用词汇来进行相互交流。为了更有效地进行相互交流，搜索用户和广告主必须使用同一种语言。这意味着各方必须拥有一个共同的，包括足够数量词汇的词汇表，并且各方必须赋予其中每个词汇同样的或者近乎同样的含义。

看待这种沟通交流的一种方式是：搜索用户利用提交给搜索引擎的一个词汇来表达某种含义；广告主试图获得搜索用户所提交的词汇背后的含义，以便使搜索用户信服其产品（或服务）是搜索用户所寻求的解决方案。这些文字交流通过搜索引擎这一媒介进行，是搜索用户和广告主之间沟通的基础。

因此，如果搜索用户输入查询词“镶框”，则可能会有几个广告主想要在搜索引擎中展示其广告，作为对这个查询请求的回应。这些广告主可以包括图画装框者，比如我们的商店、对设计房屋感兴趣的建筑公司以及许多其他人或机构。此时此刻，我们与搜索用户的沟通是不流畅的，因为我们并不了解他们的意图。然而，通过一些附加信息，比如二次查询或者长查询，搜索用户的意图就可能会更为聚焦。

在图 3-1 中，我们举例说明了这个沟通过程，并试图推断搜索用户的意图。

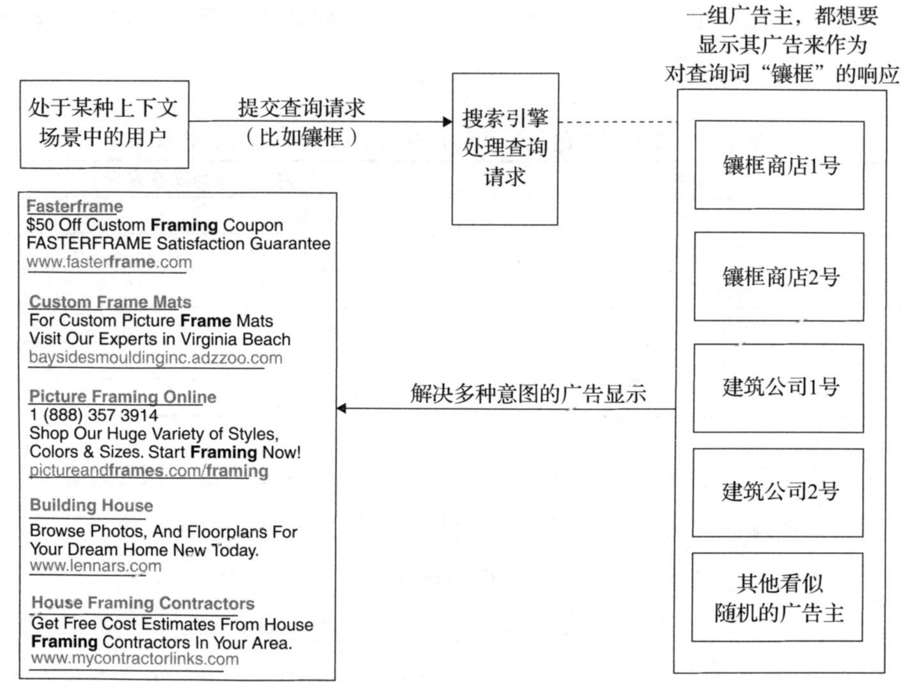

图 3-1 回应查询词和关键字之间联系的不确定意图的查询请求和广告示例

为了理解为什么有些关键字成功而其他则不然，我们必须在两个层面上分析这个情况：个体层面（作为潜在顾客的搜索用户）和群体层面（我们产品对应的潜在消费者的细分市场）。当然，群体由个体集合组成。然而，我们在这两个层面上的理解截然不同。虽然，我们有一些描述个体搜索用户行为的理论，但是当这些理论被用于实际时，真的并不比启发式规则好多少。因为，人本质固有的和上下文场景非固有的许多变量导致严格预测个体行为变得很难。

然而，预测群体层面的行为则更稳妥。利用来自足够多的个体的充分历史数据，我们可以比用启发式规则描述行为做得更多。在群体层面，我们可以做一些行为推论和预测。

理解个体行为也是非常重要的，在赞助搜索广告中尤其如此。我们先在个体层面考察信息处理的理论基础，并将其与赞助搜索广告中的关键字选择联系起来。然后，我们进入群体层面。

个体层面的人类信息行为

许多赞助搜索广告工作的一个根本缺陷——可能是大众媒体广告的延续，是广告主在大范围内看待他们的潜在顾客或细分市场。这个视角导致关键字短语选择的焦点不清晰。相反，对于开发有效的关键字短语来说，联系到想要购买企业所出售的产品（或服务）的消费者个体是至关重要的。想象一下，刻画可能购买你产品的典型男人或女人的全维角度，以这种人作为目标来确定你的关键字短语。

也有可能这样，另外一类典型男人或女人可能购买你的产品且使用其他关键字短语，那么以这种人作为目标来确定你的另外一组关键字短语；有可能存在其他许多这样的个体。

因此，个体可视化过程涉及开发多个典型顾客的人物角色。

在个体层面，我们假设个体处于信息获取阶段，主动或被动地收集信息。这个假设基于拥有更多的信息（比没有信息）更有优势这一理论前提。基于这个前提，行为受信息引导或控制的人比那些行为不受信息引导或控制的人更可能取得成功。[2] 多个学术领域都坚持这个观念，包括信息科学[3]、金融学[4]和自然科学[5]。有些研究人员甚至辩称，获取信息是人类的一项重要功能，[6] 增加信息有助于决策的公正和减少偏见。[7]

□ 集锦

虽然，通常大部分研究人员坚持某些信息是有益的这一见解，但是广泛的研究表明人们积极寻求避免信息（比如，企业主可能不想了解其企业的真实状态，或者晚期疾病患者不想知道他们的真实情况），或者太多的信息实际上会降低决策的有效性。

当然，任何管理某一复杂项目的人都会告诉你，在某些时候，收集信息的成本已经开始超过该信息带来的好处。

因此，我们的理论假设更像是一个准则，而不是一个僵硬的规则。

我们的假设是，信息是有益的并且搜索用户至少想要一定数量的信息。但是，人们如何收集信息呢？

人们利用外感受器官（对外部刺激做出反应的一个感觉器官或者感受器官）获取外部世界的信息，也就是视觉、听觉、嗅觉、触觉和味觉。在日常用语中，它们指的是眼睛、耳朵、鼻子、手（作为触摸的代表）和嘴。有时，我们积极地寻求信息。有时，我们被动地接收信息。还有些时候，我们积极地寻求某种信息而消极地接收另外一种信息。无论如何，我们的大脑持续地筛选这个信息流，以得到相关的线索或信号，并过滤掉无关的信号（噪音）。取决于周围环境的变化，今天的噪音可能对明天来说是相关的信号。

人类信息处理指的是人们如何接收、存储、融合、检索和使用其感官收集到的信息，并将重点放在信息使用的认知方面。[8]

在赞助搜索广告中，我们关注的是词汇。很久以前，人们通过听发音来识别单个词汇（在类似于英语的自然语言中，不一定在所有语言中都这样）。[9]后来，语法、拼写和句法规则被设计出来支持书写，从而我们有了文字和书面文字。因此，一个人可以通过形象来识别词汇，而不必通过发音来识别。那么，一个人可以通过视觉（而不是听觉）输入来接收信息。当然，他甚至可以在写字的时候在其意识中"听到"这个字。

对于赞助搜索广告，我们主要感兴趣的是视觉输入，因为我们想要潜在顾客看到我们的广告。这些广告的出现归因于搜索用户向搜索引擎输入查询请求。因此，搜索用户通过打字向搜索引擎输入而不是说一个词汇，或者语音输入然后机器将这个词汇翻译为文本。这样，我们对搜索用户的实际行为更感兴趣，特别是开发查询请求和为该请求选择查询词。这并不是说认知过程不重要（这些过程当然重要），但是我们必须把重点放在这些认知过程对实际行为的影响上。对于关键字选择，我们则对搜索用户表达的查询请求感兴趣。

搜索用户从哪儿得到这些查询词？这个问题的答案对关键字选择过程有重要的启示作用。

广泛意义来说，查询词出自内部或外部。然而，表达查询请求则源于人类的信息行为与信息处理。

- **人类信息行为**（human information behavior）指的是与信息来源和渠道有

关的人类行为总和，包括主动和被动的信息寻求和信息使用。[10]

- **人类信息处理**（human information processing）指的是获取、解释、管理、存储、检索和分类信息的方法。[10，11]

影响个体信息处理的因素有很多，包括经济地位、文化、教育、知识和性别。[12]

人类信息行为通过反馈循环的方式与人类信息处理相关联（信息行为→信息处理→后续行为）。因此，人类信息行为关注搜索用户的外部展示行为，而人类信息处理关注搜索用户吸收信息时的内部方面。图 3-2 展示了这个过程。

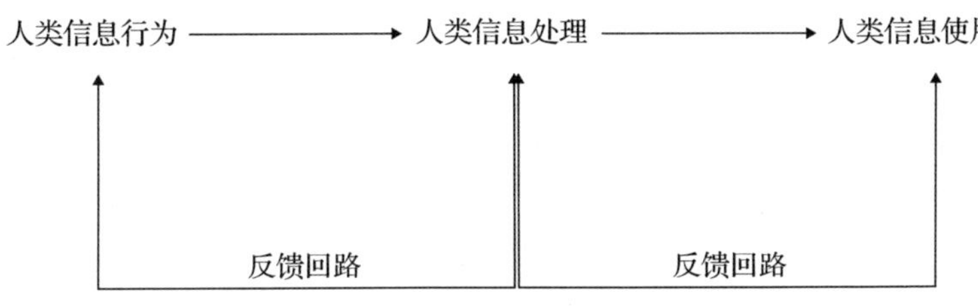

图 3-2 人类信息行为—处理—使用序列

人类信息行为的最后一个方面是信息使用行为，包括搜索用户将在现有知识库中找到的信息进行融合时涉及的物理和心理行为。因此，这可能涉及物理行为，如使用注释网页的某些部分来说明其重要性或意愿，以及心理行为，如将现有知识与新信息进行比较。[10]

把行为—处理—使用序列放在赞助搜索广告的上下文场景中，搜索用户希望得到信息，而通过查询请求获取，是这个沟通过程的第一步。广告主通过关键字联系到这些查询词的广告，提供信息并与搜索用户进行交流。搜索用户可能阅读广告、点击广告，并阅读登录页面的内容。然后，搜索用户以某种方式处理这条新信息。搜索用户决定使用这条信息干什么和是否打算使用这条信息。

在每一个步骤，都有认知行为发生。有时，认知行为会立即发生。有时候，认知行为在交流结束后发生（或继续），因为搜索用户会进一步思考所收到的信息并将其与已有的信息、理念、想法、关注点、感觉等进行融合。

这有助于解释赞助搜索广告中发生的常见现象，搜索用户可能会查看看起来非常相关的内容而什么也不做。在最终进行购买之前，搜索用户可能会多次回到同一广告。这一切都是信息处理行为的一部分。

作为搜索用户的潜在顾客

人类信息行为可以被细分为更聚焦的行为集合，如图 3-3 所示。

人类信息行为的嵌套框架

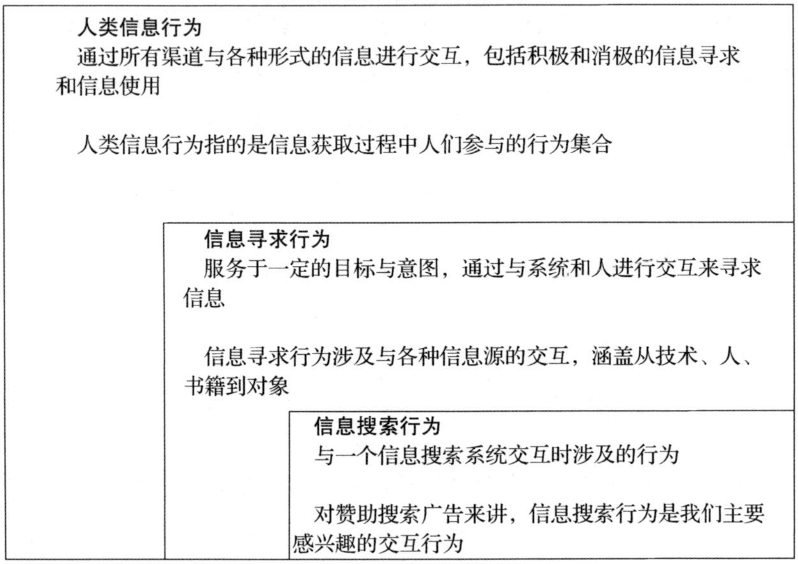

人类信息行为

通过所有渠道与各种形式的信息进行交互，包括积极和消极的信息寻求和信息使用

人类信息行为指的是信息获取过程中人们参与的行为集合

信息寻求行为

服务于一定的目标与意图，通过与系统和人进行交互来寻求信息

信息寻求行为涉及与各种信息源的交互，涵盖从技术、人、书籍到对象

信息搜索行为

与一个信息搜索系统交互时涉及的行为

对赞助搜索广告来讲，信息搜索行为是我们主要感兴趣的交互行为

人类信息行为是人类信息处理的渠道，而后者是使我们所收集的信息有意义的方法。

图 3-3　人类信息行为、信息寻求行为和信息搜索行为框架

从图 3-3 可以看出，人类信息行为是最广泛的区域，包含处理人类信息交互行为的所有方面。它的一个子集是信息寻求行为，涵盖发现和访问信息资源（人类和系统）时采用的信息寻求范围，服务于一定的目标与意图。信息搜索行为是信息寻求行为的一个子集，指的是与信息搜索系统交互时涉及的行为。[13] 信息搜索是人类信息行为和赞助搜索广告结合的表现。

在最高层次，人类访问各种信息对象，同时多种信息系统支持人类信息行为。

在中间层次，人类寻求信息，并最终使用通过信息寻求系统获得的信息。无论是人类资源，还是来自其他资源的信息，都为支持特定的人类信息寻求行为提供了能供性。

在微观层面，人类在与信息检索系统交互过程中采取的主要行为是搜索和浏览。[13]

我们在赞助搜索广告中最感兴趣的是这个信息搜索子集。

信息搜索指的是人们与信息检索系统之间的交互，涵盖从搜索策略的采纳，到对所检索的信息相关性的判断。[10] 信息搜索中的信息是一个过载的术语，因为搜索用户可能正在寻找信息以外的其他内容。在本书中，我们具体考察网络搜索，简单来说就是万维网上的信息搜索。

□ 集锦

有趣的是，首批使用来自搜索引擎查询日志的网络信息搜索的学术研究，相继在几个月内（1998 年年底和 1999 年年初）被信息检索专业组论坛（SIGIR Forum）刊出。

这三篇期刊论文是：

Jansen, B.J., Spink, A., Bateman, J., & Saracevic, T. (1998). Real life information retrieval: A study of user queries on the Web. SIGIR Forum, 32(1), 5-17.

Kirsch, S. (1998). Infoseek's experiences searching the Internet. SIGIR Forum, 32(2), 3-7.

Silverstein, C., Henzinger, M., Marais, H., & Moricz, M. (1999). Analysis of a very large Web search engine query log. SIGIR Forum, 33(1), 6-12.

术语“搜索”最简单的形式就是人们参与定位信息的具体行为。[14, p15] 在赞助搜索广告中，我们将重点放在搜索理论的经济学视角，即在一系列不同质量的潜在机会中进行选择时，研究个体的最优策略。在赞助搜索广告的范围内，这些机会指的是广告，其作为我们试图出售的产品（或服务）的代理。

在搜索理论中，我们主要感兴趣的是，搜索用户是否会再次搜索，从而推迟购买决定并引发延期成本，或者停止搜索来决定是否购买。我们可以从搜索理论出发，针对不同上下文场景开发搜索模型，来权衡延期成本与再次搜索的价值。

关联关键字短语和查询请求

在进行信息搜索时，搜索用户利用搜索引擎来定位某种类型的内容。目前，我们认为内容是搜索引擎可访问的任何东西。这些内容是由一种或多种媒体类型组成的多媒体，比如文本、图片、视频或音频内容。

赞助搜索广告的根本在于广告主竞标的关键字和搜索用户用于查询请求中的查询词之间的联系。对广告主和搜索用户来说，这些关键字短语和查询词代表广告主提供的基本产品、服务或其他出售品，也就是作为潜在顾客的搜索用户寻找的东西。

融合搜索和广告是赞助搜索广告商业模式的一个显著特性，[15] 也是关键字选择的关键环节。

图 3-4 说明了关键字短语和查询词之间的联系。

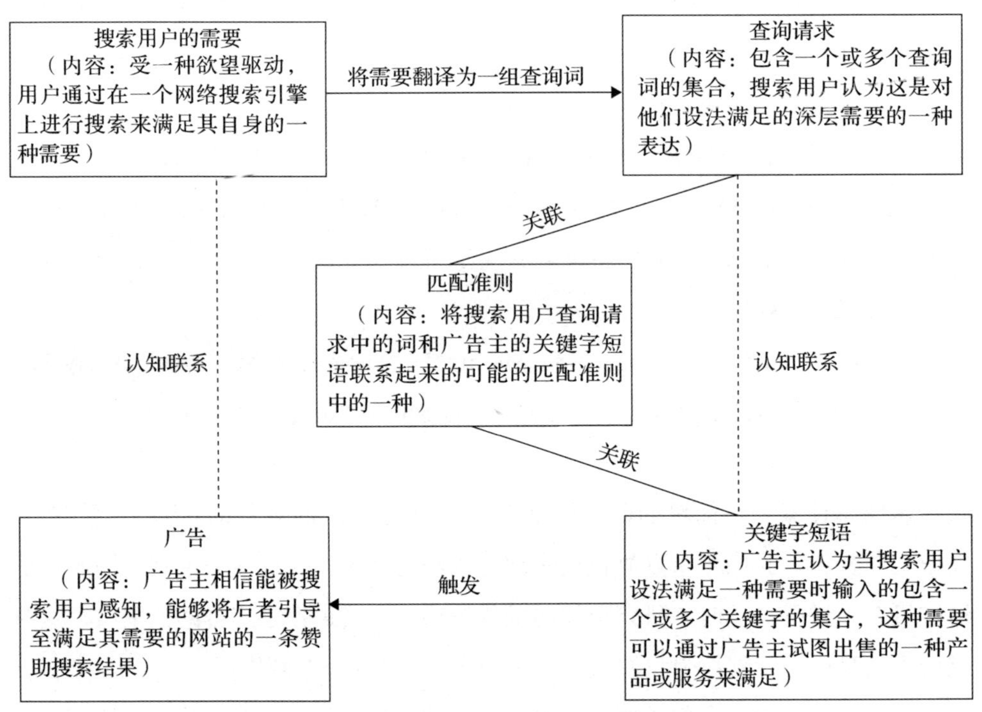

图 3-4　搜索用户、查询请求、关键字短语和广告之间的关系

建立搜索用户需要、查询词和广告主的关键字短语之间的连接：搜索、体验、信任产品与服务

首先聚焦于搜索用户的需要，我们面临这样一个问题“我们应该如何对用户需要进行分类”。

对赞助搜索广告来说，我们假设搜索用户在寻找一种产品或服务，包括关于产品或服务的信息。

纳尔逊（Nelson）[16] 把产品（我们包括服务的概念）分为三种类型：搜索（search）、体验（experience）和信任（credence）（SEC）产品。这种产品分类特别有用，因为它捕捉到了消费者在购买这些产品时面临的潜在不确定性，以及消费者为什么通过搜索引擎来沟通以便获取额外的信息。

根据 SEC 框架，我们可以从三个属性方面来分析产品的特质：搜索、体验和信任。[16] "这些属性被用来对购买过程中的某一点进行分类，如果有的话，消费者能准确地评价一种产品是否拥有其广告中所声称的相关属性的水平。" [17, p433]

- **搜索产品**拥有的属性是可以通过检查来识别的，且购买之前是可被消费访问的（比如音乐下载、按次数付费的电影、书籍、衣服，等等）。
- **体验产品**拥有的属性只能通过消费者的消费来体现（比如经纪服务、度假套餐和医疗保健，等等）。
- **信任产品**拥有的属性甚至永远无法通过消费者的观察和使用确定其长期品质和（或）价值（比如心理服务、税务服务、医疗和咨询服务，等等）。

当然，现在这些类别之间的界限可能会模糊。我们最好认为这些分类表示一个连续体上的区域，其之间存在相当程度的重叠，如图 3-5 所示。

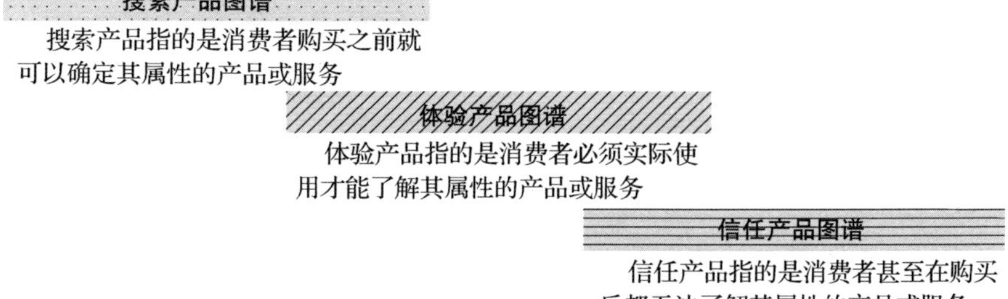

图 3-5 SEC 产品的图谱，展示其类别之间的重叠

在赞助搜索广告工作中，需要考虑的一个重要因素是这种产品细分背后的界

定性质，即对搜索用户来讲，购买前产品（或服务）品质的不确定性。从搜索产品到体验产品，再到信任产品，产品的品质越来越难以判断，这种不确定性也随之增加。[15, 18]这种不确定性的水平对广告主的关键字短语选择和搜索用户的查询词选择有着重大影响。

因此，搜索用户进行信息搜索的潜在动机是减少不确定性。当一个搜索用户缺乏关于产品、服务或消费的期望结果方面的知识时，他更有可能会参与到不确定性减少过程中来最小化风险和最大化消费价值。[19]当然，这个不确定性减少过程受成本调节（如果产品或服务不昂贵，消费者可能进行直接购买而不会花时间和精力来搜索）。

这里我们也要谨慎，不确定性减少过程可能会有多种动机，包括娱乐或降低风险。赞助搜索广告工作需要处理这个动机范围。

然而，减少不确定性无疑是电子商务搜索的一个重要组成部分。而 SEC 产品框架有助于解释消费者搜索行为的重要部分，如表 3-2 所示。

表 3-2　SEC 产品对广告主和搜索用户的影响

产品（或服务）类型	对查询请求选择的影响（搜索用户）	对关键字短语选择的影响（广告主）
搜索	搜索特定的产品（或服务）特性	选择与产品（或服务）特性一致的关键字短语
体验	搜索可以看到、触摸、闻到产品（或服务）的场所	选择关键字短语将搜索用户引导到实体店
信任	搜索关于产品（或服务）的评论、博客和评注	选择关键字短语将搜索用户引导到与营销目标一致的社交媒体

SEC 产品提供了一个框架，在很大程度上解释了消费者的搜索行为。举例来说，我的一个朋友拥有一家高端日历公司，为利基市场供给精美的图片，比如小猫、飞机和钓鱼的图片。该公司的大部分顾客是回头客，许多人在大型经销商那儿购买了该公司的日历。

为什么大部分顾客会重复光临呢？

高端日历主要是一种体验产品。顾客想要看到这些图片并触摸以感受纸张的品质。我这个朋友利用他的赞助搜索广告系列进行宣传，主要利用品牌关键字（名称、URL）并领先于大型日历销售商，因为他通过直接销售赚到更多的钱。

然而，他参与店内经销则为潜在的未来直接顾客提供了体验。

因此，根据这个 SEC 框架，广告主可以专注于最适合其产品的查询词。这仍然是一个艰难的任务，因为多年来的实证研究表明，查询请求的长度要么很短，[20] 要么很长。这很可能是搜索用户选择查询词时剪切和粘贴的结果。

在技术飞速发展的一段期间内，查询请求长度比较稳定的原因是搜索用户的认知方面并没有发生改变。也就是说，提供信息的技术能力呈指数级增长（摩尔定律（Moore’s Law）），但是人们处理信息的能力保持相对稳定。

□ **集锦**

为什么大部分查询词比较短？其中一部分原因可能与简单信息需要有关。这可能与我们记忆力的认知限制有关（人类的信息处理和存储能力）。

根据克劳德·香农（Claude Shannon）和诺伯特·维纳（Norbert Weiner）的信息理论研究，哈佛心理学家乔治·米勒（George A. Miller）提出了理论结构，被称为“神奇的数字：7±2”(Magical Number Seven, Plus or Minus Two)。

该理论结构的要点是，一般在任一时刻，人类可以处理大约 7 个相似信息（有时多 2 个，有时则少 2 个）。组块（chunking）的概念现在已成为许多记忆力理论中的一个基本要素。

米勒的工作包括越来越大的群体中的组块信息概念，而仍然保持 7 个相似类型组块的概念。

这个理论结构对赞助搜索广告的影响是，它可以解释短查询请求。

广告中的单词需要以组块的形式表示，以便搜索用户可以记得或识别，而搜索用户在任何给定的时间可以使用的信息数量存在一个限制。

关于个体搜索用户的行为，我们知道些什么

考虑一下消费产品（或服务）的网络搜索这种概念化，在进行信息搜索的过程中不确定性逐渐减少，关于搜索用户的具体行为我们能说些什么？

大量实证工作支持**最小努力原则**（principle of least effort）、**不确定性原则**（uncertainty principle）和**信息可获得性**（information obtainability）的理论

构念。

最小努力原则

最小努力原则指出，当一个人解决问题时，他倾向于“最小化其可能的平均工作支出率，即使用最小量的努力”。[23，p1] 任何有机体通常寻求一种最小化能量消耗的方式来追求某种目标。这个主张是网络搜索中的最持久原则之一。

最小努力原则与心理学的满意度原则（principle of satisficing）有关。[24] 满意度原则认为人们会进化以便快速决策。为了更快地决策，开展行动之前人们从选项的一个子集中进行选择，而不是考虑所有可能的选项。通过采用某些一般性规则，从统计上来讲，这个子集中的最好选项应该接近于整个集合中的最优选项。这在网络搜索的实证研究中已经得到了验证。我们在心理定格（framing）的概念中可以看到类似的原理。[25] 这对赞助搜索广告有一定影响。[26]

最小努力原则也根植于其他理论，比如信息觅食理论（information foraging theory）。在信息觅食范式中，根据这个信息理论，人类搜寻信息来寻找答案，如同动物在时间和精力有限的情况下搜寻食物一样。鉴于万维网上信息的丰富和新信息的指数级增长速度，信息觅食理论认为，人们采取自适应策略来优化其单位成本的有用信息摄入量。信息觅食理论阐明了最小努力原则的运用，因为人们采取行动来以最小成本获取所需（或者自认为所需）的信息。

我们也可以看到最小努力原则在赞助搜索广告中应用于潜在顾客的搜索特性。查询请求非常短。[28] 搜索结果或结果页面只能得到有限的浏览量，[29，30] 而下半版版面的结果则只有更少、更有限的浏览量。[31] 会话的持续时间也非常有限。[32] 搜索用户在一个网站上花费的时间也是有限的。[29] 所有这些行为指向同一件事情：搜索用户尽量付出最小的努力来得到满意的结果。

不确定性原则

不确定性原则声称，信息搜索的早期阶段开始于理解缺失或者有限知识，这时的认知状态是不确定的。[33] 不确定的情感症状与对一个搜索主题的认识模糊和不清晰有联系。不确定性的水平则关系到所需信息和搜索策略。[34] 当然，这有直观的意义，但更重要的是要弄清楚一个人进行搜索的动机是什么。在这个方面，关注不确定性是有帮助的。

通常，不确定性是指在给定上下文场景中一个用户的有限知识状态。这种不确定性可以是如何表达需要，这个需要表示什么含义，或者改变以前持有的理念。

随着信息搜索的进行，搜索用户形成了一个对该主题更明确的关注点，从而发生了从不确定、疑惑和挫败感到信心增强感的转变。不确定性原则与个体在特定情况下“隔阂”或“中断”的概念密切相关。[35] 在这种情况下，个体在没有获得新知识并构建改变感觉之前，无法采取进一步行动。通过获得的新知识，个体可以弥补差距，并跨越差距然后继续前行。不确定性原则也根植于信息寻求中的知识混沌状态（anomalous states of knowledge）模型。

在赞助搜索广告中，如同消费者搜索中的大部分概念一样，也有一个关于产品选择的不确定性减少的假设。

信息可获得性

信息可获得性是对赞助搜索广告有明确影响的一个构念，也就是说，信息越是可获得，人们则更可能使用该信息。明确地讲，“对一个顾客来说，一个信息系统的使用越困难、耗时，他就越不可能使用该信息系统”。[37, p46] 更简洁地说，信息使用与信息获得的容易程度是正相关的。[38] 实际上，整个网络搜索的理念都致力于使搜索用户更容易地访问在线信息。

关于个体搜索用户的意图，我们知道些什么

除了最小努力原则、不确定性原则和信息可获得性这三个理论构念，我们也可以采用更精确的方式来确定主题（搜索用户的查询请求的主题是什么）和意图（这个人在搜索什么类型的内容）。

一个查询词的主题与词汇的使用有关。这是语言与交流的一个固有方面。如同英语中的大部分词汇一样，查询词可以分为名词、动词、副词、形容词、介词或代词。研究显示，在大部分情况下，去除停止词（又称跳过词）后查询请求主要由名词组成。[39]

网络搜索中的用户意图有些独特之处。[40, 41, 42] 因此，鉴于它的重要性与广泛应用，我们在此对它进行讨论。

我们能从搜索用户的查询词中得知什么？

自然，不同的查询请求表示不同的潜在需要。这些潜在需要通常会引起不同类型的搜索用户行为，从点击行为到浏览行为。举例来讲，实证研究注意到，相对于更为聚焦的查询请求（如“找一台诺基亚相机”），宽泛的信息查询请求（如“数码相机”）能引发更多的浏览量。[43]

关于网络搜索的用户意图研究始于鲍德尔（Broder）。[40] 他提出网络查询请求的用户意图可以分为三类：**导航型**（navigational）、**信息型**（informational）和**交易型**（transactional）。这个框架基于实证观察结果，在网络搜索领域被一系列后续实证研究所支持。比如，斯宾克（Spink）和詹森 [44] 通过分析不同的搜索引擎事物日志，发现与电子商务相关的查询请求占 12% ～ 24%。詹森、斯宾克和佩德森（Pedersen）[45] 声明大量用户使用搜索引擎作为浏览工具。根据 2002 年远景公司（AltaVista）的搜索日志，这些研究人员报告，排名前 50 的查询请求（如 google，yahoo，ebay，yahoo.com，hotmail，hotmail.com，thumbzilla，www.yahoo.com，babelfish，mapquest，nfl.com，nfl，weather，www.hotmail.com 和 google.com）大都表达了一种浏览意图。显然，万维网的超媒体环境提供了一种特有的功能，即使用搜索作为一种特殊的浏览形式。罗斯（Rose）和莱文森（Levinson）[42] 扩展了鲍德尔的分类框架，提出将搜索请求分为**信息型**、**导航型**和**资源型**，后一个层次依次为前一个层次的子类。

用户意图是什么呢？

用户意图指的是用户在与网络搜索引擎交互的过程中表达的情感、认知或情景目标所指定的资源。参考贝尔金（Belkin）关于搜索片段（search episode）的陈述，[46] 意图与目标颇为相似，而表达与交互方法颇为相似。然而，不像目标，意图关注的是如何表达目标，因为表达决定了用户想要哪种类型的资源来满足其总体目标。皮罗利（Pirolli）[27, p65] 给出了关于任务（外部事物）和需要（驱动信息觅食行为的理念）之间关系的一种类似描述。萨拉切维奇（Saracevic）的分层模型 [47, 48] 提出了用户对于信息搜索系统的表达是基于情感、认知或情景层次的。

当然，查询请求是意图表达的关键组成部分。查询请求的重要性很明显。大量的研究工作考察了查询请求的构造、重新构造与处理。[49, 50, 51, 52] 皮罗利 [27, p65] 也把查询请求看作需要的一种外部表示。需要注意的是，查询请求常常是潜在意图的一种非精确表示。[53, 54, 55, 56]

根据相关研究，[40, 42] 对每个类别的用户意图可以进行如下定义。

- **信息型搜索。**信息型搜索的意图是查找与某一特定主题有关的内容以满足搜索用户的信息需要。这种内容可以采用不同形式，包括：数据、文本、文档和多媒体。这种意图处于一个从非常精确到非常模糊的范围内。
- **导航型搜索。**导航型搜索的意图是寻找一个特定的网址。这个网址可以是关于一个人或一个组织的。它可以是一个特定的网页、站点或中心站点。搜索用户可能有关于特定网站的想法，或者可能只是“认为”存在一个特定网站。
- **交易型搜索。**交易型搜索的意图是定位一个网页，其目的在于从该网页获得某种产品或服务。比如，购买一种产品、运行在线应用程序或下载多媒体。

用不太学术的语言来讲，我们可以把这三种宽泛类别的意图定义为：

- 信息型——寻找
- 导航型——遍历
- 交易型——获得

这三种主要类别中的每一种都可以被进一步细分。[41]

表 3-3 呈现了三层的层次分类法，最高层次为信息型、导航型和交易型。第一层的每种类别都可以分为几个第二层的类别。运用某些分类法还可以进行第三层次的细分。表 3-3 也给出了这个用户意图分类法中每种类别的定义。

表 3-3 用户搜索请求各类别的定义

层　　次	查询请求示例
第一层	
（I）信息型：旨在获取数据或信息以满足搜索用户的信息需要、愿望或好奇心的一类查询请求	童工法
（N）导航型：寻找特定网址的一类查询请求	第一资本集团
（T）交易型：寻找资源（网站），为使其有用仍需要采取进一步的行动	购买座钟
第二层	
（I，D）直接：明确的问题	注册域名
（I，U）间接：告诉我关于一个话题的一切信息	20 世纪 80 年代的歌手
（I，L）罗列：候选列表	在好莱坞要做的事
（I，F）寻找：寻找可以获得现实世界中产品或服务的地方	超重男士的 PVC 套装
（I，A）建议：意见、想法、建议、指导	烤猪里脊配什么菜
（N，T）导航型转变为交易型：用户想要的 URL 是一个交易网站	match.com
（N，I）导航型转变为信息型：用户想要的 URL 是一个信息网站	yahoo.com
（T，O）获得：获得一个特定的资源或对象	歌词
（T，D）下载：寻找一个文件来进行下载	下载 mp3
（T，R）结果页面：从搜索引擎结果页面上获得用户可以打印、保存或阅读的资源	（用户输入一个查询请求并期望"答案"会出现在搜索引擎结果页面上，并无须浏览另外的网站）
（T，I）交互：在另一个网站上与程序或资源进行交互	购买座钟
第三层	
（I，D，C）结束：涉及一个话题；只有一个清楚答案的问题	最高法院的九大法官
（I，D，O）尚未决定：涉及两个或多个话题	蛛形纲动物的排泄系统
（T，O，O）在线：资源可以在线获得	飞机座位图
（T，O，F）离线：资源可以离线获得，并可能需要用户采取一些额外的行动	全金属炼金术士壁纸
（T，D，F）免费：可下载的文件是免费的	免费的在线游戏
（T，D，N）收费：可下载的文件不一定免费	下载一集 *Family Guy*
（T，R，L）链接：资源出现在搜索引擎结果页面上一条或多条结果的标题、摘要或 URL 中	比如，用户输入会议论文的标题来寻找页码，而会议论文的页码通常会出现在一条或多条结果中
（T，R，O）其他：资源没有出现在搜索引擎结果页面上的任何一条结果中，但出现在该页面的其他位置上	比如，用户输入一个查询词来检查拼写，而对结果列表没有任何兴趣。我就这么做！

图 3-6 采用图解法给出了用户意图分类法的层次概览，以及其对赞助搜索广告的影响。

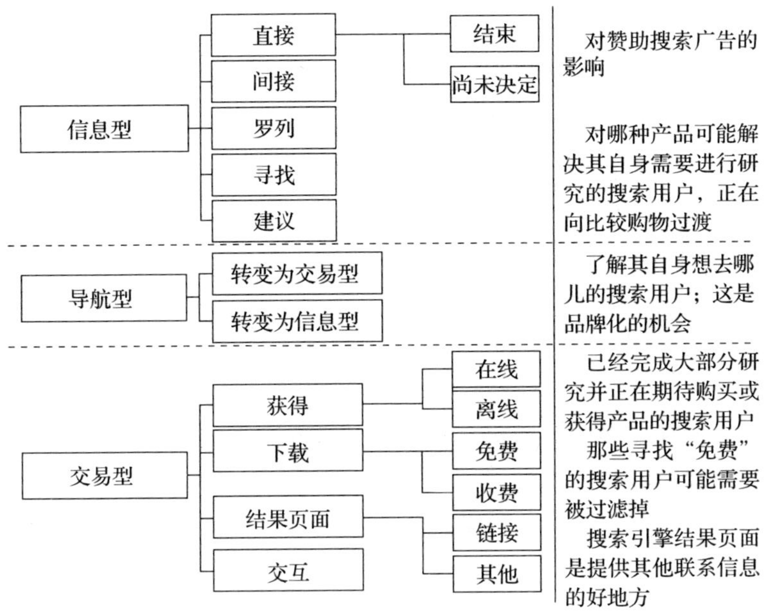

图 3-6 用户意图类别及其对赞助搜索广告影响的层级

通过这些人类信息处理的概念、个体搜索行为的构念和确定搜索用户意图的前沿成果，我们可以将个体层面的这些行为投影到群体层面。

群体层面的人类信息行为

现在我们了解了关于个体搜索用户行为的一些知识。从概念上来讲，我们向个体出售产品（或服务）。[57]

然而，我们不可避免地必须处理细分市场，即整个潜在顾客市场的一个子集。这个潜在顾客的细分市场是潜在顾客（通常指的是人，也可以是企业）的一个群体集合。这些顾客拥有类似特质，而这些特质会使得顾客对类似产品（或服务）有需要。

利用细分市场，广告主可以描述并可能预测潜在顾客的行为。这个预测能力有助于为赞助搜索广告工作确定应该选择哪些关键字短语。这种市场细分主要与群体层面的人类信息行为有关。

为了探讨群体信息行为，我们再次从搜索的概念开始。我们将搜索作为一个经济概念，而不是一组个体搜索行为来考虑。

这时，我们可以发现，与我们在个体层面仅得到一些指南性知识不同，在群体层面，我们不仅可以制定规则，还可以做一些相当准确的信息行为预测。

□ **集锦**

艾萨克·阿西莫夫在他的原创科幻小说系列《基地三部曲》(*The foundation Trilogy*)中，介绍了心理历史学的概念，这是一个推理科学的学科，它的前提是，只要有足够的数据，即使不能预测一个个体将要做什么，也能预测一群人将要做什么。

这么多年来，这仍然是科幻小说。

然而，情况不再如此。

万维网上可以收集到的大量数据，为广告、顾客行为、语言翻译、金融市场、疾病暴发、选举结果和其他许多情况提供了洞察力。

因此，阿西莫夫可能一直在做有重要意义的事，而数据刚刚达到要求。

我们在这里简单讨论一下消费者搜索。我们将在第 5 章更详细地阐述消费者搜索。然而，我们需要一些背景知识来了解对于查询词选择的讨论。我们将讨论消费者搜索研究领域的一些背景知识。[58]

消费者搜索可以被建模为这样一个过程：搜索用户处于一个决定是否去寻求附加信息（再次搜索或停止搜索）的状态。这个决策过程可以表达为附加信息期望收益的一个函数，[59] 其中搜索收益为减少不确定性。

当搜索用户通过再次搜索收集到附加信息时，他寻求新信息的期望收益递减（因为其面临的不确定性减少了），同时增强的信心降低了其继续寻求新信息（再次搜索）的可能性。

现在，可以将这个消费者搜索建模为这样一个过程模型，搜索用户 i 搜索第 x 次（提交第 x 次查询请求）的可能性为访问第（$x-1$）个站点的可能性的衰减率：[17, 36]

$$\Pr(X_i = x_i) = \frac{(x_i - 1)\theta_i}{x_i}\Pr(X_i = x_i - 1),\ x_i = 2, 3, \cdots$$

公式 3-1 消费者搜索的概率模型

公式 3-1 中的模型只是上述搜索行为的改述，区别是其用数学符号而不是文字表达。

这个模型是递归的。搜索过程中的任何状态序列只是由一组个体搜索状态组成的。因此，我们认为这个递归模型服从对数分布。

公式 3-2 给出了修改后的模型，其中 $\alpha_i = -[\ln(1-\theta_i)^{-1}]$ 且 $0<\theta_i<1$。

$$\Pr(X_i = x_i) = \frac{\alpha_i \theta_i^{xi}}{x_i},\ x_i = 1, 2, \cdots$$

公式 3-2 消费者搜索的对数概率模型

为了说明这个消费者搜索模型（和该模型为何在群体层面上是有价值的），图 3-7 绘制了各种概率条件下该模型的形状。图 3-7 的具体解释为，当 $\theta = 0.02$ 时，搜索用户仅点击一个结果的可能性为 90%；当 $\theta = 0.05$ 时，搜索用户仅点击一个结果的可能性为 71%；如果考虑 3 次站点访问（点击 3 个结果）的情况，那么当 $\theta = 0.08$ 时，我们仅涉及 10% 的搜索用户。我们可以为查询请求的长度、会话长度和访问的登录站点构建类似的模型，并绘制类似的图形。

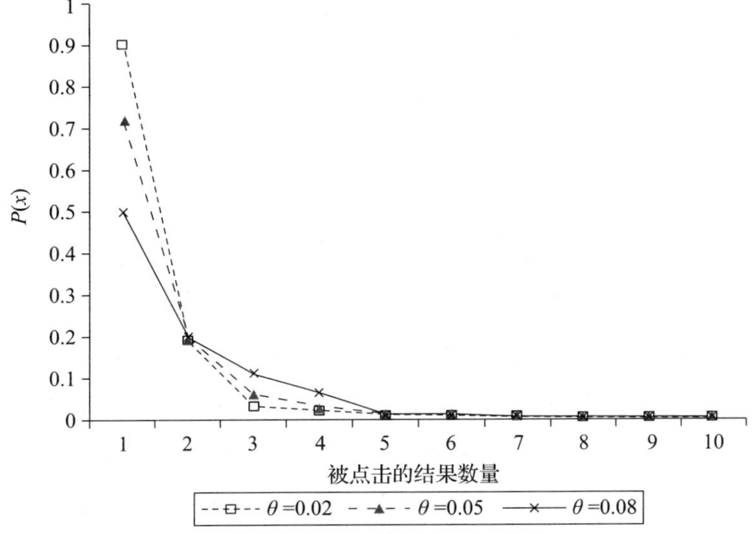

图 3-7 搜索用户、查询请求、查询词和结果之间的关系

我们也可以绘制对数分布条件下的消费者搜索模型。在这些情况下，线条将会是斜率不同的直线，但是我们可以推导出同样的百分数和站点数。更多内容稍后详述。

这意味着什么呢?

作为潜在消费者的搜索用户通常不会编写长的查询请求，不会提交很多请求，也不会点击很多结果。因此，他们通常不会访问很多站点，即广告的登录页面。

有趣的是，经济学家一度发现这种行为非常莫名其妙，因为根据常识和实证评估，万维网降低了搜索成本。从理论上来讲，在线搜索用户没有物理搜索或交通的成本，因此搜索次数应该增加。

然而，在线搜索用户并没有表现出冗长的搜索行为，这与经济学理论根据万维网上信息搜索的物理成本低而做出的预测相悖。[60] 现在，我们知道，搜索用户经常受不确定性驱使而付出最小努力来得到合理的方案，同时他们会访问最容易获得的信息。我们发现这种现象体现于前面提到的搜索行为中，如查询请求的长度、会话长度、点击率和群体搜索用户访问的站点。

所有这一切把我们带到我们最感兴趣的东西上——幂律分布。

幂律的强大影响

大部分搜索用户的查询词选择行为（也称查询短语），可以被建模为幂律分布。

为什么这些群体行为可以用幂律来解释呢?

这是最小努力原则和信息可获得性构念造成的个体行为汇总的结果。

首先，什么是幂律?

图 3-8 所示的图形是一个幂律分布曲线。幂律是两个量之间数学关系的一种特殊类型。当某种东西的频率（对象或事件出现的次数）与该对象的某个属性（如其大小、排名、高度）的幂（又称指数，表示一个量自身相乘次数的一种数学符号）成正比时，称该频率服从幂律分布。如同标准正态分布或钟形曲线，幂律是一种概率分布。

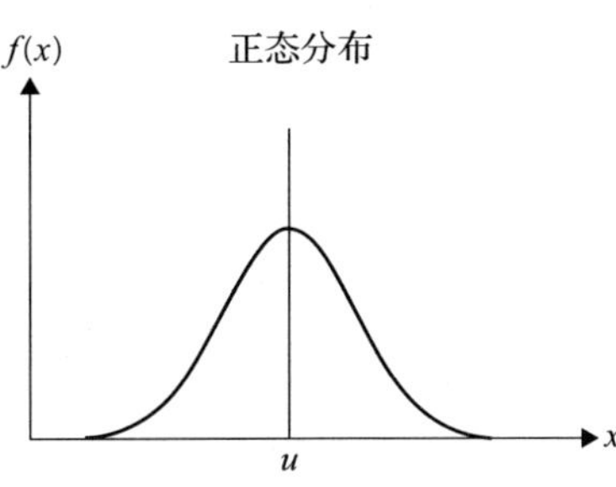

- 正态分布指的是一件事发生的频率与该事件某一属性之间的关系围绕一个中值展开分布，随着进一步偏离中值，事件发生的概率逐渐降低
- 一个在数学上稳定的代表性样本，可以告诉我们总体的均值和标准差
- 均值和标准差告诉我们，均值附近的事件发生的概率

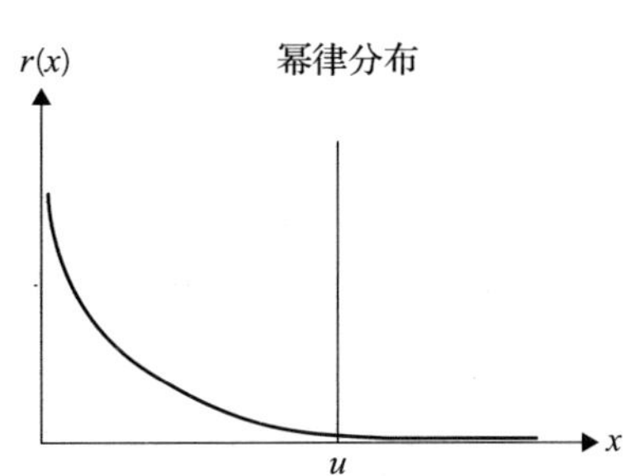

- 幂律分布指的是一件事发生的频率与该事件某一属性之间的关系呈某种指数（有称为幂律）变化
- 少数大事件很少发生而许多小事件经常发生
- 它在数学上不稳定（一些测度比如均值和标准差，在某些样本上没有任何意义）
- 指数反映了一段分布中事件发生的次数

图 3-8　正态分布和幂律分布的比较

许多现象服从幂律分布。赞助搜索广告的许多方面，包括用于查询请求的查询词的频率、网站的访问频率、SERP 上链接的点击频率也服从幂律分布。这就是某些查询词比同行业中的其他词要昂贵得多的原因。越来越多的人使用这些查询词，而且这些查询词产生了更多的收益。这些高查询量的词被称为头（head），而低查询量的词被称为尾（tail）。

□ 集锦

幂律与一个被称为边际收益递减法则的商业概念有关。当用曲线图表示这个法则时，其往往呈现幂律分布。

对赞助搜索广告来讲，边际收益递减法则[61]指的是广告花费中第一美元会比第二美元产生更多的销售收益；第二美元会比第三美元产生更多收益，以此类推。最终，我们将达到一个平衡点，产生一美元的收益正好需要花费一美元的广告费用。

幂律现象相对于其投资回报率来讲，也有助于解释为什么赞助搜索广告降低了广告费用。如果使用大众传媒的方式，如印刷品和电视，广告主就不得不覆盖这个媒体的所有观众，即便其目标受众为相对比较小的潜在顾客群体。然而，通过赞助搜索广告，广告主可以明确地定位到个体消费者。

幂律告诉了我们什么呢？

幂律描绘了一种大事件罕见而小事件却相当常见的现象。举例来说，很少发生非常大的地震，而小地震却经常发生；大城市只是少数，而小城镇却很多；在英语语言中，少数一些词（如“a”“as”“and”“the”）出现得非常频繁，而许多单词（如“obdormition”“tanquam”）却很少出现。

幂律分布与正态分布截然不同，后者是在统计学中常涉及的一种分布。正态分布和幂律分布的比较如图 3-8 所示。

正态分布中存在一个平均值，即被其他测量值围绕的一个典型值。这种分布描绘了实际的一些现象，比如一个随机群体的平均考试分数，人们的身高、体重。然而，并不是所有的测量值都会围绕一个典型值。相反，有些东西、对象或事件在一个巨大的范围内变化，有时会有很多数量级。一个经典的例子是财富：世界上最富有的人拥有的财富是最贫穷的人拥有的财富的许多倍。

这种幅度的差异使得常见的测度（如平均值）变得没有意义。举例来说，房间里在举行一个 30 人的聚会。根据一个聚会游戏，你决定去计算房间里这些人的平均体重。那么，如果世界上体重最大的人来到聚会现场，那么无论谁在参与聚会，这个房间里的平均体重都将会增长，但不会增长太多。

现在，我们不讨论体重。你决定开展另外一个聚会游戏，计算你聚会玩伴的平均净资产。如果世界上最富有的人来到聚会现场，那么无论谁在参与聚会，这个房间里的平均财富将会飞涨。

体重服从正态分布，而财富服从幂律分布。对于体重的分布来讲，平均值是有意义的。然而，对于财富的分布来讲，平均值的意义则很有限。

□ 集锦

财富的分布是幂律分布的早期观察结果之一，也被称为帕累托原则。

意大利经济学家维尔弗雷多·帕累托（Vilfredo Pareto）于 1906 年发现，80% 的意大利土地掌握在 20% 的人手中。

这是“二八定律”的基础，它意想不到地体现于各种不同的学科中，包括房地产（80% 的房子被 20% 的房地产经纪人出售）、质量控制（80% 的问题由 20% 的原因引起）、销售（80% 的收益由 20% 的员工产生）和信息检索（80% 的查准率意味着 20% 的召回率）。

虽然，80% 在数学上并不是精确的，但对大部分系统来讲却是一个不错的大约百分比。

在数学上，我们可以利用实证的方法计算准确的百分比。在任何一个大量参与者共享某种资源的系统中，一定会出现一个处于 50 ~ 100 之间的数字 p，即“p% 的资源被 $(1-p)$% 的参与者掌握”。

这个数字 p 可能在 50（一种平均分配的情况，100% 的人群占有相等比例的资源）到几乎 100（很少参与者占有几乎所有的资源）之间变化。

我们如何对幂律分布进行建模呢？

在数学上，如果一个量 x 抽取自一个概率分布（如公式 3-3 所示），其中 α 是该分布的一个常参数，也被称为指数参数或尺度参数，则 x 服从幂律分布。

$$P(x) = Cx^{-\alpha}$$

公式 3-3　幂律分布的数学模型

我们经常看到幂律分布被表示为一个对数图。以这种方式绘制的幂律分布相当接近于沿着一条直线的图形。参数 C 表示来自单一类别的数据的百分比。参数 α 表示斜率的陡度。两个参数都会影响落入一个给定区间中的某点对应的数据百分比。C 的值越大，无论 α 取什么值，曲线底端的单值所占的百分比越大。从对数转换的角度看，C 影响这条线的高度。

对数图有助于从幂律的角度检查数据。对于某些特定尺度，对数图是倾斜的。因此，该分布上两个有理点之间的给定距离总是表示同等的该尺度的百分比变化，而不是同等的绝对值变化，后者是线性图的基础。也就是说，对数图上从 1 到 10 的距离与从 10 到 100 的距离是等同的，但在线性图上后者的距离是前者的 10 倍。

给定应用领域中的幂律分布现象都有其特定的指数，如表 3-4 所示。

表 3-4 幂律分布的标准指数[63]

量	指数	量	指数
论文的被引用数	3.04	太阳耀斑的强度	1.83
网站的点击量	2.40	战争的激烈程度	1.80
在美国的书籍销售量	3.51	美国人的净资产	2.09
接听电话数	2.22	姓氏的频率	1.94
地震的强度	3.04	美国城市的人口数量	2.30
月球陨石坑的直径	3.14		

从表 3-4 可以看出，不同应用领域中的幂律分布现象的指数各不相同。

在赞助搜索广告中，特别是对关键字短语选择来讲，我们最关心的幂律分布（指数），被称为齐普夫定律（Zipf’s Law）。

齐普夫定律

齐普夫定律得名于语言学家乔治·金斯利·齐普夫（George Kingsley Zipf）。[62] 虽然单词与其使用频率之间的关系很久之前就被注意到了，但齐普夫提出并使这个定律通俗化。数学上，齐普夫定律可以表示为公式 3-3，其中 P 是排名 x 的单词的使用频率，且指数 α 几乎等于 1。这意味着，排名第二的单词出现的频率大约是排名第一的单词的一半，排名第三的单词出现的频率是排名第一的单词的 1/3，以此类推。[62]

简而言之，齐普夫定律声明仅有少数词经常被使用，而许多或大部分词很少被使用。更学术地讲，在一些特定的自然语言话语（言语）中，任何给定词的频率与其在频率表中的排名成反比。因此，最频繁的词出现的频率大约是第二频繁词的两倍，是第三频繁词的三倍。

为什么单词选择服从齐普夫定律？

一种解释是齐普夫定律源于自然语言的特征，并在理论上基于最小努力原则。因为不管对使用某种语言的说话者还是听者来讲，他们都希望仅以此必要的努力来达到相互理解的目的。这就会导致大致相同的努力分布，从而造成我们所观察到的齐普夫分布。

为什么齐普夫定律对关键字短语选择来讲很重要？

齐普夫定律解释了为什么有些关键字会产生很大的流量，而其他关键字产生的流量却很少。首先，肯定有一组关键字是流行的（这些关键字处于幂律分布的头部，其相关的查询词被许多搜索用户使用）。这些关键字短语产生大部分流量和可能的大部分收益（见第 4 章）。当然，我们需要以这些关键字为目标。

然而，齐普夫定律不仅强调了这个密集部分，还阐明了这个尾部。在尾部，你可以找到小而稳定，同时有利可图的操作区域。

这是因为如同所有的幂律分布一样，齐普夫分布是分形的（我们可以在该分布的任意片段中发现另外一个幂律分布），如图 3-9 所示。

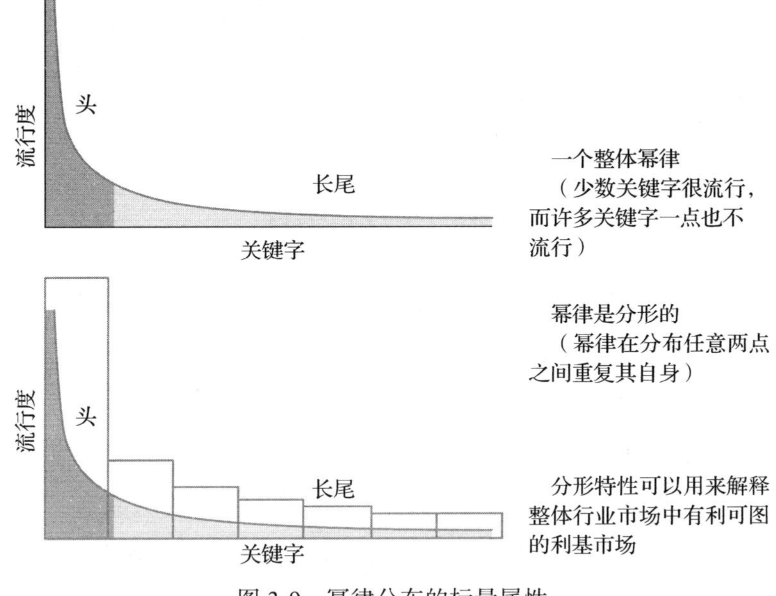

图 3-9　幂律分布的标量属性

从图 3-9 中我们可以看出，分量在每个分形内递减，但是图形的总体形状是相似的。因此，在每个片段中，我们可以找到一些高搜索量的关键字短语。我们在赞助搜索广告系列活动中经常发现这种情况。你可以从一个相当大的关键字集合开始，慢慢地把这个大集合分解成越来越小的小集合。

基本要点

- 搜索用户的查询词选择是人类信息行为的一个组成部分，与人类信息处理相关。因此，我们必须从人类信息处理的角度看待关键字选择。

- 在个体层面，由于潜在顾客参与信息搜索过程，我们有一些指导性的启发式规则，比如最小努力原则、不确定性原则和信息可获得性。
- 通过搜索用户特征的一个组合，即他们使用的查询词，我们可以在一定程度上确定其潜在意图。查询请求中的词汇表示搜索用户寻找的一个或多个概念。因此，提交查询请求是一个沟通过程的开始。
- 在群体层面，大部分搜索用户的行为由幂律分布定义。因此，少量的词频繁出现并产生很大影响；同时大量的词很少出现且影响很小。这通常被分别称为幂律分布的头部和尾部（见图 3-9）。合并尾部的百分比也可以形成一个大而有意义的数量。

理论与实践相结合

关键字短语的选择是赞助搜索广告工作的核心。为了顺利地选择高效的关键字短语，我们必须同时关注个体和整个细分市场。

- 选择一种你的产品（或服务），并为该产品（或服务）开发对应的个体顾客的角色。考虑一下我们已知的理论构念（比如最小努力原则、不确定性原则和信息可获得性）。向该个体角色推销你的产品（或服务）。你的关键字短语是否反映了该个体的行为？
- 通过收入、年龄和其他人口统计指标来细分你的产品（或服务）对应的市场。考虑一下我们所了解的关于搜索和查询词选择的知识，即搜索和查询词选择服从幂律分布。你的广告工作是否利用了市场分布的每个部分？

结　论

我们可以得出结论，关键字短语选择是任何赞助搜索广告系列活动的核心，而且是连接潜在顾客和其他所有工作的纽带。这些关键字短语在概念上与搜索用户选择的查询词有联系。这些搜索用户是我们的潜在顾客。作为个体，这些搜索用户行为的集合被统称为人类信息行为。

在赞助搜索广告活动中，我们对信息搜索方面，即一个人利用网络搜索引擎来定位内容特别感兴趣。在信息搜索活动中，我们知道用户通常付出最小努力，试图减少不确定性，访问最容易获得的信息，并试图很快地减少选择的数目。通过利用这些活动和他们的查询词，你可以对搜索用户喜欢什么内容做出一些假设。

在群体层面，大部分搜索行为（搜索用户）可以用幂律分布来描述。因此，我们知道少数词被大量使用，而多数词很少被使用。

广告主的目的是找到能够产生大量可转化流量的查询词的“最有效点”。这组关键字是依赖于广告主的。这种选择通常可以通过集中头部的几个关键字、尾部的许多关键字或两者的结合来实现。

这些关键字是连接广告主和搜索用户的直接纽带之一。

另外一个主题是广告。你广告的哪些地方吸引了搜索用户的注意力？在万维网上的所有信息中，为什么搜索用户会阅读并点击你的广告？你广告中的哪些内容使搜索用户感兴趣？为什么？这就是我们在下一章要研究的问题。

参考文献

[1] Battelle, J. 2005. *The Search: How Google and Its Rivals Rewrote the Rules of Business and Transformed Our Culture*. New York: Penguin Group.

[2] Israel, D. and Perry, J. 1990. “What Is Information?” In *Information, Language and Cognition*, P. Hanson, Ed. Vancouver: British Columbia Press, pp. 1–19.

[3] Repo, A. J. 1989. “The Value of Information: Approaches in Economics, Accounting, and Management Science.” *Journal of the American Society of Information Science*, vol. 40(2), pp. 68–85.

[4] Easley, D. and O’hara, M. 2001. “Information and the Cost of Capital.” *The Journal of Finance*, vol. 59(4), pp. 1553–1583.

[5] Stephens, D. W. 1989. “Variance and the Value of Information.” *The American Naturalist*, vol. 134(1), pp. 128–140.

[6] Marin, J. and Poulter, A. 2004. “Dissemination of Competitive Intelligence.” *Journal of Information Science*, vol. 30(2), pp. 165–180.

[7] Konow, J. 2005. “Blind Spots: The Effects of Information and Stakes on Fairness Bias and Dispersion.” *Social Justice Research*, vol. 18(4), pp. 349–390.

[8] Huitt, W. 2003. *The Information Processing Approach to Cognition*. Valdosta, GA: Educational

Psychology Interactive.
[9] Coates, G. 2009. *Notes on Communication: A Few Thoughts about the Way We Interact with the People We Meet*. Sydney: Wanterfall.
[10] Wilson, T. D. 2000. "Human Information Behavior." *Informing Science*, vol. 3(2), pp. 49–55.
[11] Putrevu, S. 2002. "Exploring the Origins and Information Processing Differences between Men and Women: Implications for Advertisers." *Academy of Marketing Science Review*, vol. 10(1), Article 1.
[12] Rodgers, S. and Harris, M. A. 2003. "Gender and E-Commerce: An Exploratory Study." *Journal of Advertising Research*, vol. 43(1), pp. 322–329.
[13] Jansen, B. J. and Rieh, S. 2010. "The Seventeen Theoretical Constructs of Information Searching and Information Retrieval." *Journal of the American Society for Information Sciences and Technology*, vol. 61(8), pp. 1517–1534.
[14] Marchionini, G. 1995. *Information Seeking in Electronic Environments*. Cambridge: Cambridge University Press.
[15] Animesh, A., Ramachandran, V., and Viswanathan, S. 2010. "Quality Uncertainty and the Performance of Online Sponsored Search Markets: An Empirical Investigation." *Information Systems Research*, vol. 21(1), pp. 190–201.
[16] Nelson, P. 1970. "Information and Consumer Behavior." *The Journal of* Political *Economy*, vol. 78(2), pp. 311–329.
[17] Ford, G. T., Smith, D. B., and Swasy, J. L. 1988. "An Empirical Test of the Search, Experience and Credence Attributes Framework." In *Advances in Consumer Research Volume*, vol. 15, M. J. Houston, Ed. Provo, UT: Association for Consumer Research, pp. 239–244.
[18] Darby, M. and Karni, E. 1973. "Free Competition and the Optimal Amount of Fraud." *Journal of Law and Economics*, vol. 16(1), pp. 67–86.
[19] Hu, N., Liu, L., and Zhang, J. 2008. "Do Online Reviews Affect Product Sales? The Role of Reviewer Characteristics and Temporal Effects." *Information Technology and Management*, vol. 9(3), pp. 201–214.
[20] Jansen, B. J. and Spink, A. 2005. "How Are We Searching the World Wide Web? A Comparison of Nine Search Engine Transaction Logs." *Information Processing & Management*, vol. 42(1), pp. 248–263.
[21] Shannon, C. E. 1948. "A Mathematical Theory of Communication." *Bell System Technical Journal*, vol. 27(July/October), pp. 379–423, 623–656.
[22] Miller, G. A. 1956. "The Magical Number Seven Plus or Minus Two: Some Limits on Our Capacity for Processing Information." *Psychological Review*, vol. 63(1), pp. 81–97.
[23] Zipf, G. K. 1949. *Human Behavior and the Principle of Least Effort*. Cambridge, MA: Addison-Wesley Press.
[24] Simon, H. 1981. *The Sciences of the Artificial*, 2d ed. Cambridge, MA: MIT Press.
[25] Andreasen, A. R. 2005. *Social Marketing in the 21st Century*. New York: Sage.
[26] Jansen, B. J. and Resnick, M. 2006. "An Examination of Searchers' Perceptions of Non-Sponsored and Sponsored Links during Ecommerce Web Searching." *Journal of the* American *Society for Information Science and Technology*, vol. 57(14), pp. 1949–1961.
[27] Pirolli, P. 2007. *Information Foraging Theory: Adaptive Interaction with Information*. Oxford: Oxford University Press.
[28] Jansen, B. J., Spink, A., and Saracevic, T. 2000. "Real Life, Real Users, and Real Needs: A Study and Analysis of User Queries on the Web." *Information Processing & Management*, vol.

36(2), pp. 207–227.

[29] Jansen, B. J. and Spink, A. 2004. "An Analysis of Documents Viewing Patterns of Web Search Engine Users." In *Web Mining: Applications and Techniques*, A. Scime, Ed., pp. 339–354.

[30] Jansen, B. J. and Spink, A. 2009. "Investigating Customer Click Through Behaviour with Integrated Sponsored and Nonsponsored Results." *International Journal of Internet Marketing and Advertising*, vol. 5(1/2), pp. 74–94.

[31] Jansen, B. J. and McNeese, M. D. 2005. "Evaluating the Effectiveness of and Patterns of Interactions with Automated Searching Assistance." *Journal of the American Society for Information Science and Technology*, vol. 56(14), pp. 1480–1503.

[32] Jansen, B. J., Spink, A., Blakely, C., and Koshman, S. 2007. "Defining a Session on Web Search Engines." *Journal of the American Society for Information Science and Technology*, vol. 58(6), pp. 862–871.

[33] Kuhlthau, C. 1993. "A Principle of Uncertainty for Information Seeking." *Journal of Documentation*, vol. 49, pp. 339–355.

[34] Vakkari, P. 2001. "A Theory of the Task-based Information Retrieval Process." *Journal of Documentation*, vol. 57(1), pp. 44–60.

[35] Dervin, B. 1976. "Strategies for Dealing with Human Information Needs: Information or Communication?" *Journal of Broadcasting*, vol. 20(3), pp. 324–351.

[36] Belkin, N., Oddy, R., and Brooks, H. 1982. "ASK for Information Retrieval, Parts 1 & 2." *Journal of Documentation*, vol. 38(2), pp. 61–71, 145–164.

[37] Pemberton, J. M. 1989. "Telecommunication: Technology and Devices." *Records Management Quarterly*, vol. 23, pp. 46–48.

[38] Summit, R. K. 1993. "The Year 2000: Dreams and Nightmares." *Searcher*, vol. 1, pp. 16–17.

[39] Jansen, B. J., Spink, A., and Pfaff, A. 2000. "Linguistic Aspects of Web Queries." In *Annual Meeting of the American Society of Information Science*, Chicago, IL, pp. 169–176.

[40] Broder, A. 2002. "A Taxonomy of Web Search." *SIGIR Forum,* vol. 36(2), pp. 3–10.

[41] Jansen, B. J., Booth, D., and Spink, A. 2008. "Determining the Informational, Navigational, and Transactional Intent of Web Queries." *Information Processing & Management*, vol. 44(3), pp. 1251–1266.

[42] Rose, D. E. and Levinson, D. 2004. "Understanding User Goals in Web Search." In *World Wide Web Conference (WWW 2004)*, New York, pp. 13–19.

[43] Attenberg, J., Pandey, S., and Suel, T. 2009. "Modeling and Predicting User Behavior in Sponsored Search." In *15th ACM SIGKDD International Conference on Knowledge Discovery and Data Mining*, Paris, France.

[44] Spink, A. and Jansen, B. J. 2004. *Web Search: Public Searching of the Web*. New York: Kluwer.

[45] Jansen, B. J., Spink, A., and Pedersen, J. 2005. "Trend Analysis of AltaVista Web Searching." *Journal of the American Society for Information Science and Technology*, vol. 56(6), pp. 559–570.

[46] Belkin, N. J. 1993. "Interaction with Texts: Information Retrieval as Information-Seeking Behavior." In *Information retrieval '93. Von der Modellierung zur Anwendung*. Konstanz, Germany: Universitaetsverlag Konstanz, pp. 55–66.

[47] Saracevic, T. 1997. "Extension and Application of the Stratified Model of Information Retrieval Interaction." In *the Annual Meeting of the American Society for Information Science*, Washington, DC, pp. 313–327.

[48] Saracevic, T. 1996. "Modeling Interaction in Information Retrieval (IR): A Review and Proposal." In *the 59th American Society for Information Science Annual Meeting*, Baltimore, MD, pp. 3–9.

[49] Belkin, N., Cool, C., Croft, W. B., and Callan, J. 1993. "The Effect of Multiple Query Representations on Information Retrieval Systems." In *16th Annual International ACM SIGIR Conference on Research and Development in Information Retrieval*, pp. 339–346.

[50] Belkin, N., Cool, C., Kelly, D., Lee, H.-J., Muresan, G., Tang, M.-C., and Yuan, X.-J. 2003. "Query Length in Interactive Information Retrieval." In *26th Annual International ACM Conference on Research and Development in Information Retrieval*, Toronto, Canada, pp. 205–212.

[51] Cronen-Townsend, S., Zhou, Y., and Croft, W. B. 2002. "Predicting Query Performance." In *25th Annual International ACM SIGIR Conference on Research and Development in Information Retrieval*, Tampere, Finland, pp. 299–306.

[52] Efthimiadis, E. N. 2000. "Interactive Query Expansion: A User-Based Evaluation in a Relevance Feedback Environment." *Journal of the American Society of Information Science and Technology*, vol. 51(11), pp. 989–1003.

[53] Belkin, N. J. 1980. "Anomalous States of Knowledge as a Basis for Information Retrieval." *Canadian Journal of Information Science*, vol. 5, pp. 133–143.

[54] Croft, W. B. and Thompson, R. H. 1987. "I3: A New Approach to the Design of Document Retrieval Systems." *Journal of the American Society for Information Science*, vol. 38(6), pp. 389–404.

[55] Ingwersen, P. 1996. "Cognitive Perspectives of Information Retrieval Interaction: Elements of a Cognitive IR Theory." *Journal of Documentation*, vol. 52(1), pp. 3–50.

[56] Taylor, R. S. 1968. "Question Negotiation and Information Seeking in Libraries." *College & Research Libraries*, vol. 28, pp. 178–194.

[57] Locke, C., Levine, R., Searls, D., and Weinberger, D. 2000. *The Cluetrain Manifesto: The End of Business as Usual*. New York: Perseus.

[58] Johnson, E. J., Moe, W. W., Fader, P. S., Bellman, S., and Lohse, G. L. 2004. "Depth and Dynamics of Online Search Behavior." *Management Science*, vol. 50(3), pp. 299–308.

[59] Diamond, P. A. 1989. "Search theory." In *The New Palgrave: Allocation, Information, and Markets*, J. Eatwell, M. Milgate, and P. Newman, Eds. New York: Norton, pp. 271–286.

[60] Bakos, J. Y. 1997. "Reducing Buyer Search Costs: Implications for Electronic Marketplaces." *Management Science*, vol. 43(12), pp. 1676–1692.

[61] Wessels, W. J. 1997. *Microeconomics the Easy Way*. Hauppauge, NY: Barron.

[62] Zipf, G. K. 1932. *Selected Studies of the Principle of Relative Frequency in Language*. Cambridge, MA: Harvard University Press.

[63] Newman, M. 2006. Power laws, Pareto distributions and Zipf's law. Retrieved November 16, 2010, from http://www-personal.umich.edu/~mejn/courses/2006/cmplxsys899/powerlaws.pdf

第4章 通过广告向消费者发送信号

要确保你的广告在讲述一些包含实质性的并将为消费者提供信息和服务的东西，并确保你就像它之前从未被如此描述一样在描述它。

比尔·伯恩巴克（Bill Bernbach）

多伊尔戴恩伯恩巴克公司（Doyle Dane Bernach，DDB）联合创始人，《一个全球创意广告公司》[1]

伯恩巴克[1]是现代广告领域的先驱。如题词中的引语所讲，广告是关于告知顾客能够满足其需要，并以一种吸引人注意的方式进行呈现的相关信息。这对任何广告活动来说都非常关键。

回顾我们的镶框业务，我们的潜在顾客向搜索引擎中提交搜索请求，其中会包含与我们选择的关键字短语有联系的词汇。我们的广告将出现在搜索引擎结果页面中，作为对这些搜索请求的回应。这些广告将会（或不会）吸引搜索用户的注意力。

我们的广告应该讲述什么，这个问题至关重要，因为这决定了搜索用户是否会转化为潜在顾客。

编制广告是创意和严谨科学的结合。

广告不是我们提供的产品（或服务）（我们的广告并不解决顾客的问题）。实际上，广告甚至不会为顾客购买他们需要的产品（或服务）。广告仅将潜在顾客带到登录页面。一旦进入登录页面，我们的顾客就可能最终解决他们的问题。

此外，登录页面和广告之间有一个强制性协同作用。你的登录页面必须是广告文案的一个延伸。你的广告必须向搜索用户传达，在你的登录页面上有他们寻求的答案。你希望顾客做的主要活动（转化）通常在登录页面的上半版版面进行。

你可以在这里再次发现最小努力原则。如果登录页面与广告并不协同，顾客就会走开；如果转化不易进行，顾客就会转到一个容易进行转换的网页。

因此，广告必须作为一扇门、一个指示牌、一个标志，或一种诱惑，把搜索用户指引到你的网页。这个网页则是搜索用户获得产品（或服务）并解决其需要的地方。因此，编制广告是至关重要的，你必须理解为什么某些技术对广告开发有效，而其他则不然。广告中的哪些要素会吸引搜索用户的眼球并刺激其采取行动?

促使潜在顾客注意到产品（或服务）的信息并采取行动是非常关键的。如同物理世界中的系统，一个物体将保持静止，直到有外力作用于其上。在赞助搜索广告的世界里，这个外力就是广告。

要想让顾客对广告产生共鸣，广告必须与消费者在认知和情感方面有一定的联系。要想让广告取得成功，消费者必须乐意接受广告，让其进入他们的学习、解决问题或决策过程中。

在本章中，我们将确立赞助搜索广告文案开发的关键基础，解释为什么某些广告有作用而其他则不然。我们首先关注个体层面，然后关注群体层面。

在个体层面上，搜索用户对广告的反应

我们必须向每一个人做广告。长期以来，这是成功广告的标志。但是，这个个体是谁？数亿人都可能是潜在顾客，因而的确需要一些启发式规则来简化这个确定目标的过程。幸运的是，目前已有一些这种启发式规则，其应用专注于广告的目标定位。

然而，为了使得广告能够胜出，最好不要把你的潜在顾客看成一群人。虽然，出于效率的考虑，我们可能会对某些特征进行汇总。但是在开始阶段，我们要把重点明确地放在个体身上。思考大众的心态，“……会给你一种模糊的印象。考虑一个可能需要你所售产品（或服务）的典型个体，男人或女人。”[2]

关于广告和搜索用户，如同在关键字选择中一样（见第 3 章），我们再次关注于人类信息行为这一概念。然而，对于关键字，我们的大部分兴趣主要集中在对沟通的认知和人类信息处理方面。这个领域的研究工作仍然最多只是粗略的和基于规则的。

然而，在赞助搜索的广告这一方面，情况并不是那么惨淡。因为对外部刺激的反应（广告）是行为（如点击或不点击的反应时间），因此我们可以对广告的反应进行测量。因为这些行为是可测量的，所以我们就可以收集到很多观测数据，从而也会有很多理论、模型、原理和启发式规则来指导我们进行广告的开发与编制。

实际上，从纯理论的视角来看，广告是赞助搜索最知名的一个方面。你可以测试每个词汇、每张图片和显示的每一个方面。这与赞助搜索广告的顾客方面截然不同。在顾客方面，无数的认知、场景和情感属性几乎没完没了。

总之，我们对于广告了解甚多。

那么，对于广告我们了解什么呢

就像我们考察关键字一样，我们再次聚焦于信息获取和我们的外部感受器[3]或感官（比如视觉、听觉、嗅觉、触觉和味觉），即人们如何从外部世界获取信

息。我们的大脑通过这五种感官不断地筛选进来的信息流以便获得有用的线索（信号），而不是无用的线索（噪音）。信号和噪音都是基于上下文场景进行判断的结果。今天的噪音对明天来说可能是信号。

信息和行为之间存在一种联系，也就是说，信息量（某一时刻注意到的信息数量）对人的行为表现有一种功能效应。此外，很明显，信息量会影响搜索用户反应的速度和准确性。因此，信息在一定程度上是有用的。那么，更多的信息可能是有害的。

这是可以预料的。想象一下，从一个人接收信息到观测到反应之间必须发生的一切。对信息的反应速度取决于激活感觉受体、处理大脑中的神经脉冲、传输神经脉冲到肌肉、供给能量并激活肌肉和执行运动所需要的时间。所有这一切都必须发生在搜索用户看到广告和决定是否点击之间的这段时间中。这被称为反应时间，即搜索用户接收到广告信号和决定执行一个行为之间的时间。反应时间以秒计。

□ **集锦**

简单反应时间（simple reaction time，SRT）指的是对刺激进行反应所花费的时间。

视觉简单反应时间（visual SRT）通常为 150 ~ 200 毫秒（0.15 ~ 0.20 秒）。

鉴于这个典型的简单反应时间，审视一个登录页面是否相关，所需的决策时间很短并不令人意外。大概 20% 的用户耗时少于 1 分钟。[4]

在个体层面，如何区别信号与噪音？

我们的答案是信号理论。而当我们具体考虑搜索引擎结果时，这个问题得依靠信息觅食理论给出答案。

信号理论

在关于研究万维网上的消费者搜索研究中，有一个信息不对称的固有假设。也就是说，我们假设消费者搜索信息以便破除信息失衡。否则，如果不是为了修正信息失衡，那么一个人为什么搜索信息（娱乐除外）呢？

信息不对称是决策情形和交易的一种特征，即相对于参与交易的另外一方，其中一方拥有更多、更有用的信息。这种信息不平等造成了一种权力不平衡。因此，拥有较少信息的一方需要调整到一种信息对称的状态，以便获得更多的控制权。

因此，人们会进行信息搜索。

解决信息失衡是搜索的一个潜在动机，特别是在搜索过程的初始阶段。在这个搜索过程中，搜索用户经常使用决策过程中的一些线索来指导与选择有关的成本、利益、报酬和风险的感知。[5]

在赞助搜索广告中，搜索用户寻求广告中的信号或信息线索，从而以可靠的方式解决他们的信息缺失。这个过程被统称为信号理论。

□ **集锦**

信息重复好像也发挥了一定的作用，这就是广告中三击理论（three hit theory）的基础。

三击理论假定，能够使广告引导学习的最佳展示（点击）次数是三次。

第一次展示是为了使消费者了解产品；第二次展示是为了显示产品的相关性；第三次展示是为了显示产品的好处。

这也与广告的磨合（wear-in）与磨损（wear-out）方面有关。

信号理论声称，在信息不对称的情况下，一个信号能够可靠地将关于一种产品（或服务）的信息传递给消费者。信号理论的基础来自生物学和经济学，但它也被用于理解人类之间的交流。购买之前，消费者越是难以评定产品的各个方面，他们就越可能依靠更昂贵的信号来形成关于该产品适用性的预期。[5]

信息理论也阐明了在产生（所需）信号的成本方面，为什么某些信号比其他信号更可靠。[6]这个理念是，在面对面的交流中，人们依靠可观测的特征与行为，比如面部表情和讲话的方式，来推断隐性信息的质量。[7]在在线交流的情况下，比如赞助搜索广告，人们试图从广告中获取信号来得到评判网站信息质量的线索。容易（低成本）造假的信号通常被认为是不可靠的。

因此，我们得到这个有趣的情况，它比起其他任何因素，可能更有助于赞助搜索广告的成功。搜索用户寻求高质量的信号来满足其搜索需要。因此，广告主对提供高质量的信号感兴趣。然而，并不是只有广告主对编制高质量的广告感兴趣。对搜索引擎来说，提供高质量信号的广告，从而产生点击并占据有价值的屏幕房地产，关乎其切身利益。因此，搜索引擎作为广告平台，要设法给搜索用户提供高质量的信号；最值得注意的是广告的排序。那么，我们可以得到如下结论：

- 搜索用户需要广告中的高质量信号
- 广告主想要其广告中有高质量信号
- 搜索引擎奖励有高质量信号的广告

信号理论与社会信息处理理论（social-information-processing theory）相似。[8] 社会信息处理理论认为，在线交流采用一种替代的交流线索来弥补非语言线索的缺失。这种非语言线索常用于面对面的交互中。[8] 社会信息处理理论在多个在线场景中得到支持。其结果意味着人们更加重视基于文本的线索或者使用一种在线平台提供的替代线索。[9]

□ **集锦**

信号理论的一个有趣方面是，一个人需要什么才能注意到一个信号、两个信号的差别或许多信号中的一个信号。

这个测度经常被称为最小可觉差理论（theory of just-noticeable difference）。

最小可觉差指的是一个给定的感官刺激的初始水平和后续水平之间最小可发觉的差异。这对赞助搜索广告来说是指视觉感官。那么，我们对两个信号之间差异的大小感兴趣。

在很多情况下，最小可觉差可以表示为初始信号的一部分。举例来说，当比较两枚硬币时，第二枚硬币必须比第一枚硬币大一些，从而一般人能够通过触摸注意到两者的差异。

最小可觉差理论可能可以解释为什么一些广告技术，比如不寻常措辞、大写和奇怪语义对一些广告主来说是成功的。

赞助搜索广告的一项重要的未来工作，就是以某种可量化的方式操作这些差异。

当然，获得一个信号之前必须先发现它。对广告来说，这些都要靠视觉来完成。搜索用户必须看到并感知广告。

感知过程[10]是一个主动的认知过程。大脑努力理解感官信息并将其与已有的模式进行匹配，或者开发新的模式来理解信息。感知通常涉及三个方面：

- **发现**——决定一个信号是否存在
- **识别**——可觉察的熟悉感，却无法标记刺激
- **鉴定**——完全鉴定信息，包括意识和标记

在某种程度上，特别是在信息的意义上，我们的感知创造了现实。从一个信号中感知到的东西，是过去的经验与对感知到信息的解释互相作用的结果。在赞助搜索广告中，品牌化或观点等方面能够对搜索用户的信号或广告感知产生很大的影响。举例来说，一个 URL 对一个搜索用户来说是可靠的，而另外一个搜索用户则可能会对它表示怀疑。

□ **集锦**

感知是一件有趣的事情。

在相当长一段时间里，我们所处的环境中可能存在一些信号，而我们从来不去注意这些信号。

然后，由于一些看起来随机的事件发生了，这些信号突然变得有意义了。我们则开始感知这些外部信息。通常，我们对此表示惊讶，因为我们感兴趣主题的所有信息突然变得可获得了。

实际上，这些信号一直都在那里，只是我们才刚刚注意到而已。

这是一个涉及注意到信息和从该信息中理解模式的相关现象。这种现象就是这样的：我们对某些主题产生兴趣，从而开始真正关注它。突然，我们开始看到关于这个主题的信息发生。这个有关的信息可能一直都在那里，只是它现在对我们来说是相关的。

信息觅食理论

就我们的目的而言，信号理论有点宽泛。然而，我们注意到信号理论的概念出现在了与信息搜索关系密切的理论中，即**信息觅食理论**。[11]信息觅食理论是信号理论在赞助搜索广告和网络浏览中，特别是在信息线索概念中的实现。

□ **集锦**

所有这些理论是什么？

不要混淆这些理论。赞助搜索广告是一个复杂的领域，涉及大量的人类、经济、社会、认知和技术因素。

不幸的是，这些学科之间在学术上的交流非常有限。

因此，我们可以看到来自不同领域的重叠概念和理论。多个不同名称的概念实质上指的是同一个概念。

我们也可以看到一些基本构念（如最小努力原则、感知）、基础理论（如信号理论）和应用理论（如信息觅食理论）跨学科重复出现，并被冠以不同的名称。

信息觅食理论假设人们采用类似于觅食的机制进行信息搜索。该理论试图描述和理解人们搜索信息的方式。信息觅食理论基于这样一个假设：人们采用“内部”觅食机制进行信息搜索。这个假设是，这种觅食机制持续进化来帮助我们的祖先寻找食物。因此，如该理论所讲，人类采用一个类似的过程寻找信息。

信息觅食理论[11]已经发展成为解释人类信息寻求和意义构建行为的一种方法。在搜索过程中，搜索用户作为一个信息消耗者（可能这个类比有些过分），一直持续决策：寻找什么类型的信息和在目前的信息源寻找额外的信息或者转移到其他信息源。搜索用户也要决定沿着哪条路径或链接到下一个信息源，以及什么时候停止搜索。信息觅食假定基于部分信息快速反应和减少能量消耗等与求生相关的特性迫使搜索用户优化其搜索行为，同时最小化所需的思考（利用最小努力原则）。

无论信息觅食是一种预测行为理论还是一种观察搜索过程的框架，信息觅食理论中的一个方面都可以直接适用于赞助搜索广告，即信息线索。

信息线索

信息线索是信息觅食理论中非常重要的概念之一。信息线索指的是基于搜索用户的感知提示和目标的访问信息（如查看一个网页、点击一个链接、阅读一则广告）的价值和成本的主观意识。它假设信息线索是消费者搜索中用户行为的一个向导。我们在赞助搜索广告的实施中总会看到这种信息线索，如图 4-1 所示。

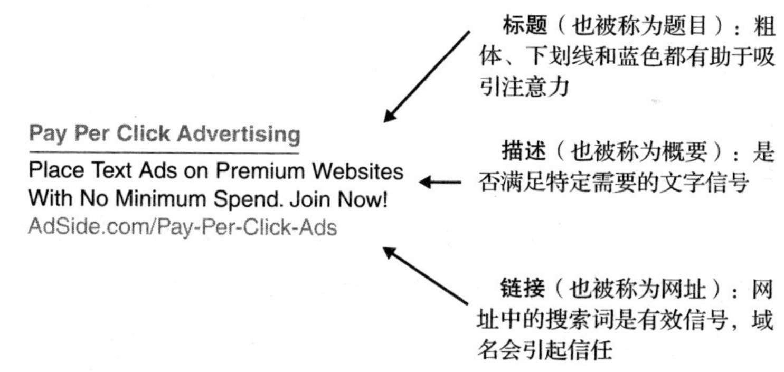

图 4-1　赞助搜索广告的信息线索属性

就像动物和早期人类依靠线索来辅助寻找食物并将同类指引到很有前景的食物地点一样，搜索用户依靠信息环境中的各种信号来得到用于定位信息的类似答案。作为搜索用户，人们会对特定选择可能提供的有用信息量进行估计。

搜索用户还要评估其预测的实际信息结果。这是在对未来关于信息源做出决定时的一个反馈回路。如果信息线索比较强，那么搜索用户将继续访问一个特定的信息源。当信息线索开始逐渐减弱（比如，用户不再期望找到有用的额外信息）时，搜索用户会转移到下一个更可能有其所需信息的信息源（见图 4-2）。

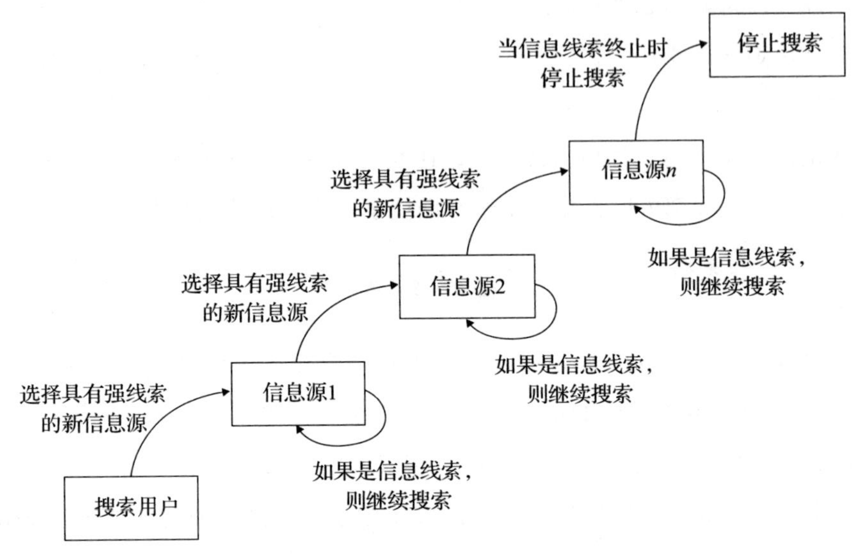

图 4-2 搜索用户的信息觅食（包含反馈回路）

如果不进行实证检验，就很难确定赞助搜索广告中的具体信息线索。然而，我们了解到一些具体数字会给广告增加可信度（如省 10%、体重减少 9 磅㊀，等等）。[12]

人们为什么寻找信号？

我们所处的环境中的信息远比我们所能注意到的要多。因此，我们试图引导自己将注意力转移到对自己有意义的信息上，而将其他信息当作噪音。对我们有意义的信息是指，我们所感兴趣的或不受噪音影响的部分。政治学家（经济学家、社会学家、心理学家以及教授）西蒙（Simon）[13] 最简洁地提出了此概念，即信息的丰富造成了注意力的分散。因此，人们被迫有效地分配他们的注意力。

人们怎么做到这些呢？通过寻找指示信息是否有价值的信号。

这符合施瓦布（Schwab）关于好广告的五个基本原则，[14] 如下所示：

㊀ 1 磅 = 0.454 千克。

- 获得注意
- 显示优点
- 证明优点
- 使人们确信优点
- 请求采取行动

信息过载与注意力

为什么信号的概念如此重要？

这个问题的答案与信息过载[15]和注意力的概念有关。大致意思是，一件物品的充裕会造成其他一些物品的不足。那么，在信息充裕，甚至过载的情况下，变得不足的物品则是注意力。因此，人们想办法来过滤信息，或者在某一特定时刻和某一特定上下文场景中仅注意对他们来说重要的信息，并在心理上忽略那些他们认为不重要的信息。

赞助搜索广告中的信号与线索

这给我们带来一个问题：赞助搜索广告中的高质量信号是什么？

当然，很难给出适用于所有情况、所有搜索用户和所有产品（或服务）的答案。然而，实证研究强调了信号和线索的实践意义。

品牌内容

大量的实证研究表明，各种各样的广告主把广告中的品牌词看作高质量的信号或线索。[17, 18]这是真的，即使搜索用户的查询请求没有包含任何一个品牌词。如果广告高喊一个与行业或产品有关的品牌词，那么从统计上来讲，搜索用户注意该广告的概率会增加。然而，根据公司的不同，这种反应可能是积极的，也可能是消极的。关于这一内容的更多讨论，请阅读第 6 章关于品牌化的部分。

一个品牌词是什么？

一个品牌词指的是，涉及一家具体公司、一家公司提供的产品（或服务）的词汇。消费者将一个形象、概念、感觉或声誉与这些词汇联系起来。那么，对我们的镶框商店来说，其品牌词可以是企业的名称：“快速镶框”。

查询请求内容

可能没有比搜索用户提交给搜索引擎的查询词更高质量的信号或线索了。它已经被证明可以显著地引导搜索用户去注意广告。

搜索引擎追求各种形式来强调和促进在广告中使用的查询词，比如运用一些技术加粗广告中的查询词和将查询词动态地插入广告中。

行动、地点、价格和质量词汇

对搜索用户来说，某些产品词汇似乎是高质量的信号。这比品牌信号和查询词信号更难以实施。然而，其收益是相当可观的。

这些产品词汇被统称为行动、地点、价格和质量（action，location，price，quality，ALPQ）词汇：

- **行动**词汇引导搜索用户转变为消费者。这种词汇似乎是高质量的信号，在搜索引擎营销领域通常被称为“行动召唤”(call to action）词汇。
- **地点**词汇指的是将做广告的产品或服务绑定到一个具体的地理位置的词汇。对一贯服务于一个特定地理区域（想想常年供应比萨的地方）的中小企业（small-to-medium-size enterprises，SME）来说，这是特别重要的信号。
- **价格**词汇具体地说明特定的价格、折扣、减价，甚至“不免费”(not free)，这看起来也会给搜索用户发送关于是否点击一个特定广告的高质量信号。
- **质量**词汇指的是给搜索用户提供一种关于产品或服务价值的感觉。许多品牌词会携带关于质量的注解（被称作品牌形象）。

搜索用户如何选择一则广告中的信号

在个体层面，关于广告选择，有三个启发式规则可以解释人类个体的信息处理行为。这三个启发式规则是：①最小努力原则；②信息访问（information access）；③希克海曼定律（Hick-Hyman Law）。其中两个（最小努力原则和信息访问）是理论构念，也可以用来解释搜索用户的查询词选择（见第3章关于关键字选择的内容）。

最小努力原则

一个有机体通常寻求一种能量消耗最小化的方式。这个主张是许多实证信息搜索研究中的持久原则之一，包括网络搜索、图书馆研究和传统的信息检索系统。[21] 最小努力原则宣称，当一个人解决问题时，他倾向于“最小化其可能的平均工作支出率，即使用最少量的努力”。[21, p1]

最小努力原则与西蒙提出的心理学的满意度原则有关。西蒙的观点是，人们会进化以便快速决策。为了更快地决策，开展行动之前人们从选项的一个子集中进行选择，而不是考虑所有可能的选项。通过采用某些一般性规则，从统计上来讲，这个子集中的最好选项应该接近于整个集合中的最优选项。这个观念在实证研究中已经得到验证。

最小努力原则也根植于信息觅食理论。[11] 就像动物在时间和精力有限的情况下搜寻食物一样，人类根据这种信息理论搜寻信息以寻找答案。鉴于万维网上信息丰富和新信息的指数级增长速度，信息觅食理论认为，人们采用自适应策略来优化其单位成本的有用信息摄入量。信息觅食理论阐明了最小努力原则的运用，即人们以最小成本为代价，采取行动来获取他们想要或认为自己需要的信息。

信息访问

信息访问是出现在信息搜索和信息检索文献中的一个构念。这个构念即信息可获得性的概念。也就是说，信息越是可获得，人们就越可能使用该信息。彭伯顿（Pemberton）明确地讲：“对一个顾客来说，一个信息系统的使用越困难、越耗时，他就越不可能使用该信息系统。”[26, p46] 更简洁地说，**信息的使用与信息获得的容易程度是成正相关的**。[23] 比尔鲍姆（Bierbaum）宣布这个观念为图书馆学和信息科学的“统一原则”。威尔逊（Wilson）宣称，事实上，信息寻求领域的任何发展都涉及让用户更容易地访问文档或信息。

这两个领域的研究都专注于在界面、需求或查询请求的表达、上下文场景辅助和信息可视化等方面使得信息更容易访问。这虽然与最小努力原则有关，但信息可获得性的构念更聚焦于技术，而不是人。这特别适用于专注于系统构件的设计与开发的信息检索领域。许多信息搜索工作都旨在提高信息的轻松访问程度。

希克海曼定律

希克海曼定律是计算一个人面临一组可能的选择时，做出决定所花费时间的公式。希克海曼定律评估选择反应实验中的认知信息能力。在希克海曼定律中，处理一定量比特所花费的时间被称为信息收益率（rate of gain of information）。给定 n 个同等可能的选择，从中做出选择所需的平均反应时间 T 大约如下：

$$\text{Mean } CRT = \mathrm{K}\log_2(n+1)$$

其中 n = 选择的数量 + 1 = 事件发生与否

K = 常数

公式 4-1 决策时间的希克海曼定律

K 是一个常数，其值可以通过观测数据拟合一条线的程度来经验性地进行确定。公式中使用对数是决策层次深度的一种表达。基本上，$\log_2$ 指的是执行二进制搜索。+1 解释了关于是否反应的不确定性。

对赞助搜索广告来讲，通过希克海曼定律可以大体了解搜索用户评估 SERP 上广告的处理时间。当广告数目增加时，根据选择集合中所需考察的广告数目，搜索用户会花更长时间来处理 SERP。

在群体层面上，搜索用户对广告的反应

当我们在群体层面上探讨搜索用户的行为时，我们会发现，这些原则被广泛运用，即搜索用户将付出最小的努力来寻求合适的广告。他们将主要去阅读容易获取的广告，且采取一些策略来快速缩小选择范围。

这些原则如何解释搜索用户的行为呢？我们来考察两种搜索用户的行为：一种为寻找；另一种为点击。

眼动追踪研究

搜索用户通常将注意力集中在 SERP 上离搜索框最近的区域，这似乎是种普遍的趋势。这比较容易理解。扫描包含多个赞助和非赞助链接的整个 SERP 需要

付出一定的认知努力。我们知道，搜索用户会争取尽可能在付出最小努力的同时完成其信息寻求的任务。

图 4-3 是一个搜索用户与 SERP 交互中，眼动追踪研究的典型热图示例。热图标示了 SERP 上的眼睛聚焦区域。

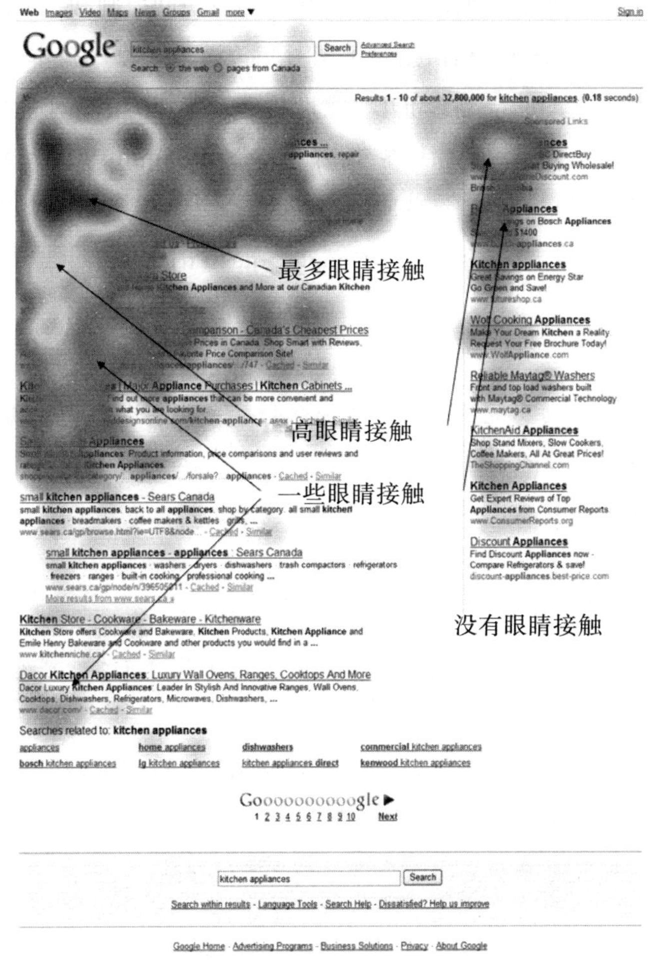

图 4-3　包含自然搜索和赞助搜索结果的 SERP 的眼动追踪研究热图

从图 4-3 可以看出，一般眼睛聚焦的区域有四个，包括一个小而集中的获得眼睛注视最多的区域、一个类似大小但更分散的获得眼睛重点关注的区域、一个大而非常分散的获得一些眼睛关注的区域和一个大的没有获得眼睛关注的区域。

可以看出，大部分注意力集中于 SERP 的左上角，在整个页面上向右移动大约一半。顶部的赞助搜索列表有一个焦点，自其往下的赞助搜索和非赞助搜索列表获得一些短暂扫描。值得注意的是，这里会存在近因效应（recency effect），[27] 赞助搜索和非赞助搜索列表的最后一个结果通常会获得更多关注。

这种行为通常是我们根据最小努力原则、信息访问原则和希克海曼定律所期望的结果，即小能量消耗（相信搜索引擎对相关结果的排序技术）、访问容易接触到的信息（列表顶部的结果）和几乎立即将选择分块为集合（每个列表顶部的结果和不在顶部的结果）。搜索引擎营销研究公司 Enquiro（现为 Mediative）实施的眼动跟踪研究最早观察到这些眼动跟踪的模式。他们演示了这个眼动跟踪模式，并将其命名为“谷歌黄金三角”（Google golden triangle）。[28，29]

□ **集锦**

每当我看到眼动研究的热图，都会想到黄金分割比例（golden ratio）和黄金三角（golden triangle）。

黄金分割比例是指两条平行线的一个数学比例，它满足整体与最长线的比例等于最长线与最短线的比例的条件。黄金三角指的是一个等腰三角形，它满足斜边与底边的比例为黄金分割比例的条件。

黄金分割比例可以解释为什么赞助搜索结果位置（右边或东部）的小变动会影响这些广告的点击率。

黄金三角可以解释搜索用户首次看到 SERP 时通常向下浏览多少。这也可能受浏览器上 SERP 宽度的影响。

这两个问题还是悬而未决，还需进一步实证评估。

截至目前，你可以开始看到一个趋势。

人们从左上开始，慢慢向下移动，并在页面上来回跳跃。他们也消费比特和片段形式的信息。他们会阅读标题。如果标题是其感兴趣的，他们则会继续阅读。

通常，这些研究仅在 SERP 首页进行，而没有探讨后续的任何页面。因此，开展实证工作来看看当搜索用户更深入地参与搜索过程中时，用户行为是否会改变，将是很有意义的。

然而，绝大多数搜索用户从不翻过第一页去查看后续页面的结果。[4，30]

排序很重要

对搜索用户来说，最高质量的信号之一与广告本身的内容没有关系，而与广告在 SERP 上出现的位置息息相关。

广告排名对点击率（click-through rate，CTR）[31，32，33，34，35] 和转化率（conversion rate）[36，37] 的影响均已有充分的研究记录。实际上，搜索用户信任 SERP 上的广告和其他结果的排名这一倾向，就是不可使用点击数据来预测广告相关性的依据之一，因为其中存在一个基于广告排名的位置偏见（搜索用户会点击离页面顶部近的结果）。

为什么搜索用户如此重视广告排名呢？

这个行为的理论基础是位置对人类交互行为的影响。艾宾浩斯（Ebbinghaus）[38] 率先提出序列位置效应（serial position effect），指的是位置对各种人类行为的影响。换句话说，人们根据事物在一个序列中所占据的排名对其进行赋值。第一个总是被认为比第二个好。那么，在所有其他方面相同的情况下，人们选择排名第一的物品而不选择排名第二的物品。

艾宾浩斯提出的序列位置效应 [38] 有两种子类型：首因效应（primacy effect）和近因效应。

首因效应发生的原因在于人类大脑的工作记忆容量有限。[39] 根据沃（Waugh）和诺曼（Norman）的研究，一个列表中的初始条款往往比最后的条款能更容易地吸引大脑，因为初始阶段对有限记忆容量的竞争远远没有后期阶段激烈。[39]

同样，也受有限的工作记忆容量的影响，卡皮塔尼（Capitani）和他的同事提出了近因效应，指出鉴于有限的工作记忆容量，人类对最近事情的记忆会更好。[27] 根据近因效应，相对于排名中等的物品，人们更倾向于记住最后几件物品。

这符合艾宾浩斯的研究中提出的 U 形序列位置曲线。首因效应和近因效应对赞助搜索广告的影响是什么？两端呈现的信息比中间呈现的信息表现出更明显的记忆效果，如图 4-4 所示。

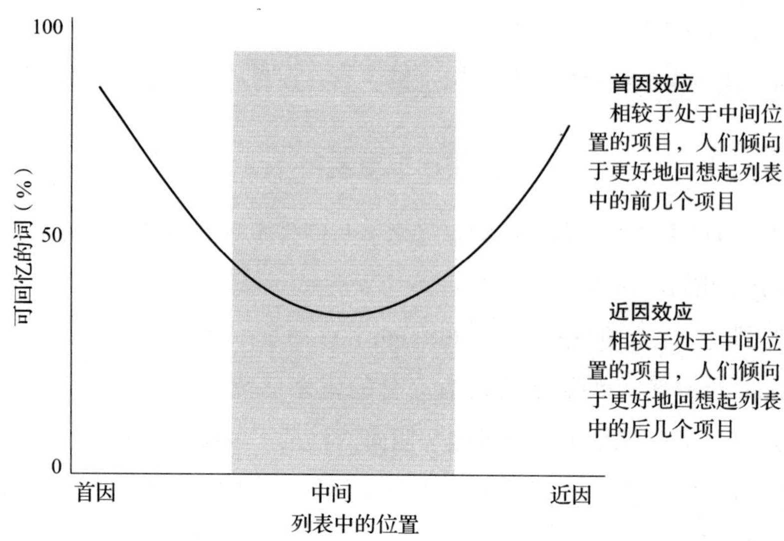

图 4-4 首因效应和近因效应对单词记忆百分比的影响的结果为倒 U 形曲线图

鉴于序列位置效应对广告策略的潜在影响，最近广告领域的大量研究对此进行了研究。以前关于传统广告媒体的研究表明，在长时间尺度上，首因效应对广告系列活动产生的影响比近因效应大得多，因为后者更容易被时间掩盖。[40，41，42]

相较于上述这些传统广告媒体的研究，鉴于系统反应时间内记忆所需的额外努力，在线环境中开展的研究甚至变得更复杂。

在侯克（Hoque）和洛许（Lohse）的研究中，[43]他们考察了在线目录的序列位置效应，并与其对传统黄页的影响进行了比较。甚至在考虑额外努力的情况下，他们的结果仍然显示了对记忆物品的显著首因效应。其他研究也发现了类似的结果，显示了网页上链接的点击率的可靠首因效应。[44，45]作为他们早期工作的延伸，在关于网站点击率的研究中，[46]墨菲（Murphy）和他的同事证明了在线点击行为同时呈现首因效应和近因效应。

广告排名的整体效应是什么？

虽然信号理论会为我们的广告获得注意力（这是重要的），但高排名广告的序列位置效应为我们的广告获得更多点击（这也很重要，因为更多流量意味着更多潜在顾客）。这一切对转化率有什么影响呢？并不是所有的广告都可以占据榜首。如果一则广告没有占据榜首，那么我们知道它将获得较少流量。但是，这些流量的质量如何呢?

首先，让我们回顾一下基本要素。给定一个搜索短语，决定一则广告将受到多少点击的基本要素有两个：

- 展现（impressions）
- 排名（rank）

展现指的是当一则广告被显示在 SERP 上时的一次计数。一则广告的展现次数取决于链接到该广告的查询词被搜索的次数和该广告在指定关键字短语排序中的位置。

即使一则广告可以被一个查询词触发，但如果该广告在搜索用户浏览的 SERP 上占据一个位置，那么它将仅得到一次展现。举例来说，搜索引擎在一个 SERP 上仅展示五则广告，排名为六及其以后的广告将不会被显示，除非搜索用户会浏览下一个 SERP。

当我们考察一则给定广告的点击率（CTR）时（通过控制标题、描述、广告相关性、产品，等等），实证研究表明点击率随着排名的增大而下降。在同一系列的两篇论文中，布鲁克斯（Brooks）计算了点击潜力（click potential），来显示点击量的期望百分比随着排名的增大而下降。[31，32，33]

布鲁克斯报告如下发现：

- **流量**随着排名的增大而大幅下降
- 流量的下降与排名的下降**一致**
- 从排名第一到排名第十，你可以预期 **10 倍的流量下降**

广告排名对转化的影响如何呢?

广告排名对点击潜力和转化潜力都有显著影响。

- **点击潜力**（click potential）被定义为相对展现量（relative impressions）与相对点击率（relative CTR）的乘积

- **转化潜力**（conversion potential）被定义为转化率（conversion rate）与点击潜力的乘积

布鲁克斯的研究显示，从排名第一到排名第十，平均转化率会下降20%～30%。[31，32，33]这个下降是值得注意的，但是它并不显著地高于噪音水平。然而，广告排名对转化潜力的总体影响是，使其降低90%。这个非常显著的降低是因为广告排名增大造成的点击潜力的大幅降低，而不是因为转化率的巨大差异。

布鲁克斯提供了按广告排名变化计算点击量变化的影响因素，如表4-1所示。[31，32，33]

表4-1 计算SERP上随广告排名变化的点击量变化的影响因素

影响点击的要素	描　述
展现量	当一则广告被作为搜索引擎结果的一部分进行显示时，则计为一次展现。一则广告的展现次数取决于链接到该广告的查询词被搜索的次数和该广告在指定关键字短语排序中的位置
点击率	点击率指的是用来确定一条特定结果在给定清单上被用户点击的百分比的指标。点击率用点击量除以展现量来计算。除了广告排名，许多要素会影响点击率。这些要素包括广告标题、描述、相关性和行业。即使通过数据我们可以观察到点击率随着广告排名的增大而降低（这一现象与其他要素无关），但是当你想要提高你的点击率时，这些变量都应该被考虑

$$\text{点击期望变化} = \text{相对展现量} \times \text{相对点击率}$$

公式4-2 计算由广告排名变化引起的点击期望变化的公式

举例来讲，使用公式4-2，以排名第一作为基准，相对展现量是100%，相对点击率是100%。如果这则广告排名为第二，从表4-2的数据可以发现，它得到的展现量相当于其排名第一时的77.2%（相对展现量），同时得到的点击率相当于其排名第一时的77.4%（相对点击率），那么它的点击潜力为59.8%。

表4-2显示了从布鲁克斯的数据[31]得出的随广告排名变化的点击潜力变化。值得注意的是，该数据来自一个特定搜索引擎上的一组赞助搜索广告工作。每个赞助搜索广告工作的点击潜力可能会有所不同。然而，这提供了一个趋势，可以为实施赞助搜索广告工作的相关技术提供参考。

表 4-2　依广告排名变化的点击潜力变化　　（%）

排名	相对展现量	相对点击率	点击潜力
1	100.0	100.0	100.0
2	77.2	77.4	59.8
3	71.3	66.6	47.5
4	67.9	57.4	39.0
5	65.8	52.9	34.8
6	62.3	50.2	31.3
7	60.6	39.7	24.0
8	58.3	34.3	20.0
9	58.6	26.0	15.3
10	52.6	26.3	13.9

基于布鲁克斯的工作，我们可以计算由一个给定的广告排名到另外一个排名所引起的转化期望变化，利用排名 A 和排名 B 的历史广告数据，然后通过下面的公式来计算：

转化期望变化 = 转化潜力 B / 转化潜力 A

公式 4-3　计算由广告排名变化引起的转化期望变化的公式

举例来讲，根据所提供的数据，从排名第二变化为排名第四，你可期望的转化总数将降低 51.7%（28.2%/54.5%）。同样的公式也可用于计算点击的期望变化。

表 4-3 显示了从布鲁克斯的数据[32]中得出的随广告排名变化的转化潜力的变化。值得注意的是，该数据来自一个特定搜索引擎上的一组赞助搜索广告工作，每个赞助搜索广告工作的转化潜力可能会有所不同。

表 4-3　依广告排名变化的转化潜力变化　　（%）

排名	点击潜力	转化率	转化潜力	转化潜力的变化
1	100.0	100.0	100.0	—
2	59.8	91.1	54.5	−46
3	47.5	75.1	35.7	−34
4	39	72.4	28.2	−21
5	34.8	69.3	24.1	−15
6	31.3	71.9	22.5	−7
7	24	67.6	16.2	−28
8	20	64.9	13.0	−20
9	15.3	72.3	11.1	−15
10	13.9	87.7	12.2	10

值得注意的是，在排名第十的位置上转化潜力有一个微小的升高，其主要原因是数据中转化率的增加。同时注意，在表 4-3 中，几乎对所有的广告位置来说，每降低一个排名都使转化潜力发生两位数的降低。

综合所有这些来解释搜索用户与广告之间的交互

那么，搜索用户与一个 SERP 上的一组广告的整个交互过程是怎么样的？图 4-5 阐明了这个过程。

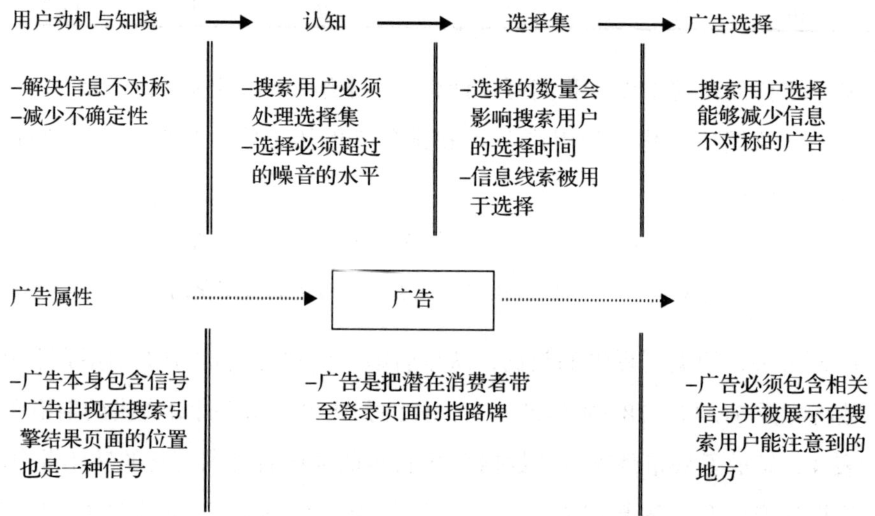

图 4-5 搜索用户（潜在顾客）与赞助搜索广告的交互过程

从图 4-5 中你可以发现，搜索用户有涉及搜索需要的某种动机，从而意识到这个需要。搜索用户开始注意与这种意识有联系的环境。搜索的感知方面是指搜索用户输入查询请求之后发生的提醒（alert）。选择集合即显示给搜索用户的结果集合，作为对其查询请求的回应。当搜索用户开始浏览广告时，他会收到一些信号来提醒其注意哪些广告是相关的，[47] 哪些广告（以成块的形式）可以被丢弃。根据一些认知分析，搜索用户做出点击哪些广告的选择。在这个时候，鉴于广告是一个入口，经由该入口用户可以接触产品或服务，搜索用户的角色发生了改变，即从搜索用户到潜在顾客。广告作为一个入口，包含用户可以识别为信号的某些属性，例如该广告的排名。

基本要点

- 广告的基础是信号理论，你需要使广告包含一些可以传递给搜索用户的相关信号或线索。信号指的是传递给搜索用户的广告并非噪音的指示符。
- 一般的搜索用户不会花很多精力来搜索信息，而会访问容易获得的信息，并采取行动来限制选择的数目。这在搜索用户所检查的 SERP 区域和点击的广告数量两个方面得到了印证。
- 根据序列位置理论，排名是广告将获得多少点击的一个关键决定因素，无论该广告包含什么样的信号。虽然，无论排名如何，转化率似乎相当稳定，但是当列表中的广告排名降低一个位置时，转化潜力会大幅降低。

理论与实践相结合

你的广告对搜索用户来讲是信号或线索，而你想要把他们变成你的潜在顾客。因此，我们经常把广告称作为搜索用户设立的路牌，他们会经历不同的信息处理状态并会注意到不同的信号。

- 针对给定的产品或服务，你会为一则广告创作哪些不同的版本来解决不同的信息处理方面的需求？针对潜在顾客，你会选择哪些关键字短语？你的广告提供什么样的信号？
- 你并不是竞标这些关键字短语的唯一广告主。根据最小觉差理论，你必须怎么做才能使得你的广告明显不同于其他广告？
- 利用你的一个赞助搜索广告系列的历史数据，从成本、点击量、转化量和广告排名方面对你的广告系列进行建模。然后，利用转化潜力公式和这些数据来计算当你的广告排名升高或降低时成本和毛收益的变化。这些结果会改变你的出价策略吗？
- 回顾赞助搜索广告过程图，哪些搜索用户的动机、信号和广告属性与你的市场相关？

结　论

赞助搜索广告的理论基础是信号理论及与其相关的信息寻求理论、信息觅食理论。广告是外部刺激。搜索用户需要从这些刺激中获得信号并有希望因其而采取行动。

在个体层面上有一些原则可以指导我们。也就是，搜索用户争取付出最小努力；在其他条件都一样的情况下，他们访问容易获得的信息；搜索用户拥有的选择越多，他们花费的时间越长，而且他们越可能对信息进行分块。

这对广告主意味着什么？广告的属性必须新奇且相关。新奇指的是不同于其他广告，同时仍然足够相关而且对搜索用户来说是信号。此外，广告排名也很重要。通常，最好是排名第一或倒数第一。

广告会影响从搜索用户到潜在顾客的转变。经过这个转变，这些人的观点改变了，因而我们的模型也需要转变。

在了解有关关键字短语和广告的一般人类信息行为的基础上，我们现在探讨消费者。在赞助搜索广告中，这些消费者与这些广告和关键字短语进行实际接触与交互。

消费者确定是否购买我们的产品（或服务）的过程是怎么样的？这是我们在下一章将讨论的内容。

参考文献

[1] DDB. (unk). Bill Bernbach said .... Retrieved November 3, 2010, from http://www.ddb.com/pdf/bernbach.pdf.

[2] Ogilvy, D. 1983. *Ogilvy on Advertising*. Toronto: John Wiley and Sons.

[3] Mishra, B. K. 2008. *Psychology: A Study of Human Behaviour*. New Delhi: PHI.

[4] Jansen, B. J. and Spink, A. 2004. "An Analysis of Documents Viewing Patterns of Web Search Engine Users." In *Web Mining: Applications and Techniques*, A. Scime, Ed., pp. 339–354.

[5] Gregg, D. G. and Walczak, S. 2010. "The Relationship between Website Quality, Trust and Price Premiums at Online Auctions." *Electronic Commerce Research*, vol. 10(1), pp. 1–25.

[6] Donath, J. forthcoming "Signals, Truth and Design," Preprint retrieved April 4 2011, at http://smg.media.mit.edu/people/judith/signalsTruthDesign.html.

[7] Donath, J. 2008. "Signals in Social Supernets," *Journal of Computer-Mediated Communication*,

vol. 13(1), pp. 231–251.

[8] Walther, J. B. 1992. "Interpersonal Effects in Computer-Mediated Interaction: A Relational Perspective." *Communication Research*, vol. 19(1), 51–90.

[9] Walther, J. B. and Parks, M. R. 2002. "Cues Filtered Out, Cues Filtered In." In *Handbook of Interpersonal Communication*, Ed. Knapp, M. L. and Daly, J. A. pp. 529–563.

[10] Harley, T. A. 1995. *The Psychology of Language: From Data to Theory*. East Susex: Erlbaum.

[11] Pirolli, P. 2007. *Information Foraging Theory: Adaptive Interaction with Information*. Oxford: Oxford University Press.

[12] Caples J. (Revised by Fred E. Hahn). 1997. *Tested Advertising Methods*, 5 ed. Upper Saddle River, NJ: Prentice Hall.

[13] Simon, H. A. 1971. "Designing Organizations for an Information-Rich World." In *Computers, Communication, and the Public Interest*, M. Greenberger, Ed. Baltimore, MD: The Johns Hopkins Press, pp. 37–72.

[14] Schwab, V. O. 1962. *How to Write a Good Advertisement: A Short Course in Copywriting*. Chatsworth, CA: Wilshire.

[15] Toffler, A. 1970. *Future Shock*. New York: Random House.

[16] Simon, H. 1981. *The Sciences of the Artificial*, 2d ed. Cambridge, MA: MIT Press.

[17] Ghose, A. and Yang, S. 2008. "Analyzing Search Engine Advertising: Firm Behavior and Cross-Selling in Electronic Markets." In *17th World Wide Web Conference* Beijing, China, pp. 219–225.

[18] Ghose, A. and Yang, S. 2008. "An Empirical Analysis of Sponsored Search Performance in Search Engine Advertising." In *First ACM International Conference on Web Search and Data Mining (WSDM 2008)*, Palo Alto, California, pp. 241–250.

[19] Jansen, B. J., Brown, A., and Resnick, M. 2007. "Factors Relating to the Decision to Click-on a Sponsored Link." *Decision Support Systems*, vol. 44(1), pp. 46–59.

[20] Jansen, B. J. and Resnick, M. 2006. "An Examination of Searchers' Perceptions of Non-Sponsored and Sponsored Links during Ecommerce Web Searching." *Journal of the American Society for Information Science and Technology*, vol. 57(14), pp. 1949–1961.

[21] Zipf, G. K. 1949. *Human Behavior and the Principle of Least Effort*. Cambridge, MA: Addison-Wesley Press.

[22] Berryman, J. M. 2008. "Judgements during Information Seeking: A Naturalistic Approach to Understanding the Assessment of Enough Information." *Journal of Information Science*, vol. 34(2), pp. 196–206.

[23] Summit, R. K. 1993. "The Year 2000: Dreams and Nightmares." *Searcher*, vol. 1, pp. 16–17.

[24] Pemberton, J. M. 1989. "Telecommunication: Technology and Devices." *Records Management Quarterly*, vol. 23, pp. 46–48.

[25] Bierbaum, E. G. 1990. "A Paradigm for the '90s: In Research and Practice, Library and Information Science Needs a Unifying Principle; "Least Effort" Is One Scholar's Suggestion." *American Libraries*, vol. 21, pp. 18–19.

[26] Wilson, T. D. 2008. "The Information User: Past, Present and Future." *Journal of Information Science*, vol. 34(4), pp. 457–464.

[27] Zheng, R. and Zhou, B. 2006. "Recency Effect on Problem Solving in Interactive Multimedia Learning." *Educational Technology and Society*, vol. 9(2), pp. 107–118.

[28] Hotchkiss, G. 2005. Enquiro Eye Tracking Report I: Google. Retrieved July 2005, from http://www.enquiro.com/research.asp.

[29] Hotchkiss, G. 2006. "Enquiro Eye Tracking Report II: Google, MSN and Yahoo! Compared."

vol. 2006: Enquiro Search Solutions Inc.

[30] Jansen, B. J. and Spink, A. 2003. "An Analysis of Web Information Seeking and Use: Documents Retrieved Versus Documents Viewed." In *4th International Conference on Internet Computing*, Las Vegas, Nevada, pp. 65–69.

[31] Brooks, N. 2004. The Atlas Rank Report I: How Search Engine Rank Impacts Traffic (July). Retrieved August 1, 2004, from http://www.atlasdmt.com/media/pdfs/insights/RankReport.pdf.

[32] Brooks, N. 2004. The Atlas Rank Report II: How Search Engine Rank Impacts Conversions (October). Retrieved January 15, 2005, from http://www.atlasonepoint.com/pdf/AtlasRankReportPart2.pdf.

[33] Brooks, N. 2006. "Repeat Search Behavior: Implications for Advertisers." *Bulletin of the American Society for Information Science and Technology*, vol. 32(2), pp. 16–17.

[34] Hofacker, C. F. and Murphy, J. 2009. "Consumer Web Page Search, Clicking Behavior and Reaction Time." *Direct Marketing: An International Journal*, vol. 3(2), pp. 88–96.

[35] Pan, B., Hembrooke, H., Joachims, T., Lorigo, L., Gay, G., and Granka, L. 2007. "In Google We Trust: Users' Decisions on Rank, Position, and Relevance." *Journal of Computer-Mediated Communication*, vol. 12(3), Article 3. http://jcmc.indiana.edu/vol12/issue3/pan.html.

[36] Varian, H. 2009. "Conversion Rates Don't Vary Much with Ad Position." *Google*, vol. 2010.

[37] Wagner, M. V. 2010. "PPC Mad Scientists Prove Google Right … and Wrong." In *Paid Search*, vol. 2010: Search Engine Land.

[38] Ebbinghaus, H. 1885. *Memory: A Contribution to Experimental Psychology*. Ncw York: Dover.

[39] Waugh, N. and Norman, D. A. 1965. "Primary Memory." *Psychological Review*, vol. 72(2), pp. 89–104.

[40] Newell, S. J. and Wu, B. 2003. "Evaluating the Significance of Placement on Recall of Advertisements during the Super Bowl." *Journal of Current Issues and Research in Advertising*, vol. 25(2), pp. 57–68.

[41] Pieters, R. and Bijmolt, T. 1997. "Consumer Memory for Television Advertising: A Field Study of Duration, Serial Position, and Competition Effects," *Journal of Consumer Research*, vol. 23(4), pp. 263–277.

[42] Terry, S. W. 2005. "Serial Position Effects in Recall of Television Commercials." *Journal of General Psychology*, vol. 132(2), pp. 151–163.

[43] Hoque, A. Y. and Lohse, G. L. 1999. "An Information Search Cost Perspective for Designing Interfaces for Electronic Commerce." *Journal of Marketing Research*, vol. 36(3), pp. 387–394.

[44] Ansari, A. and Mela, C. F. 2003 "E-customization." *Journal of Marketing Research*, vol. 40(2), pp. 131–145.

[45] Drèze, X. and Zufryden, F. 2004. "The Measurement of Online Visibility and Its Impact on Internet Traffic." *Journal of Interactive Marketing*, vol. 18(1), pp. 20–37.

[46] Murphy, J., Hofacker, C., and Mizerski, R. 2006. "Primacy and Recency Effects on Clicking Behavior." *Journal of Computer-Mediated Communication*, vol. 11(2), pp. 522–535.

[47] Brinker, S. 2010. The READY Conversion Optimization Framework. (July 16). Retrieved January 26, 2011, from http://searchengineland.com/the-ready-conversion-optimization-framework-43814.

第5章

理解赞助搜索广告中的消费者行为

广告可以把劣等产品骗售给顾客吗？痛苦的经历告诉我，它并不能。偶尔，当我为消费者测试后发现比其他同类产品差一些的产品做广告时，其结果是灾难性的。

大卫·奥格威（David Ogilvy）

《一个广告人的自白》[1, p156]和《奥格威谈广告》[2]

被公认从根本上改变了现代广告

一些人认为广告是一种操控型的交流形式。然而，广告行业的成功实践者认为，如果产品不能引起顾客的共鸣，广告将会出奇地失败。来自奥格威的引语阐明了这一点。

我们的镶框商务网站已搭建完成并投入运营。作为我们为吸引顾客而开展的全部广告努力的一部分，赞助搜索广告的启动工作正在进行中。

哪种类型的顾客最可能对获得一张镶框照片感兴趣？他们访问一个镶框商店网站的动机是什么？他们期望获得一张自己的，还是他们母亲的、配偶的、朋友的镶框照片？这些不同的动机将影响顾客的行为、情绪以及对体验与交易的期望。这些不同的顾客期望将影响我们对其进行广告宣传的方式。这些顾客的情绪将会影响什么样的广告文案对其有效。

当然，还有一些更实际的问题。潜在顾客如何找到我们的网站？潜在顾客采用哪种策略来表达查询请求，以及如何选择导航策略？消费者开始于搜索引擎、社会网络站点、利基搜索引擎还是其他？搜索用户选择什么样的词汇用于查询请求？这些潜在顾客期望的价格是多少？

当然，这些问题与我们对关键字短语、查询词和单个广告的评价之间联系的理解有一定的关系。然而，你还必须聚焦于搜索用户，特别是有关消费者的战略与战术。消费者的战略与战术则基于我们在之前涉及关键字（第 3 章）和广告（第 4 章）的章节中讨论的人类信息行为与处理。

现在我们更专注于消费者领域，因为这一领域的上下文场景将直接影响潜在顾客的行为。

或许，观察这个过程的最好方式是区分搜索用户和顾客。关键字和广告聚焦于作为搜索用户的人。作为企业主和广告主，我们希望这个人会在某一时刻从搜索用户转变为潜在顾客。作为一个广告主，我们有兴趣去了解什么人（what)、在什么时间（when)、在哪里（where)、如何（how）和为什么（why）购买或不购买产品或服务，以及他们如何做出这个决策。[3]

消费者行为是一种经济活动。它聚焦于经济过程发生的上下文场景、环境和情境方面。它也涉及决策以及各种不确定性条件下的决策假设。

这里需要提醒一下。当然，除在线消费者行为之外，消费者行为还有许多其他要素。然而，针对探讨赞助搜索广告的目的，我们将局限于在线行为，特别是在万维网和因特网上的在线行为。那么，在本书中，无论在什么情况下你看到消费者行为或者其任何子部分，内心里都要在其之前加上**在线**这一限定词。

我们将从两个子部分来探索赞助搜索广告范围内的消费者行为，具体如下：

- **消费者搜索行为**：使用万维网或因特网技术来查找关于商业产品（或服务）的信息。
- **消费者购买行为**：导致购买或不购买商业产品（或服务）的过程。

本章介绍了赞助搜索广告的消费者搜索和购买行为的关键基础。消费者搜索行为和购买行为是两个互相联系且错综复杂的概念。首先，我们专注于消费者搜索行为，然后转移到消费者购买行为。具体来讲，我们将重点讨论购买漏斗（作为消费者搜索行为的一个应用）和消费者决策（作为消费者购买行为的一个应用）。接着，在搜索用户（或消费者）与广告主之间沟通过程的整体框架中，我们将这两个概念联系起来。

沟通理论更充分地阐释了广告主—消费者之间的整个交互过程。但是，购买漏斗和消费者决策等组成部分让我们可以把沟通的理论基础与我们在赞助搜索广告日常工作中所观察到的一切联系起来。因此，虽然存在一定的瑕疵和局限性，但购买漏斗和消费者决策确实对赞助搜索广告的日常实施有所帮助。

□ **集锦**

消费者搜索与决策的核心是信息。

信息具有经济价值，因为相较于信息缺失，它允许消费者做出有更高期望收益或更高期望效用的选择。

然而，什么是信息？

这个问题的答案牵涉到相当大的学术争论。然而，信息具有一些可定义的、有趣的品质。这些品质会影响赞助搜索广告。

- 信息本身既是产品也是服务。它以某种物理形式存在，或者以向顾客提供价值的形式存在。
- 消费信息并不会使其枯竭或改变。那么，信息具有产品性能属性。
- 信息也是非竞争性的。也就是说，一个人的消费信息不会排斥他人也消费。
- 信息会过期。那么，它也具有折旧属性。
- 信息具有几乎接近于零的边际成本。这意味着，一旦第一份复制品存在，就可以低成本地制作其他复制品。
- 信息是非排他的。这意味着，在它被知晓的情况下，很难排斥他人使用。

由于这些特殊属性，信息使许多适用于其他产品的标准经济理论复杂化了。信息的这些属性也使得其本身变成一个具有挑战性的产品（或服务），为广告主所用。

我们从因特网上的消费者搜索开始。

消费者的搜索行为

虽然大量研究考察了一般的信息搜索和网络搜索，但我们采用一个更偏重经济学和信息学的角度来看搜索。这使得我们可以更明确地聚焦于作为最终顾客的搜索行为。

从这个观点来看，我们对搜索用户面对一系列选择时的优化策略感兴趣。影响这种优化策略的要素包括：

- 选择集合中每个选择的**质量**。
- 不做选择时的**成本**（如拖延成本）。
- **环境要素**，比如商品的消费量、产品价格和消费者的财富。

在赞助搜索广告领域中，我们对消费者的搜索策略感兴趣。消费者收集关于一种产品（或服务）的购买信息来满足一种需求、欲望或愿望。我们用策略来表示在经典博弈理论意义上的一个行动计划或一系列有计划的行为，目的是应对可能发生的某种特定情况。在关于竞价的第 8 章中我们将再次接触博弈论。

现在，关于顾客有一种搜索策略的想法当然只是一个假设。有时候顾客可能只是无意识地处理信息。当任务涉入度相当低时，或者当顾客只是进行信息浏览而没有一个明确的目标时，这是非常显而易见的。这些顾客可能根本没有一种清晰的搜索策略。在这些情况下，顾客更可能采纳启发式规则，而非一种系统性的方式来进行信息处理。我们通常将后者与一种策略联系起来。

因此，消费者的搜索策略决定了其搜索行为。举例来讲，一种简单的搜索策略可以是寻找价格低于某一数额的最廉价产品，然后在这个价格区间内寻找最优质的产品。

消费者的在线搜索不可避免地改变了广告的作用。几十年来，广告模型一直是一种用于向大规模受众出售商品的大众传媒。在消费者的信息渠道比较有限（信息稀缺）的情况下，这种大众广告模型作为一种为人们获取商业信息的方式是可接受的。

然而，随着信息渠道扩展和信息数量的增加，考虑到新生的在线上下文场景，这个大众传媒的商业模式不再像以前那么有效。消费者拥有横跨不同媒体的许多信息选择。个体消费者能够使用更为定制化的信息环境。还有，通过万维网和因特网的信息渠道，消费者能够更好地控制去查看哪些广告，而不是被动地接受大众传媒上播放的一切广告。

然而，如果广告主认为大众传媒模式不重要而不予考虑，这则是错误的。几乎没有一个沟通渠道能够完全取代另外一个渠道。相反，沟通渠道能够被再利用以满足不同的需求。举例来讲，大众传媒广告擅长产生需求，而赞助搜索广告在这一方面的表现则不那么有效。

从赞助搜索广告与交付定制化内容的观点来看，由广告组成的大众传媒是没有效果的。在因特网上，消费者可以单独地搜索关于他们想要购买的产品和服务的信息。因特网作为一个消费者驱动的信息环境，我们可以从这个角度来观察搜索过程。换句话说，作为搜索用户的潜在消费者能够而且必须从几个选择或地址中定位到所需的信息。

消费者搜索的这一方面，即消费者同时管理和负责信息搜集，是赞助搜索广告的一个基本方面。

然而，消费者搜索（宽泛地讲，而不仅仅指在线）具体是什么？

消费者信息搜索模式有两个基本维度：内外和外在。[5]

- **内在信息搜索**：内在信息搜索构念表示从记忆中检索知识。
- **外在信息搜索**：外在信息搜索构念表示有动机地从环境中获取信息。

当然，这两个维度相互作用，即内在信息（也被称为隐性知识）会与外在信息搜索收集到的信息进行交互。然而，因为我们的重点在于赞助搜索广告，因此我们的兴趣在于外在信息搜索，具体来讲是在因特网上。外在信息搜索在许多消费者决策之前执行。[6]

图 5-1 给出了因特网上消费者搜索的一个概念化模式。

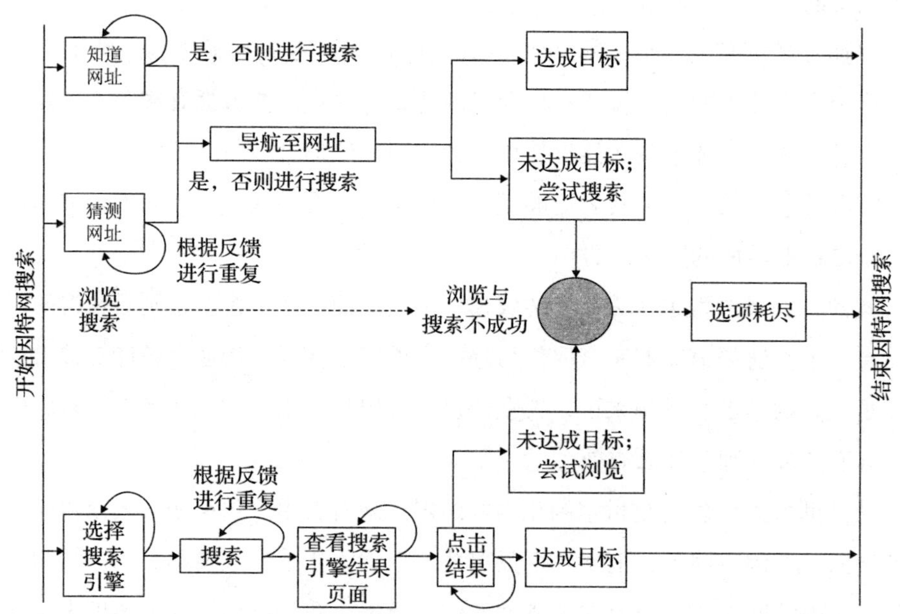

图 5-1 因特网上消费者搜索的流程图

参见图 5-1，消费者在因特网上搜索时，执行了一系列既平行又有序列的步骤。在此过程中，消费者能够（且被要求）管理他们的战略与战术。这包括在因特网上进行搜索、直接导航和浏览。

从消费者行为的视角看，搜索行动的执行需要管理搜索、访问网站中导航任务的表现和吸收收集到的信息。寻求信息的消费者的任务包括：[7]

- **目标**的选择（信息源选择）；
- **移动**到想到达的终点（导航到信息源，包括审阅结果的片段）；
- 基于之前已有的信息，**分析**可以获得什么信息。

目标选择和移动到想到达的终点是任何环境中一个被任务驱动的消费者进行主动信息搜索的固有任务；分析通常是一个内在过程，因消费者个体而异。

聚焦于赞助搜索广告，在搜索过程的每次交互中，消费者都处于这样一个序列过程中：在一组可获得的信息选项中进行选择。这组选项可以是某一给定商品在不同商店的价格、产品（或服务）的质量、一些网站或搜索引擎结果页面上的结果。这使得我们可以在理论上把消费者搜索建模为这样一个过程：搜索用户处于一个决定是否去寻求附加信息（再次搜索或停止搜索）的状态。这个决策过程可以表达为附加信息期望收益的一个函数，[8] 其中搜索收益以减少不确定性的程度来测量。

消费者搜集的信息成为决策过程中当前状态的一部分，并且在信息搜索过程的每个阶段，消费者会审查对额外信息的需求，即使在某些肤浅的层面上。如果信息搜索过程被放弃或搁置，搜索则停止；如果消费者认为更多信息是必要的，就执行另外一个搜索。

因此，消费者搜索是这样一个过程：消费者寻求更多信息的决策是额外信息的期望收益的一个函数。[8] 当消费者在搜索过程的每个阶段获得更多信息时，通常其寻求新信息的期望收益是递减的，这会导致继续寻求新信息（再次搜索）的可能性降低。

换句话说，一个人搜索的时间越长，他继续搜索的可能性越小。

为了捕捉这个过程，正如我们在关于关键字的第 3 章中所讨论的，我们将搜索用户 i 进行第 x 次搜索（提交第 x 次查询请求）的可能性模型化为进行第 $x-1$ 次搜索的可能性的衰减率。[8, 15] 这是我们在第 3 章基于约翰逊（Johnson）和其同事的工作给出的搜索方程的一个基本假设。[9] 具体公式如下：

$$\Pr(X_i = x_i) = \frac{(x_i - 1)\theta_i}{x_i}\Pr(X_i = x_i - 1),\ x_i = 2, 3, \cdots$$

公式 5-1　消费者搜索的概率模型

公式 5-1 中的模型是上述搜索行为的数学表达形式。

这个模型是递归的（搜索过程中的任何状态序列只由一组个体搜索状态组成）。我们认为这个递归模型服从对数分布，这种表达形式有一些优势。对数分布将任意两点之间的部分表示为相等的百分比，而不是绝对距离。换句话说，在对数图上，1 ～ 10 的距离与 10 ～ 100 的距离是相等的，但在线性图上后者的距离是前者的 10 倍。

公式 5-2 给出了修改后的模型。

$$\Pr(X_i = x_i) = \frac{\alpha_i \theta_i^{xi}}{x_i},\ x_i = 1, 2, \cdots$$

公式 5-2　消费者搜索的对数概率模型

为了说明这个消费者搜索模型（和该模型为何在群体层次中是有价值的），图 5-2 绘制了依排名的广告访问（点击）概率分布的形状。我们可以看出依排名的点击分布服从一种相当标准的幂律分布。

这意味着什么？

作为潜在消费者的搜索用户，通常不会花很多时间来搜索和搜集有关其决策的信息。（注意：也会有一些例外。）我们已经知道消费者不会编制长的查询请求，不会提交许多请求。现在我们也会发现，他们也不会点击许多结果，无论是自然搜索结果还是赞助搜索结果。

虽然经济学理论使人相信搜索用户会进行很多次搜索，但是也有一些构念，比如最小努力原则可以解释为什么他们不会这么做。[10]

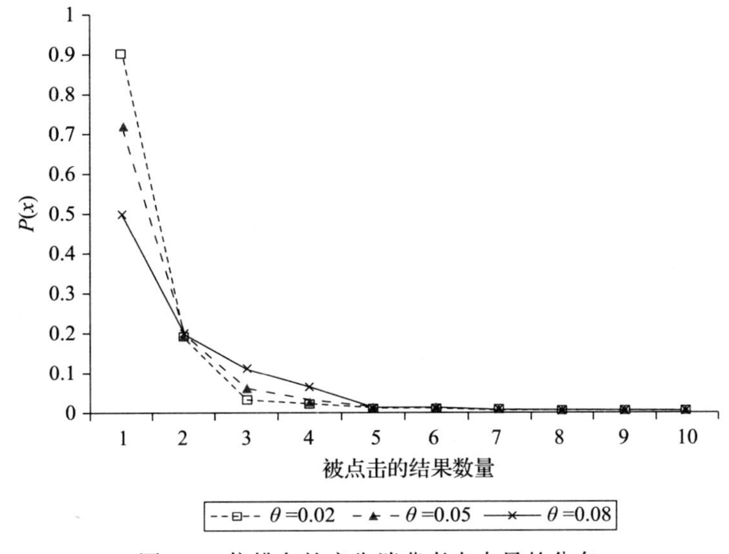

图 5-2 依排名的广告消费者点击量的分布

□ 集锦

消费者搜索的一个产品属性是价格，而且价格与市场需求直接相关。

实际上，市场需求的基本理论宣称，当商品价格上升时，消费率下降。

市场需求下降（通常与价格呈负相关关系）是**替代效应**（substitution effect）的结果。当一种商品的价格上升时，消费者将会寻找高价商品（或服务）的替代品，即其他不那么昂贵的商品（或服务）。

相反，存在一个替代效应不成立的场景。当个体的财富增加时，市场需求上升，使得所有消费率水平的需求曲线都上扬。

这称为**收入效应**（income effect）。当财富增加时，消费者会远离廉价，或者次等的产品和服务，而会选择高价格的其他商品来获得各种感知收益，比如质量或地位。

关于他们对搜索不足的感知，消费者会在搜索成本和搜索收益之间做一个权衡，其中搜索成本通常以时间来衡量。[9] 一个严格的消费者搜索模型假设，如信息经济学理论指出的，[11] 只要消费者认为获得信息的收益大于搜索信息的成本，他们就可能去搜索信息。

然而，一个更切实可行的消费者搜索模型应该假设，在消费者得到一个合理的解决方案之前，无论成本 - 收益比率如何，他们都可能去搜索信息。这种行为再次验证了满意度的概念[12, 13]和最小努力原则[14]。

除此之外，搜索用户实际上可能会进行比其在线行动看起来更多的搜索。

信息搜集是一个持续性的过程，甚至当购买无法预见或当消费者没有表现出主动行为时。因此，当消费者将要做出一个购买决策时，可能需要相对较少的显式搜索。[15]这个阶段也被称为购前搜索或持续搜索。如果忽略持续搜索，我们就会低估购买时消费者所拥有并使用的信息量。[15]

搜索的决定因素、动机和结果

解释消费者实际花费多少时间和精力来为购买搜集信息的一种方式，源于搜索的决定因素、搜索的动机和搜索的结果。[15]

搜索的决定因素

搜索的决定因素指的是引起或影响消费者搜索范围的因素。

- 在一个**购前上下文场景**中，搜索的决定因素包括消费者涉入的即时水平、市场环境、情境因素和产品熟悉度。
- 对于**持续搜索**来讲，搜索的决定因素包括持久性涉入（一种持续的兴趣或热情，而不是由购买需求引起的对产品的临时兴趣），也包括一些市场因素，比如产品信息的可获得性与时间，以及其他情境限制条件。[15]

搜索的动机

搜索动机指的是消费者实际上搜索产品信息的根本原因。

- 消费者购前搜索的主要动机通常是**提高购买结果的质量**。
- 消费者持续搜索可能涉及两种基本动机。

- 首先，消费者可能有**想得到一种商业信息的储备**的动机，以备未来他自己或他人之需。
- 其次，消费者可能有**娱乐或消遣方面的动机**。在这种情况下，消费者为了内在满足而进行持续搜索（以搜索为消遣）。[15]

搜索结果

搜索结果指的是消费者搜索过程的结果。

- 对于购前搜索和持续搜索来说，其结果包括：**更优的决策**、提升产品和市场的专业知识水平、通过漂亮地完成购买工作来提高满意度。[15]
- 搜索结果也包括与其他人**分享**产品信息的**能力**，以及因一个领域的专业水平而被他人认可。

表 5-1 总结了消费者搜索的决定因素、搜索动机和搜索结果之间的关系。

表 5-1　搜索的决定因素、搜索动机和搜索结果之间的关系

搜索的层次（时间和努力）	搜索的决定因素	搜索的动机	搜索的结果
高层次的时间和努力	不确定性和风险感知	购前搜索的主要动机是提高购买结果的质量	更优的选择决策、提高产品和市场的专业知识水平和通过漂亮地完成购买工作来提高满意度
高层次的时间和努力	市场环境、情境要素和产品熟悉度	获得大量未来可能有用的产品信息	更高效的未来购买
低层次的时间和努力	市场要素，比如产品信息的可获得性和时间	认知或信息刺激，而另外一些则在消费体验中寻求感官刺激	更高的个人影响力和社会声誉
低层次的时间和努力	购买者的短期参与	玩得开心或体验积极的情绪	导致冲动型购买

购买漏斗和消费者决策模型

消费者进行搜索，但通常他们不会在搜索上花很多时间。我们如何将这一结论在某种程度上应用于赞助搜索广告，特别是用来辅助关键字选择和广告创意？

购买漏斗

在个体层面上，对消费者搜索的一个普遍观点是购买漏斗。它是消费者进行购买某一产品（或服务）的一个分阶段过程。[16，17]漏斗的比喻暗示着，当消费者权衡选择、进行决策和购买产品时，他们会系统性地缩小初始考虑范围。

消费者角度的购买漏斗对应于组织角度的销售漏斗。销售漏斗以生产商的角度设计消费者的购买过程，其目的在于引导潜在顾客成功地进行交易。[18]

从历史的观点来讲，购买漏斗根植于埃尔莫·刘易斯（E. St. Elmo Lewis）的作品。他是19世纪后期美国广告和销售的先驱者。在一份广告课程材料中，[19]刘易斯根据他对人寿保险领域客户行为的个人观察，开发了购买漏斗（也称AIDA模型），并将之作为一种销售工具。

刘易斯关于购买漏斗的想法并不一定是消费者购买过程的一种解释，而是一种解释个人销售机制的漏斗模型。

请注意“个人销售”这一用语。

在购买漏斗模型中，刘易斯声称，成功的销售人员遵循一种层次过程并采用当购买者接受一个新想法或者购买一种新产品时所沿用的四个认知用语。刘易斯坚持认为，在购买漏斗的每一层次上，销售人员应该针对他们的潜在顾客和顾客制定不同的销售目标。

自从1925年购买漏斗模型被发明[19]以来，该模型已经被广泛应用。购买漏斗，在学术文献中更广泛地被称为AIDA模型，被作为一个研究广告如何影响消费者的框架。此外，它是大量动机驱动的消费者行为研究模型的基础。正因为如此，购买漏斗也被用于搜索引擎营销系列活动，来从概念上理解顾客的行为。

从根本上来说，购买漏斗建立在人类信息处理理论之上，后者是大部分消费者行为模型[20]的核心。信息处理理论假定，消费者做出决策的过程涉及五个阶段：①问题识别；②信息搜索；③替代评估与选择；④卖家选择与购买；⑤购后过程。[21，22]

更明确地讲，购买漏斗实际上是一个用来描述消费者制定购买决策的分阶段过程，从消费者开始意识到需要一直持续到最终购买产品（或服务）来满足需要或欲望。虽然，根据不同的来源它会有一些不同，但购买漏斗模型通常被描绘成一系列阶段，每个阶段对应消费者所处的一个认知期。

每个阶段有不同的名称，一种通用的命名方法是知晓（awareness）、研究（research）、决策（decision）和购买（purchase）(见图 5-3）。这也是我们在本书中所采用的命名方法。

- 第一个阶段是知晓，即消费者意识到有一种产品（或服务）能够解决他的问题或满足他的需求。
- 消费者意识到一种产品（或服务）能够解决他的问题之后，他找到一条具体的产品线，并对这种产品（或服务）变得非常了解。这个阶段称为研究。
- 第三个阶段是决策，即消费者形成一个选择集合，并在一种特定产品（或服务）的不同品牌中做出决定。
- 购买漏斗的最后一个阶段是购买。这个阶段指的是消费者已经知道他们要购买哪种具体的产品及品牌，而且购买之前他们通常会比较价格、下单的便利程度和关于购买的其他类似方面的问题。

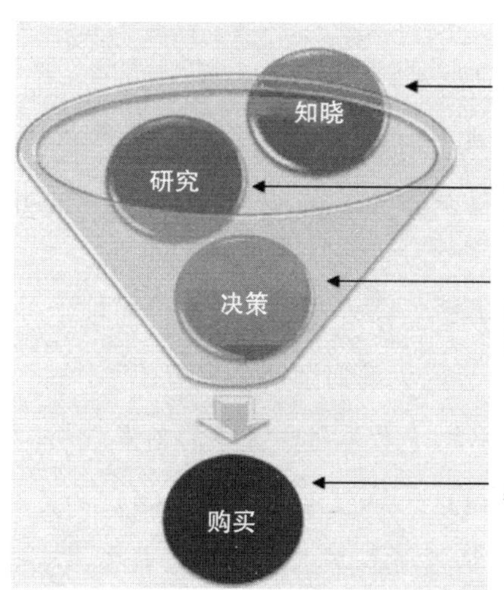

知晓：消费者意识到需求，而且意识到可以通过一种产品或服务来满足的欲望。

研究：消费者参与到信息搜寻过程中来满足其需求，包括确定正确的产品，这受限于上下文要素，比如产品的能供性，他们是否真的需要它，等等。

决策：消费者确定一个购买集（有限的产品、服务或品牌可供选择），并进入在这个购买集进行选择的决策过程。

购买：消费者通过对可能的价格、购买便利程度等方面进行比较，已经决定购买（或不购买）。

图 5-3　四阶段购买漏斗及各阶段的定义

购买漏斗的本质在于它可以对广告如何影响消费者进行建模。这个模型宣称，当消费者决定购买哪种产品（或服务）时需要经历四个认知阶段。

购买漏斗与决策的理念非常吻合。[23] 在消费者决策过程中，决策者经历一系列阶段，包括情报（intelligence）、设计（design）和选择（choice）。知晓很好地对应于情报；研究与决策跟设计非常一致；购买则很好地对应于选择。这样，购买漏斗具有一个心理学的基础支撑。

虽然并非没有争议，但购买漏斗模型被业界出版物[25, 26, 27]和市场营销文献[28, 29, 30]广泛引用与参考。比如，尼米兹（Nimitz）[31]指出，购买漏斗对于更好地理解消费者非常关键，能够为广告主提供出售产品（或服务）的更好机会。莱科克（Laycock）[32]强调，因特网使得消费者在实际购买之前能够更容易地对产品进行研究，因而购买漏斗对于理解为什么某些关键字起作用而其他则不然这一主题非常关键。

那么，我们可以把购买漏斗看作一个能够查询请求的分类方案，每个查询短语属于该模型的某一个阶段。

不幸的是，虽然购买漏斗可能是一个支持在查询请求的层面根据实证搜索决策对个体消费者搜索行为进行分类的有用范式，但是它并没有经过实证检验。[9]

□ 集锦

许多知名的概念没有实证或理论研究的基础。

举例来讲，购买漏斗基于刘易斯对商业和储蓄银行的金融广告的认知，这个概念并没有严谨的支持。但是，它为观察一个复杂过程提供了一个有用的框架。

马斯洛（Maslow）的需求层次是心理学领域另外一个没有依据的概念。[1]

在学习领域中，布洛姆（Bloom）的分类法也是同样的情况。[2]

机器人三法则完全是艾萨克·阿西莫夫的一本科幻小说中的创意。[3]

在网络搜索领域，信息（informational）—导航（navigational）—交易（transactional）这种分类也没有理论基础。[33] 然而，在上述每个领域中，这些范式非常流行并塑造了未来的想法、实践与研究。

1. http://en.wikipedia.org/wiki/Maslow's_hierarchy_of_needs
2. http://en.wikipedia.org/wiki/Bloom's_Taxonomy
3. http://en.wikipedia.org/wiki/Three_Laws_of_Robotics

那么，这种不能精确描述实际的消费者行为的模型被广泛接受的原因到底是什么呢？

一个可能的解释是最小努力原则。[10]

购买漏斗以信息处理理论为基础，[21，22]其本身是一个理性过程，假设在此过程中潜在消费者合理地行事，并花费一定资源来寻找最优方案。这在理论上根植于理性行为者范式。[34]

虽然最小努力原则也同样根植于信息处理理论，但其采用一种略微不同的方法。[21，22]当人们面对一个问题或决策时，他们将采用一种需要消耗最小精力的方式来获得一个满意的答案，即使该答案并不是最优的。换句话说，人们（包括潜在消费者）将致力于满意度。[35]那么，消费者可能会理性地开始一个类似于购买漏斗的过程，但如果他们遇到一个能够与满意方案的期望相匹配的解决方案，就会停止这个过程。在信息觅食理论中，我们也看到过这种行为的搜索构念。[36]

那么，设想一个潜在顾客内心考虑一种产品（比如一个便携式音乐播放器），并有愿意为该产品支付一个期望价格。比如说，这个顾客访问一个搜索引擎，在搜索框输入“便携式音乐播放器”（portable music player），浏览 SERP 上的广告，并看到一则来源可信的广告，且其产品的出售价格低于他愿意支付的费用。此时，该顾客就会进行转化而不再进行更多的信息搜索。这以理性行为者理论和最小努力原则看来似乎都很合理。

从购买漏斗的角度看，消费者可能开始于一个一般性的查询请求，在达成决策和购买之前或许希望研究多个可选方案。然而，如果这个消费者遇到一个可能方案，该方案能够大体上满足其搜索需求，他将采用最小努力的方式进行购买。

随着成本的增加，消费者将愿意付出更多的努力来研究这个物品。当消费者的搜索需要不是很明确时，他们可能更愿意接受冲动型购买，这将导致购买增加。

因此，对许多产品和服务来说，这个分层、分阶段的购买漏斗并不是一个可以解释在线购买过程的合适模型。虽然，对有些产品和服务来说，它可能是一个合适的过程，但是基于消费者和产品（或服务）的一些因素，购买漏斗的每一个阶段都可能直接导致转化（见图 5-4）。

由于万维网的支持能力，从购买漏斗的任一阶段触发都会有多条购买路径。这是购买漏斗模型压缩的一个例子，在这个上下文场景中被称为效应层次。[37]

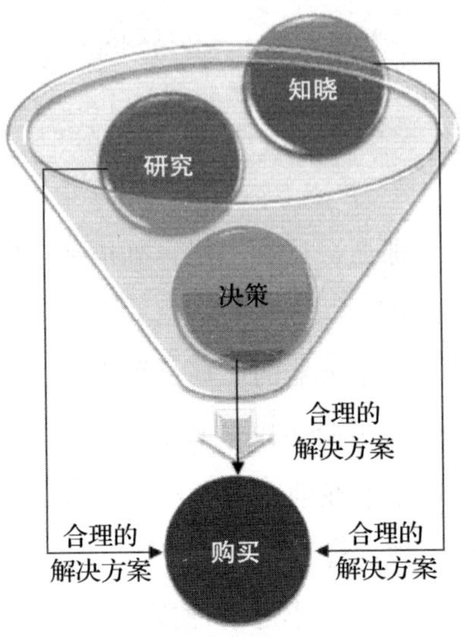

图 5-4　在线购物的购买漏斗过程具有多条可选购物路径

消费者购买行为

另外一个用来解释线上消费者行为的知名概念是消费者购买行为。

消费者搜索的结果常常是一次购买或广告主定义的其他一些转化类型。虽然购买决策被认为是消费者搜索过程中的一个步骤，但它是商业的一个核心部分，以至于消费者购买行为本身就是一个独立的领域。

消费者购买过程经常被表达为一个分层、分阶段的模型，由一个或多个购前、购买和购后阶段组成。购前阶段包括需求识别、信息搜索、可选方案评估和产品选择。[6]

关于消费者购买决策过程，我们将采用一种六阶段模型。这六个阶段为：

（1）**问题识别：**意识到需求或欲望。

（2）**搜索：**收集信息以降低不确定性。

（3）**可选方案评估：**评估可获得的信息和选择。

（4）**购买决策：**决定是否进行购买。

（5）**购买**：采购产品（或服务）的行动。

（6）**购后评估**：评估产品（或服务）的购买。

当然，并非所有的消费者购买决策都会引起购买，也并非所有的消费者购买决策过程都包括六个阶段。这取决于购买决策的复杂程度。

影响购买决策复杂程度的最重要的决定因素包括冲动型购买的水平和产品（或服务）的购买频次。[38] 冲动型购买以最纯粹的形式被定义为包括四个组成部分：[39]

- 它是**没有事前计划**的。
- 它是收到外界刺激的结果。
- 它被**当场**决定。
- 它涉及情感和 / 或认知**反应**。

冲动型购买频次与冲动型购买水平之间的关系如图 5-5 所示。

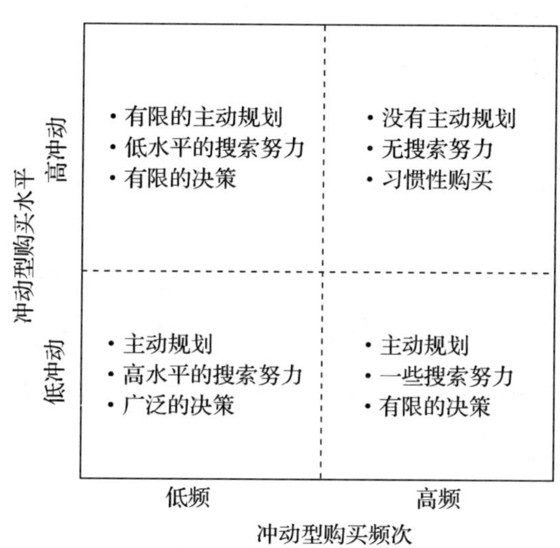

图 5-5　基于产品购买特征的消费者购买行为（冲动型购买频次）

在图 5-5 中，我们可以看到不同的消费者涉入水平。

- **低频 – 低冲动**：高消费者购买涉入水平

- **低频－高冲动**：低消费者购买涉入水平
- **高频－低冲动**：高消费者购买涉入水平
- **高频－高冲动**：低消费者购买涉入水平

购买漏斗和消费者购买行为的共同要素

除了阶段的相似性之外，购买漏斗和消费者购买行为还有一些共同要素，包括不确定性和有限理性。

不确定性

消费者进行购前信息搜索的目的是降低决策的不确定性。在购买决策过程中，消费者面临的可能性范围通常围绕降低不确定性这一目标。信息搜索经常被视为一种降低决策的不确定性的方式。因此，更高的不确定性会导致更广泛的搜索行为。

不确定性通常分为两种类型：

（1）**知识的不确定性**（knowledgc uncertainty，KU）：关于可选方案属性的信息不明确。

（2）**选择的不确定性**（choice uncertainty，CU）：关于选择哪种可选方案不明确。

这两类不确定性交互作用，从而引起不同的消费者搜索行为。

选择的不确定性（CU）增加搜索的次数，而知识的不确定性（KU）减少搜索的次数。较高的知识不确定性会降低有效使用新信息的潜在能力。这使得信息搜索成本更高，因此可能会减少搜索。[6，40]

解释消费者不确定性的几种变量包括：[6]

- **市场环境变量**
- **情景变量**
- **产品的重要性变量**
- **搜索成本变量**

- 人口统计学变量
- 个体差异变量
- 知识与经验变量

在消费者购买的过程中，消费者会试图降低与上述一种或几种变量相关的不确定性。

有限理性

在任何决策过程中，都会有边界条件，即有限理性。有限理性的概念假设人们不会遵循一种理性决策过程。在理性决策过程中，人们会清晰地定义问题，产生可选方案，评估所有的可选方案，然后，在实施之前选择最优方案。

□ **集锦**

很多消费者购买模型都基于这样一个假设：消费者是理性行为者，其会根据购买一件产品的感知边际效用来进行决策。

理性行为者并不意味着理性人。

为了最大化结果，理性人会试图根据一组偏好来最大化价值。

然而，大量实证证据表明人们的行为经常会表现出非理性、情绪化、缺乏信息，甚至破坏性的特征。

对于消费者购买理论，理性行为者会在给定时间内，根据一些偏好、上下文场景、情绪、情景等要素从一组可获得的可选方案中进行选择。

那么，我们可以把消费者购买理论作为认知过程的一般性指导原则。

有限理性[41]认为，一般人以及本书场景中的消费者，仅在有限数量的情况下会理性决策。消费者根据对情况的一种常用的简化解释进行决策。在这些情况下，理性是“受限制的”。消费者很少会访问所有的相关信息，因此必须依赖一种“满意度策略”来进行基于有限信息的最好决策。在这些情况下，消费者做出一个看起来令人满意的合理选择，而不是寻求最好的方案。

那么，我们再次发现最小努力原则的概念。有限理性把人们看作信息处理实体，其中的不确定性源于信息缺失。许多因素会限制理性决策的边界，包括：

- **不完整**、不完美，甚至会误导人的信息
- **复杂的问题**
- 人类信息处理的**有限认知**
- 决策的**实际时间限制**
- **不一致的偏好**和目标

在广告领域的从业者基于广告系列活动的经验与研究而撰写的作品中，我们发现了理性和非理性之间的这种相互作用。举例来讲，施瓦布[42, p66]写道，你必须在你的广告文案中提供实证证据与事实来给顾客一个购买产品的理由与借口。也就是说，在情感上来讲，他们已经想要购买该产品。

消费者将理性和情感融合在一起，这便使得广告既是一种科学，也是一种艺术。

关于购买漏斗和消费者决策过程中购买行为的一些问题

虽然购买漏斗和消费者决策过程的确为赞助搜索广告中的消费者行为提供了切实可行的洞察力，但它们都是有缺陷的。

在购买漏斗中，销售者看起来似乎掌管一切。广告主引导消费者（就像睡着一样），通过一系列大门直至完成最终的购买行为。在这个模型中我们没有听到来自消费者的任何声音。

在消费者购买过程中，消费者掌管一切。消费者完全控制购买过程，在此过程中广告主几乎不存在。

事实上，我们知道，上述两种场景的任何一种都不是现实情况。广告主和潜在消费者处于一个沟通过程中。查询请求和广告是赞助搜索广告中两者（广告主和潜在消费者）之间沟通的信号。

沟通理论

鉴于购买漏斗和消费者决策行为把不同的行为者视为掌管一切的行为者，更有益的方式是把广告主—消费者之间的交互视为一个整体，这样其中任何一方都不能掌管一切。

相反，赞助搜索广告是一个沟通过程。图 5-6 说明了任一沟通过程的基本原理，包括赞助搜索广告中广告主与消费者之间的沟通。

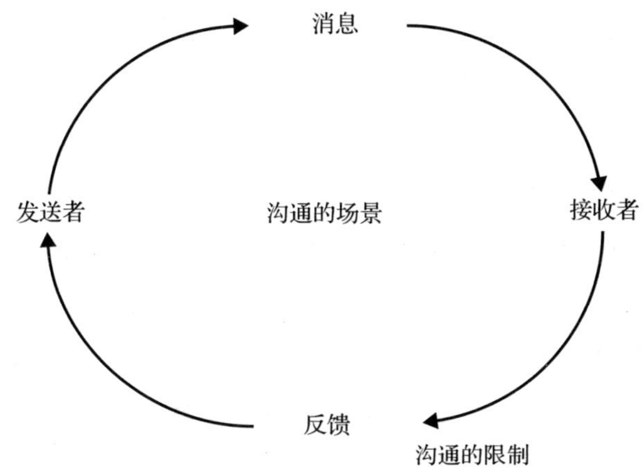

图 5-6 沟通过程的基本原理包括发送者、接收者以及一定场景中与限制条件下的反馈

一个沟通过程将一条消息（一大块信息）传送给某人。其中涉及发送者、消息、沟通渠道和接收者。沟通过程的挑战在于如何精确地把消息传送给接收者，接收者可能会，也可能不会提供反馈。在这个过程中，总是存在一些限制条件。此外，上下文场景也会影响发送者与接收者之间的沟通。当然，这种发送者—消息—接收者—反馈序列也同样可以描述赞助搜索广告过程。

把赞助搜索广告视为一个沟通过程有如下优势。最为显著的优势是，（购买漏斗中的）消费者和（消费者购买过程中的）广告主都不是消极参与者。在沟通过程中，消费者和广告主都是积极参与者，因为他们都参与商业交互，并且他们的独立活动和共同活动都会影响交互的结果。

为了更深入地理解沟通过程的构念，我们查看一下瓦茨拉维克（Watzlawick）的五个沟通公理。这五个公理如下：

- 公理一："一个人不能不沟通"

  每种行为都是一种沟通，人们无时无刻不在互相沟通。因此，任何可感知的行为，包括行为的缺失，都会被其他人解释为具有某种意义。[43]

  那么，当搜索用户提交一个查询请求，而你的广告没有出现时，这种广告的缺失传达给搜索用户一条消息。它阻止了你的公司与该潜在消费者之间的沟通。或许，这就是你所想要的（比如，你可能对在查询请求中使用"免费"一词的搜索用户不感兴趣）。那么，它就是你所想要传送的确切消息（"对不起，我们的产品不适合您"）。

  然而，这可能也不是你的初衷。我们极度关注我们的赞助搜索广告工作包括的关键字和那些需要添加的新关键字。但是，偶尔审查一下没有包括在内的关键字能为我们正发送的信息提供启示。

  在某些层面，更精确地说，沟通是二元的。如果你决定不使用一个特定的关键字，那么相应的消费者将不会看到你的广告。这样，你就有效地组织了沟通。

- 公理二："每一次沟通都有内容特征和关系特征，这样后者就可以对前者进行分类，因此这是一个元信息沟通"

  在沟通者之间关系的上下文场景中，每一个人都对沟通内容做出反应。沟通者既是发送者也是接收者。这个上下文场景提供了关于沟通中交互信息的元数据。[43]

  在赞助搜索广告中尤其如此。消费者带着某种心态（上下文场景）进入沟通过程。或许，消费者只是寻求最便宜的价格。或许他们很匆忙，只是想要得到他们下订单的产品。或许，消费者对你公司提供的产品或服务有一些过往体验，这会直接影响其对网站的信任度。

  你的广告需要与消费者的上下文场景相匹配。可能需要几个广告来适应搜索用户搜索你的产品（或服务）时的不同上下文场景。

- 公理三："每一个关系的本质都因合作伙伴之间沟通程序划分方式的不同而不同"

  划分方式指的是把信息群组织成含义的过程，就像语言写作中的标点符号一样。有时，发送者的划分方式会大大地改变含义。[43]

广告编制是一个证明这个公理有效的完美例子。标题的精确措辞、描述中词语的选择和显示链接的方式都会正面或负面地影响沟通过程。

- 公理四："人类沟通同时涉及数字和模拟形式"

  换句话说，沟通包含离散的、定义的元素（数字的）。根据不同的上下文场景，这些元素在一些方面（模拟的）是不同的，并以某种方式进行（形式）交付或传送。

  在赞助搜索广告中，你可以控制许多沟通要素，比如关键字短语和广告文案。你甚至可以在一定程度上控制在 SERP 的什么位置上显示你的广告。

  然而，影响沟通过程的其他要素则更难以控制。

  搜索引擎在市场上的声誉会影响搜索用户感知你的广告方式（参见第 6 章"赞助搜索中的品牌化、广告和营销活动"）。SERP 上的其他广告也会影响搜索用户对你的广告的感知。举例来讲，如果在一个给定关键字短语上，其他公司的广告有一种负面品牌形象，那么这种负面形象可能会影响搜索用户对你企业的感知。

- 公理五："人类之间的沟通程序是对称或互补的，这取决于搭档之间的关系基于差异还是平等"

  对称关系指的是，从权力的角度看，涉及的各方表现平等；互补关系指的是不平等的沟通关系。

  在大部分搜索市场中，沟通关系是非对称的，因为广告主拥有比搜索用户更多的关于产品的信息。这会影响沟通过程，当然也会让搜索用户变得有些谨慎，从而可能影响其对广告的反应。

  就这一点而言，它支持这样一个广告原则：向消费者告知、提供实证证据与事实。[42] 你的广告必须解决信息不对称的问题，这将决定消费者如何看待沟通关系。

在上述每一个公理中，我们都可以看到赞助搜索广告过程中的要素。在沟通过程中通过观察搜索用户和广告主，每一方都会发送消息并收到反馈；相对于我们在搜索过程中所看到的，关键字短语、广告和消费者行为承担了更自然的角色。在整个沟通框架中，我们可以将购买漏斗和消费者购买行为模型用于实施赞助搜索广告的一些特定方面。

记住，你在跟一个人做生意，而不是跟一个模型

所有的模型——实际上是任何一个模型，不管多复杂，都只是对现实世界过程的一种简化。

举例来讲，一个人只有一个目标的情况有多少种？我认为，几乎没有。一个人可能出于购买某种产品（比如飞机票）的意图而搜索。但是，他可能也会考虑为他妻子的照片镶框，为旅行预订一个宾馆和他的晚辈即将访问当地的大学的情景。

这对广告有什么用呢？

这意味着，经常会有意外目标和偶然事件作为触点到达消费者。

在交叉购买领域，我们多次发现这种现象，即搜索用户搜索一个物品，点击一则相关的广告，然后购买其他物品。

□ **集锦**

近因、频率、货币（recency，frequency，monetary，RFM）分析是一种量化的市场营销技术，被用来确定对一个特定企业来说哪些顾客是最好的。

这种方法依赖于与一个特定企业相关联的三个要素：

- **近因**：顾客最近什么时候购买了产品？
- **频率**：顾客多久购买一次产品？
- **货币**：顾客花了多少钱购买产品？

RFM 分析是基于幂律分布的，被总结为一个营销公理，即“80% 的生意来自 20% 的顾客”。

RFM 分析背后的原理非常简单：过去进行过购买的顾客在将来也更可能进行购买。

在 RFM 分析中，针对 RFM 中的每一个参数，我们常常指派给顾客一个排名数字 1、2、3、4 或 5（其中 5 代表最高排名）。这三个得分被统称为 RFM 单元格。然后我们通过对这个列表进行排序来确定哪些顾客是过去的“最好顾客”，其中排名“555”的单元格代表理想顾客。

RFM 分析是一种处理和利用当前顾客群的有用工具。然而，这种方法也有其局限性。举例来讲，公司必须使用一些 RFM 分析中没有的其他指标来确保没有向最高排名的顾客过度招揽生意。

还有，RFM 分析会导致公司忽视低单元格排名的顾客，从而错失扩大生意的机会。

基本要点

从销售商的角度看，你想要引导顾客通过购买漏斗中的各个阶段：

- 知晓
- 研究
- 决策
- 购买

从消费者的视角看，你的搜索应该呈现如下消费者购买过程：

- 问题 / 需求识别
- 信息搜索
- 购买评价
- 购买决策
- 购后评价

整合上述两种过程，消费者和广告处于一个由五个公理决定的沟通过程中。

- 公理一："一个人不能不沟通"
- 公理二："每一次沟通都有内容特征和关系特征，这样后者就可以对前者进行分类，因此这是一个元信息沟通"
- 公理三："每一个关系的本质都因合作伙伴之间沟通程序划分方式的不同而不同"
- 公理四："人类沟通同时涉及数字和模拟形式"
- 公理五："人类之间的沟通程序是对称或互补的，这取决于搭档之间的关系基于差异还是平等"

理论与实践相结合

- 对你的关键字而言，开发一些准则并将它们分类到购买漏斗的阶段中。然后，计算每一个关键字的投资回报率（ROI）。你在购买漏斗中的哪个阶段获利最多？这对你的产品（或服务）和细分市场是否有意义？
- 同样，对你的关键字而言，开发一些准则并将它们分类到消费者决策过程的阶段中。然后，计算每一个关键字的投资回报率。你在消费者决策过程中的哪个阶段获利最多？这对你的产品（或服务）和细分市场是否有意义？
- 在你与潜在顾客之间的沟通过程中检验你的关键字。对于链接到每个关键字的搜索请求，消费者询问的问题是什么？现在，评估关联到这些关键字的广告。这些广告是否回答了顾客的问题，或者向顾客指出了答案？你的广告发送了什么样的沟通消息？

结　论

在本章中我们考察了消费者行为，并从三个视角去了解它。

首先，我们讨论了购买漏斗。它是以广告主向潜在顾客出售产品的视角给出的一个分阶段过程。尽管存在一些变种，但购买漏斗仍是一个常用的层次消费者模型。

然而，大量实证证据表明，购买漏斗并不能表达所有产品（或服务）的实际购买过程。通常，基于产品（或服务）会产生有实质性的相互作用与影响。举例来讲，在进行一些非常基本的搜索研究之后，顾客可能会很快就决定购买一件便宜的产品。还有一些冲动型购买，即消费者在仅知晓一种产品后就进行购买。

这些要素，再加上万维网上更容易进行购买的影响，共同促成了一种媒介。相较于大众传媒类型的广告，这种媒介使得消费者在沟通过程中拥有更多的权力。

然后，我们讨论了消费者购买过程，在此过程中，潜在顾客经历一个有序的、（在通常情况下）分层次的、线性的系列步骤，直至决策点，即是否购买。这个过程在很大程度上基于消费者是理性行为者这一假设。通过实践，我们知道消费者并不是这样的。理性会受到上下文场景、情景、环境和情绪的限制。

购买漏斗是从广告主的视角看这个过程，而消费者购买过程则是从消费者的视角出发。在这两种情形下，其他主要行为者的作用与影响都被弱化到最小。

我们通过把广告主和消费者整合到一个沟通过程中来结束对消费者行为的讨论。在这样一个沟通过程中，广告主和消费者都被授权寻求或提供相关的信息，并主动追求其目标的权力。

搜索用户现在已经变成了潜在顾客，我们必须进入消费者文献之旅，讨论消费者与企业的广告工作之间的交流和媒体影响。实际上，现在我们将从广告主视角改变为公司视角。虽然，在广告代理的情形下，广告主可能是一个赞助搜索广告工作所代表的实际公司的代理。

企业的交流与媒体影响是赞助搜索广告的品牌化、广告和营销方面的关键概念，我们将在下一章讨论这些内容。

参考文献

[1] Ogilvy, D. 1963. *Confessions of an Advertising Man*. London: Atheneu.
[2] Ogilvy, D. 1983. *Ogilvy on Advertising*. Toronto: John Wiley and Sons.
[3] Sandhusen, R. L. 2000. *Marketing*, 3rd ed. Hauppage, NY: Barron's Educational Series.
[4] DeLong, J. B. and Froomkin, A. M. 1999. Speculative Microeconomics for Tomorrow's Economy. (November 22). Retrieved September 18, 2010, from http://personal.law.miami.edu/~froomkin/articles/spec.htm#N_1.

[5] Engel, J., Blackwell, R., and Miniard, P. 1995. *Consumer Behavior*, 8th ed. Fort Worth, TX: Dryden.

[6] Lauraeus-Niinivaara, T., Saarinen, T., and Öörni, A. 2007. "Knowledge and Choice Uncertainty Affect Consumer Search and Buying Behavior." In *40th Hawaii International Conference on System Sciences*. Honolulu, HI. p. 82.

[7] Hodinson, C., Kiel, G., and McColl-Kennedy, J. R . 2000. "Consumer Web Search Behaviour: Diagrammatic Illustration of Wayfinding on the Web." *International Journal of Human-Computer Studies*, vol. 52(5), pp. 805–830.

[8] Diamond, P. A. 1989. "Search Theory." In *The New Palgrave: Allocation, Information, and Markets*, J. Eatwell, M. Milgate, and P. Newman, Eds. New York: Norton, pp. 271–286.

[9] Johnson, E. J., Moe, W. W., Fader, P. S., Bellman, S., and Lohse, G. L. 2004. "Depth and Dynamics of Online Search Behavior." *Management Science*, vol. 50(3), pp. 299–308.

[10] Zipf, G. K. 1949. *Human Behavior and the Principle of Least Effort*. Cambridge, MA: Addison-Wesley Press.

[11] Lauraéus-Niinivaara, T. 2010. "Uncertainty Is the Other Side of the Coin of Information Online Search." In *43rd Hawaii International Conference on System Sciences*, Honolulu, HI, pp. 1–10.

[12] Claxton, J. D., Fry, J. N., and Portis, B. 1974. "A Taxonomy of Prepurchase Information Gathering Patterns." *Journal of Consumer Research*, vol. 1(December), pp. 35–42.

[13] PeterSimon, H. B., Sherrell, D. L., and Ridgway, A. N. M. 1986. "Consumer Search: An Extended Framework." *The Journal of Consumer Research*, vol. 13(1), pp. 119–126.

[14] Bloch, P. H., Sherrell, D. L., and Nancy M. Ridgway, 1986. "Consumer Search: An Extended Framework," *The Journal of Consumer Research,* vol. 13(1), pp. 119–126.

[15] Bloch, P. H., Sherrell, D. L., and Ridgway, N. M. 1986. "Consumer Search: An Extended Framework." *The Journal of Consumer Research*, vol. 13(1), pp. 119–126.

[16] Ramos, A. and Cota, S. 2008. *Search Engine Marketing*. New York: McGraw-Hill.

[17] Seda, C. 2004. *Search Engine Advertising: Buying Your Way to the Top to Increase Sales*. Boston: New Riders.

[18] Dubberly, H. and Evenson, S. 2008. "The Experience Cycle." *Interactions*, vol. 15(3) (May–June), pp. 11–15.

[19] Moore, I. 2005. *Does Your Marketing Sell? The Secret of Effective Marketing Communications*. London: Nicholas Brealey Publishing.

[20] Bettman, J. R., Luce, M. F., and Payne, J. W. 1998. "Constructive Consumer Choice Processes." *Journal of Consumer Research*, vol. 25(3), pp. 187–217.

[21] Hawkins, D. I., Best, R. J., and Coney, K. A. 1995. *Consumer Behaviour: Implications for Marketing Strategy*, 6th ed. Homewood, IL: Irwin Publishing.

[22] Sirakaya, E. and Woodside, A. G. 2005. "Building and Testing Theories of Decision Making by Travellers." *Tourism Management*, vol. 26(6), pp. 815–832.

[23] Simon, H. A. 1977. *The New Science of Management Decision*, 3rd ed. Englewood Cliffs, NJ: Prentice-Hall.

[24] Rimm-Kaufman, A. 2006. Click Streams, Complexity, and Contribution: Modeling Searcher Behavior Using Markov Models. (February 27). Retrieved August 6, 2009, from http://www.rimmkaufman.com/content/rkg-ses-ny-feb06-search-behavior.pdf.

[25] Ash, T. 2008. Landing Pages and the Decision-Making Process. (October 29). Retrieved August 6, 2009, from http://searchenginewatch.com/3631328.

[26] Fou, A. 2009. How to Use Search to Calculate the ROI of Awareness Advertising. (March 12).

Retrieved August 6, 2009, from http://www.clickz.com/3633054.

[27] Ryan, K. 2009. What's on Your Mind? (July 9). Retrieved August 6, 2009, from http://search-enginewatch.com/3630177.

[28] Howard, J. A. and Sheth, N. J. 1969. *Theory of Buyer Behaviour*. New York: Wiley.

[29] Meyerson, M. and Scarborough, M. E. 2007. Mastering Online Marketing: 12 Keys to Transform Your Website into a Sales Powerhouse. Newburgh, NY: Entrepreneur Press.

[30] Young, R. A., Weiss, A. M., and Stewart, D. W. 2006. *Marketing Champions: Practical Strategies for Improving Marketing's Power, Influence, and Business Impact*. New York: Wiley.

[31] Nimetz, J. 2007. B2B Marketing in 2007: The Buying Funnel vs. Selling Process. (March 27). Retrieved August 6, 2009, from http://www.searchengineguide.com/jody-nimetz/b2b-marketing-i-1.php.

[32] Laycock, J. 2007. Understanding the Search Buying Cycle. (March 5). Retrieved August 6, 2009, from http://www.searchengineguide.com/jennifer-laycock/understanding-t.php.

[33] Broder, A. 2002. "A Taxonomy of Web Search," *SIGIR Forum*, vol. 36(2), pp. 3–10.

[34] Slovic, P., Finucane, M., Peters, E., and MacGregor, D. G. 2002. "Rational Actors or Rational Fools: Implications of the Affect Heuristic for Behavioral Economics." *Journal of Socio-Economics*, vol. 31(4), pp. 329–342.

[35] Simon, H. A. 1957. *Models of Man: Social and Rational*. New York: John Wiley and Sons.

[36] Pirolli, P. 2007. *Information Foraging Theory: Adaptive Interaction with Information*. Oxford: Oxford University Press.

[37] Ray, M. 1974. "Marketing Communication and the Hierarchy-of-Effects." In *New Models for Communication Research*, P. Clarke, Ed. New York: Sage.

[38] Kollat, D. T. and Willett, R. P. 1967. "Customer Impulse Purchasing Behavior." *Journal of Marketing Research*, vol. 4(1), pp. 21–31.

[39] Piron, F. 1991. "Defining Impulse Purchasing." In *Advances in Consumer Research*. vol. 18, R. H. Holman and M. R. Solomon, Eds. Provo, UT: Association for Consumer Research, pp. 509–514.

[40] Urbany, J. E., Dickson, P. R., and Wilkie, W. L. 1989. "Buyer Uncertainty and Information Search." *Journal of Consumer Research: An Interdisciplinary Quarterly*, vol. 16(2), pp. 208–215.

[41] Manzini, P. and Mariotti, M. 2009. "Consumer Choice and Revealed Bounded Rationality." *Economic Theory*, vol. 41(3), pp. 379–392.

[42] Schwab, V. O. 1962. *How to Write a Good Advertisement: A Short Course in Copywriting*. Chatsworth, CA: Wilshire.

[43] Watzlawick, P., Beavin, J. H., and Jackson, M. D. 1967. *Pragmatics of Human Communication: A Study of Interactional Patterns, Pathologies, and Paradoxes*. New York: W. W. Norton.

第6章

赞助搜索广告中的品牌化、广告和营销活动

我们知道，当我们看到能够实现盈利，看到我们的广告和我们的辛迪加组织的一些交易能够在实际中导致商业模式的转变时，这将是有影响力的。

玛丽莎·迈耶（Marissa Mayer）

谷歌公司搜索产品与用户体验第一副总裁谈论广告与搜索[1]

我们的镶框商店并不经营广告。它只对以销售产品与服务来盈利感兴趣。但它必须做广告以便能够在生意场上生存下去。那么，它首先是一家企业，然后才是一个广告主。这是一个持续地困扰着广告中介公司的重要的观念转变。[2, 3, 4] 举例来讲，一则好的广告，创作者的观点（如这则广告有创意吗？有趣吗？引人注意吗？与众不同吗？）跟商家的观点（如这则广告推销产品吗？）是不同的。

同样，商家对赞助搜索广告过程采取的观点与搜索用户和广告主完全不同。我们必须考察与赞助搜索广告互相影响的一些业务功能。如迈耶在本章的引语中指出的，赞助搜索广告改变了在线商务模式。然而，赞助搜索广告也是以任何商业活动中固有的基本概念为基础的。

在本章中，我们将介绍品牌化、广告和营销的基本商业要素，并指出每个商业要素如何跟赞助搜索广告产生关系。具体来讲，我们将定义品牌化、广告和营销（branding，advertising and marketing，BAM），并强调其中与赞助搜索广告有关的一些方面。虽然，还有许多其他的商业方面（如人力资源、会计、税务、战略规划，等等），但品牌化、广告和营销是影响赞助搜索广告的核心商业方面。因此，我们在本章讨论这些内容。

品　牌　化

品牌是什么？

品牌指的是独特的属性、名称、术语、设计和象征物。你的品牌可以是你的公司、产品线和单个产品的代名词。就像我们的赞助搜索广告，品牌化指的是你的企业和潜在消费者之间的一个沟通过程。沟通过程会改善双方的关系。人们与你的品牌（而不是与你的公司本身）建立一种关系。这种关系可以是非常私人的。最好的品牌往往与消费者建立一种情感联系，这会导致品牌忠诚和重复购买，这对公司来说是最有利可图的，同时也是最令顾客满意的。满意的顾客会回头再次购买。那么，如果操作得当，这就将是一种双赢局面。

在这种关系中，品牌化被用于鉴别产品与服务。该词起源于牲畜的烙印，最初指的是产品（或服务）的命名活动。如今，品牌化指的是差异化产品（或服务），从而使它们比类似产品（或服务）更令人熟悉和讨人喜欢的几乎所有活动。[5]

相关研究表明，品牌会对消费者的产品感知和选择产生重大影响。品牌化具有比较高的业务优先级，因为品牌是企业最有价值的无形资产。[6]

在赞助搜索广告中，品牌化是一个基本要素。品牌特征是整个过程所固有的：从搜索引擎选择，到搜索引擎结果页面，到单个广告，再到广告主的网站。我们知道，品牌会以各种主观的、情感的、认知的和上下文场景的方式影响搜索用户对结果的相关性评价。[7,8] 搜索用户也对每个搜索引擎的表现有不同的看法，并对每个搜索引擎有不同的反应。[9]

什么是品牌化

通过看到“品牌”并描绘其形象内涵的理念，品牌化可以让消费者知晓公司的产品（或服务）。[10] 从公司的角度来看，品牌化是指这样一个过程，涉及指派一个品牌到一种产品（或服务）的所有活动。这是一个宽泛的定义，包含服务品牌化[11,12]和企业品牌化。[13]

- **服务品牌化**指的是为服务提供者的产品塑造品牌的过程。
- **企业品牌化**指的是建立组织品牌的过程。

为了达成我们的目的，我们主要聚焦于服务品牌化，虽然其中许多概念同样也适用于企业品牌化。服务品牌化必须应用于消费者的上下文场景中。[14]

图 6-1 呈现了一个跨越整个搜索范围或过程的品牌化模型（源自埃施（Esch）等人的工作）。[15] 我们从中可以看出，整个品牌化过程被分为三个组成部分。

- **前提**（antecedents）：建立场景的先兆和背景。
- **交互**（interaction）：顾客与产品、服务或公司之间的交流。
- **结果**（outcomes）：交互的结果或效果。

实线表示已知的显著效果。品牌知晓（brand awareness）对品牌形象（brand image）有正面影响。同时，品牌形象影响品牌满意度（brand satisfaction）和品牌信任（brand trust）。品牌满意度和品牌信任共同影响品牌依恋（brand attachment），这是衡量顾客与企业之间关系强度的一种测量指标。品牌依恋同时影响当前购买和未来购买。此外，当前购买也会影响未来购买。

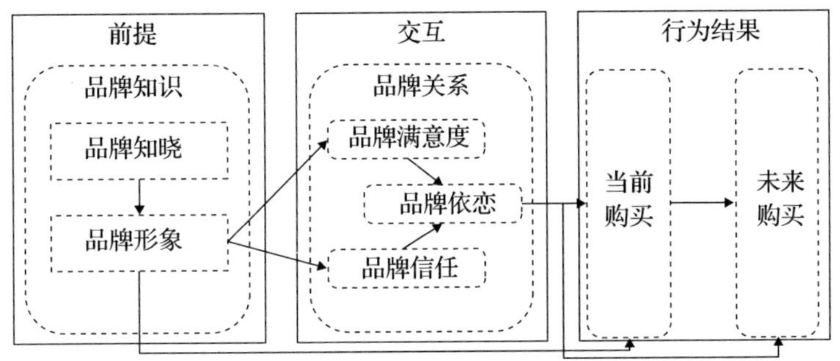

图 6-1　搜索引擎品牌化的概念模型（包含前提、交互和行为结果）

我们将进一步讨论上述每一个概念，因为每个概念都会对企业、产品或服务的品牌化产生微妙的影响。这些概念会影响赞助搜索广告工作的效果。

□ 集锦

在网络搜索和赞助搜索广告中，品牌化处于举足轻重的地位。实证研究已经证明了这一点。

詹森和他的同事[9]研究了搜索引擎品牌对人们评估搜索结果的影响。通过切换搜索引擎结果页面上的品牌元素，他们测量了搜索引擎品牌的影响。这样，回应查询请求的结果是相同的，唯一改变的是搜索用户认为结果来自哪个搜索引擎。

这些研究人员汇报，搜索用户心目中的正面搜索引擎品牌形象会导致对搜索结果相关性的打分提高 10% ~ 15%。

实际上，当评估与自然搜索结果相关的赞助搜索结果时，搜索引擎品牌更有影响力。

品牌知识

传统的品牌研究聚焦于对品牌知识的探讨。这被概念化为一个联想网络记忆模型，包括两个组分：**品牌知晓**和**品牌形象**。[16]

品牌知晓与记忆中的品牌节点和轨迹的强度有关，表现为消费者在不同条件下识别品牌的能力。[17] 品牌知晓由品牌认知和品牌回忆组成。

- **品牌认知**指的是，当品牌直接作为提示时，消费者确认先前的品牌曝光的能力。
- **品牌回忆**指的是，当产品种类、种类满足的需要或其他一些类型的探测物作为提示时，消费者检索品牌的能力。[16]

因此，对一个品牌来讲，最终结果是其能够被顾客在有辅助或无辅助的条件下识别和回忆。

品牌形象（又被称为品牌感知（brand perception）或品牌主张（brand opinion））建立在消费者对品牌的联想度和态度之上。它被视为品牌资产（brand equity）中的一个重要组成部分，并被广泛应用于各种品牌资产框架中。[16] 然而，关于品牌形象的精确定义仍然缺乏共识。凯勒（Keller）把品牌形象定义为“关于品牌的感知，并表现为在消费者的记忆中保有的品牌联想度”。[16]

在埃施等人采用有形产品的研究中，[15] 他们发现，从长远来看，品牌知识本身并不足以建立强势品牌，必须同时考虑品牌关系的相关因素。与严格的有形产品不同的是，赞助搜索广告是技术与服务的组合（有形与无形）。因此，由于存在更高的不确定性与风险，赞助搜索广告中的品牌效果很可能是不同的。

□ **集锦**

一旦品牌形象在人们的内心中形成，就很难去改变。如果你的品牌形象是正面的，这就是一件好事，因为你的公司常常会从中获益。然而，如果你的公司存在负面品牌形象，这就成了一件糟糕的事情。

品牌形象的理论基础是一个社会学理论，即框架理论（framing）。框架指的是人们赖以揭示与理解生活事件的一种解释基本模型。

为什么人们会这么做？这比每次从头开始把事情弄清楚要容易得多，也是最小努力原则的另外一种表现。通常，框架对我们来说很有用。

在其呈现社会建构时，框架存在社会学方面的一种体现。这有助于解释为什么某些公司可以从从众效应中获益，人们常常仅因为其他人相信或者做一些事情而进行效仿。

从众效应会影响网络搜索和赞助搜索广告。在詹森和麦克尼斯（McNeese）的研究中，[18] 他们探讨了为什么参与者使用某一特定的搜索引擎。其中一个最常见的原因就是：它比较流行。

品牌关系

直接影响意味着品牌知识与行为之间存在直接关系。消费者拥有的品牌知识越多，他们进行购买的可能性就越大。

间接影响暗示着品牌知识与未来行为之间的另一条路径，并以品牌关系作为两者之间的一个中介变量。在线商务寻求不同的方式来发展这种关系，甚至包括如何向顾客说“谢谢您”。[19]

经由这条路径，品牌知识对品牌关系产生一种正面效应，而品牌关系则正面影响行为结果。因此，品牌知识对行为产生一种间接效应。如果没有正面的品牌关系，那么品牌知识本身对消费者购买行为的影响就会减弱。

埃施等人 [15] 发现，品牌知识通过品牌关系对行为结果的间接影响比它的直接影响更大。这表明，品牌关系如品牌信任、品牌满意度和品牌依恋，对于预测未来行为是非常关键的。这意味着，具有正面品牌形象且消费者熟悉的品牌肯定会与消费者建立正面的品牌关系，从而确保未来的销售。

公司如何与消费者建立品牌关系是非常重要的。关于品牌关系的研究表明，由于消费者的知识系统和记忆中存储的观念，品牌感知会影响消费者。品牌是心理－社会－文化（psycho-social-culture）上下文场景的一部分。[5, 20] 消费者被牵涉到与品牌的一种关系中，这种关系，类似于消费者与其他人形成的私人和亲密关系。品牌关系的建立过程能够产生认知效益和正面效果，其结果是品牌与消费者之间的纽带。[20]

品牌关系包括交流和公共关系两个方面。这些表现为品牌满意度和品牌信任，而实体之间的互相依赖表现为品牌承诺（brand commitment）。这些要素会影响消费者对品牌的忠诚度，其中一些要素也会影响其对搜索引擎的忠诚度。[21] 品牌关系的交流方面涉及经济因素，并提供主要的实用效益，[15] 表现为品牌满意度。品牌满意度作为一个预测消费者未来行为的重要指标，是重复购买、正面口碑和消费者忠诚度的重要决定因素。[22] 传统上，品牌满意度研究在本质上大多是认知性质的。20 世纪 90 年代中期，品牌满意度研究开始批判这种范式的支配性地位，[23] 而且越来越多地开始探讨满意度的有效前提。一些研究人员试图更深入地研究品牌满意度，并主张满意度是多维的，且包含认知和情感要素，[24, 25] 而不是把满意度当作一个简单的一维构念。当然，品牌经理希望消费者满意度不仅基于对产品品质的认知评估，而且基于涉及很少或完全不涉及信息处理的情感反应。

关系的公共关系方面涉及对其他人的感情，[15] 而信任是这种关系的主要正面结果。信任可以通过不同方式来定义，包括个体认为另一个人的话可以信赖的一般化预期，[26] 一个人的自信程度和愿意按照其他人的语言、行为和决策开展活动的程度，[27] 以及一般消费者信赖品牌而执行其所宣称的功能的意愿，这在消费者领域是独一无二的。[28] 在关系营销的文献中，信任被定义为对交流伙伴未来行动的信心感知。[29] 信任是用来建立和保持关系的一种基本机制，能够促进营销关系的长期发展。[29] 跨域电子商务的实施涉及风险，相较于传统交易，信任问题对在线交易更重要。

关系的本质指的是涉及的实体之间的某种相互依赖。[15] 我们通过采取承诺来反映随着时间推移的相互依存。摩根（Morgan）和亨特（Hunt）[29] 认为承诺是关系营销的核心。关系构建于相互承诺的基础之上。[32] 承诺是“维持一种有价值关系的持久愿望”。[33] 通过暗示自我处于关系结果中和鼓励贬低环境中的替代品，承诺能够以各种不同的形式促进持久性。[34] 它被认为与一系列因素有关，如动机和涉入度[35]、正面效果和忠诚度[36]以及表现和对组织政策的服从。[37]

表 6-1 总结了品牌的不同的组成部分，并提供了每个组成部分的定义。

表 6-1　重要品牌构念的总结

品牌组成部分	定　义
品牌知识	一个联想网络记忆模型，包括两个组成部分：品牌知晓和品牌形象[16]
品牌知晓	与记忆中的品牌节点和轨迹的强度有关，表现为消费者在不同条件下识别品牌的能力[17] 品牌知晓包括两种类型： 品牌认知：当品牌直接作为提示时，消费者确认先前的品牌曝光的能力[16] 品牌回忆：当产品类别、类别所满足的需要或其他一些类型的探测物作为提示时，消费者检索品牌的能力[16]
品牌形象	关于品牌的感知，表现为在消费者的记忆中保有的品牌联想度[16]
品牌关系	消费者往往与品牌建立某种类型的关系，类似于其与其他人之间的个人关系和亲密关系
品牌满意度	关系的交流方面，涉及经济因素并提供主要的实用效益。[15]品牌满意度是这种关系的主要正面结果
品牌信任	关系的公共方面，涉及对其他人的感情。[15]品牌信任是这种关系的主要正面结果。品牌信任被定义为对交流伙伴未来行动的信心感知[29]
品牌承诺	维持一种有价值关系的持久愿望[33, p316]

在一般的营销文献中，品牌化已经得到了深入的研究。虽然品牌化搜索引擎的效果已经得到了一些认可，然而其效果却没有得到足够的重视。[38, 39]例如，詹森和他的同事[40]研究了品牌知晓的效果，贝利（Bailey）和他的同事[41]考察了品牌名称如何影响用户的偏好。在因特网营销文献中，品牌信任和忠诚也是重要的构念，[42]而品牌态度[43]和品牌熟悉度[44]也受到了一些关注。

赞助搜索广告中的品牌化

品牌化聚焦于企业本身及其顾客。在搜索用户与搜索引擎的交互活动中，品牌化如何体现呢？

根据本书作者和他的合作者所做的一系列研究以及先前发表的论文，[45,46,18,8]在影响关键字广告的网络搜索过程中，品牌效应看起来是多方面的，如图 6-2 所示。这个品牌效应是一个四阶段过程，涉及搜索引擎、SERP、广告和登录页面。

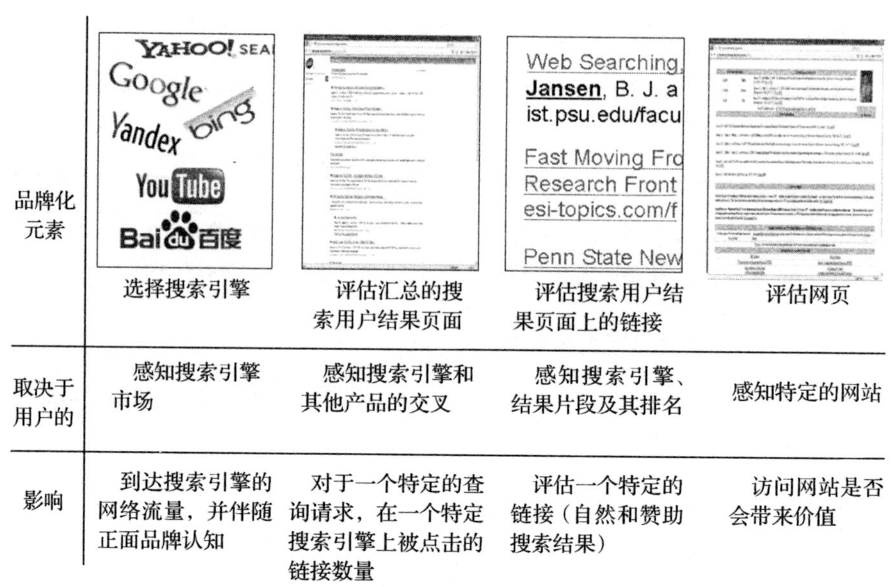

图 6-2 网络搜索过程中品牌化四要素

阶段一：选择搜索引擎。

赞助搜索广告中品牌化的第一个要素是用户选择一个特定的搜索引擎。这个选择是根据用户对市场的感知，包括（相对于其他已知搜索引擎）对一个特定搜索引擎的感知性能。品牌化第一个要素的影响是，它能够引导流量到一个特定的搜索引擎，而远离其他搜索引擎。通过市场热门资讯、习惯、熟悉度和口碑，相对于其他搜索引擎而言，某些搜索引擎可以开发出相当可观的市场份额。还有，内置应用程序如嵌入浏览器中的搜索工具栏是用来增加市场份额和搜索引擎使用的另一项技术。

阶段二：评估汇总的搜索用户结果页面。

赞助搜索广告中品牌化的第二个要素是用户对一个特定搜索引擎的汇总 SERP 的感知。这是由用户对这个特定搜索引擎的优点与缺点方面的看法来决定的。这个品牌化要素会影响用户对该搜索引擎上一个给定查询请求的结果进行点击的数量。

阶段三：选择单个链接。

第三个要素指的是，评估特定搜索引擎上的给定查询的 SERP 上的单个链接。这取决于用户对该特定搜索引擎的感知和对特定链接的各个方面（排名、标题、摘要、URL）的感知。这会影响对给定链接是否相关的评估。有关研究表明，这也会涉及一种信任元素，即链接是否是赞助搜索结果。[8] 麦克尼斯（Koufaris）和汉普顿·索萨（Hampton Sosa）认识到，公司名誉及其定制产品与服务的意愿会显著影响最初的信任。[47]

阶段四：评估页面。

赞助搜索广告中品牌化的第四个要素涉及登录页面。前三个要素取决于用户对一个搜索引擎的总体看法，品牌化的第四个要素完全取决于网站本身的一些方面，包括内容、信任、职业形象、易用性和品牌知识。一旦用户离开搜索引擎，似乎任何搜索引擎品牌对网站评估的迟滞效应几乎为零。这个效果就是，一旦搜索引擎——任何搜索引擎，把用户带到网站，前者的品牌化几乎无法为网站带来价值（实现网站关于访客的目标，比如进行交易）。

对广告主来说，言下之意是很清晰的——网站品牌化是一个多阶段问题。广告主用来做广告的主流搜索引擎的品牌在性能评估方面具有一定的价值，这会影响用户访问一个特定搜索引擎时的决策和对搜索引擎整体效果的评估，这种评估可由用户离开 SERP 前执行点击的数量来衡量。

搜索引擎的品牌也会影响用户对单个链接的评价。这多少会受链接片段（link snippet）本身调节作用的影响。标题、摘要和 URL 都会影响用户如何看待一个特定的链接。这似乎符合先前研究链接片段方面的一些工作。詹森和雷斯尼克（Resnick）的研究表明，标题是相关性的一个决定因素，然而，广告的标题—描述组合是给定链接的非相关性的决定因素。[8] 在以前其他非因特网的广告形式中，我们已经发现了这一点，标题是任何广告中被最多人阅读的部分。[2]

霍奇基斯（Hotchkiss）注意到，SERP 上的单个链接显示方式的微小改变就能影响用户评价。[48] 因此，搜索引擎的品牌可以帮助或阻碍用户评价，内容提供商给页面加标题、呈现 URL 和总结登录页面的方式也会影响用户评价。此外，链接的排名对用户评价也有重大影响。一些研究表明，搜索引擎选择呈现链接的排名对该链接的用户评价有着重要的影响。[49, 50] 甚至当链接的排名被改变，结果列表中的可能不太有用的链接被排在高位时，搜索引擎信任的偏差仍然是显著的。[51]

最后，哪个搜索引擎将流量送到网站并不重要。一旦用户离开搜索引擎，网站品牌方面则开始接管后续的用户行为与反应。网站内容对于用户查询请求或信息需要的相关性、用户对页面职业化的感知、用户对站点的信任以及其他要素（如加载时间）都会造成用户对网站和品牌的正面或负面的看法。因此，一旦用户处于网站上，把访问转化为可执行结果的责任就由内容提供商承担了。现在可以肯定的是，广告和登录页面内容之间必须有一个认知联系。

品牌关键字短语

一直有一个疑问，即是否应该竞标品牌关键字短语。[52] 品牌关键字短语（branded keyphrases）指的是，那些涉及你的公司名称（包括官方的、非正式的和拼写变体或错误拼写）的短语。一般而言，品牌关键字短语（如谷歌、苹果）并不涉及具体的产品名称（如 Buzz，iPod），除非产品名称包含公司或业务名称（如谷歌地图、苹果 iPod）。

品牌关键字短语通常是下述四种类型中的一种：[53]

- **品牌纯正关键字短语**（brand-pure keyphrases），包括品牌词（单数或复数）本身、错误拼写和衍生词。品牌纯正关键字短语是一个最狭隘、最聚焦的品牌关键字短语集合。通常，这些词汇被隔离成一个独立的广告组或广告系列。
- **导航品牌关键字短语**（navigational brand keyphrases），包括“品牌网站”“品牌主页”“品牌公司”“品牌城市名称”，甚至“www. 品牌 .com”（如实证检验表明，人们搜索 URL[54]）以及许多其他类似的词汇。导航品牌关键字短语是当搜索用户试图寻找你的公司网站时用到的一个品牌关键字短语集合。
- **品牌相关关键字短语**（brand-related keyphrases），包括可能与品牌有关联的执行名称以及类似的词汇和短语。当你分析品牌纯正关键字短语的最初宽泛匹配（包含关键字短语各种变体的一种匹配选项）搜索结果时，会开发出许多这类词汇。

- **“品牌 +”关键字短语**（brand-plus keyphrases），包括你的品牌，再加上类别、产品或其他关键字。这些关键字短语经常与其他非品牌关键字混合使用。

无须竞标品牌关键字短语的论据通常是，这些关键字短语在自然搜索结果中的排名已经表现得很好了。现在我们为什么需要为已经免费得到的东西付费呢？

当然，这个问题可以并应该针对一个特定的广告主进行实证检验，因为每个上下文场景都有些不同。实证检验的结果通常是，（自然搜索和赞助搜索的）总体点击率高于自然搜索或赞助搜索单个的点击率。然而，关于总体转化率是否也会增加的证据则比较有限。虽然转化的总体百分比会增加，这与点击量的增加有很大的相关性，但是似乎转化率并没有受到影响。

虽然这些关键字短语需要与非品牌关键字短语进行区分，但从实证的观点来看，竞标品牌关键字一般来讲是有道理的。

从概念化的观点来看，竞标品牌关键字同样也是有道理的。顾客选择集的概念是支持这一启发式方法的理论基础。

顾客选择集

顾客选择集是竞标品牌关键字短语的基础，其中消费者选择是一个非常微妙的领域。这个想法是，屏幕房地产仅仅这么多。如果你不占有赞助搜索广告位，其他一些广告主就将这么做。这增加了顾客选择的方式，对你来说是不利的，因为它赋予了你的竞争对手向你的潜在顾客介绍其品牌和产品的机会。

这是广告封锁（advertising blockage）的概念基础，即在一个特定的时间或地点，一个广告主买断所有可用的广告出口。

我们可以从消费者选择集这一基础构念中导出顾客市场细分和顾客品牌形象的概念，[56] 如下所示。

- **顾客市场细分：**在一些搜索情景中，消费者完全将注意力集中于赞助搜索列表，那么你的广告就需要出现在那里，从而向这个细分市场进行推广。

- **顾客品牌形象**：顾客可能期望在赞助搜索列表中看到你的品牌广告。当你的广告没有出现时，这可能将导致一个负面的品牌形象。

因此，不管从实证还是从理论观点来看，一般来讲，竞标品牌关键字都是有意义的。然而，如广告中一如既往的说法："测试，度量，再调整"。但是，竞标品牌关键字短语是一个不错的开端。

我们已经掌握这些品牌化的基础知识，现在来考察赞助搜索的另外一个基本要素：广告。

赞助搜索广告中的广告

我们频繁地提及我们的关键字广告工作。关键字部分是相当明显的。但是，广告呢?

斯塔奇（Starch），现代广告技术的开发者之一，曾经说"广告是印刷媒体的销售方法"。[57, p5] 施瓦布认为广告的目的就是让人们购买产品（或服务）。[58]

广告并不是随赞助搜索平台一起出现的。现代广告是随着19世纪末和20世纪初大规模生产的崛起而发展起来的。正如几十年来实践与科学研究所详细记录的，[2, 3, 4, 59] 许多与初期广告相同的构想和原理都是赞助搜索广告所固有的，在大部分情况下是被重新发现的。[2, 59, 3, 4]

在一种严格的行为意义上，通过朗朗上口的短语，如"眼球（注意力）是珍贵无比的"，我们可以把广告与眼球（注意力）联系在一起，使自己的广告消息能够被人们看到。通常来说，看到广告的人越多越好。[5] 任何广告工作必须在一定程度上，解决广告的3W问题。[2, p5]

- **在哪儿**（where）做广告。
- **什么时候**（when）做广告。
- 在广告中讲**什么内容**（what）。

广告元素的定义

广告通常包含一些关于产品、服务或组织的简述。广告消息包括产品（或服务）如何有益于消费者。也就是说，它包括产品（或服务）所能满足的消费者需要、愿望或欲望。

广告的目标是说服消费者现在或将来购买一种特定的产品（或服务）。广告的目标是让人们行动起来。从这个意义上来讲，广告是通过一则赞助消息来呼吁公众注意某事的活动。同样，广告与品牌是紧密同步的，特别是品牌知识、品牌形象和品牌回忆。

通常广告是需要付费的，其一般被认定是由赞助的或者被某些组织购买的。通过包含一个清楚而明显的声明来标明广告为某种形式的“付费内容”，这便在表象上去除了欺骗性。

更正式地讲，广告是“任何关于组织、产品、服务或一个明确的赞助商的想法的非个人沟通的付费形式”。[61，p9] 这种沟通经由某些选定的媒体来实施，通常需要为消息发布支付费用。[62]

需要注意的是，在这个定义中，我们并不考虑一些营销形式，如口碑和病毒营销。这些营销形式与广告有些相似的地方。我们认可这一重叠，并指出概念之间的界限很少像我们希望的那样清晰。

不管怎样，我们可以把这个通用的广告定义扩展到因特网上：

在线广告指的是，一个公司通过付费或者做出某种类型的财务安排来在其他人的因特网空间中张贴广告信息，并试图实现广告主的目标，比如产生销售或品牌认知度。[5]

我们也可以把这个定义缩小到赞助搜索广告上：

赞助搜索领域的广告指的是，被赞助搜索平台展示在搜索引擎结果页面、网站或其他因特网页面上的一则消息，是搜索引擎和广告主进行商业合作的一种结果。

如同其他形式的广告，赞助搜索广告的目标是说服潜在顾客购买或者采取与广告主的产品、服务或企业有关的某种行动。虽然在形式上有所不同，但赞助搜索广告的核心仍然是进行说服沟通的一种形式。

谁是赞助搜索广告主

广告主指的是那些为广告支付费用的人或组织。他们通常是购买时间或空间来达成营销或社团目标的公司或组织。[5]

广告主为了与消费者进行沟通而为广告付费，在赞助搜索广告中也是这样。赞助搜索广告的目标至少取决于三个要素。

- **市场容量**：一种特定产品（或服务）的市场需求有多大？
- **受众数量**：这种产品（或服务）的潜在顾客有多少？
- **广告预算数量**：广告主负担得起的费用是多少？

根据不同的广告目标，广告主与消费者之间的沟通可以采用不同的形式。

虽然在最基本层次上确实如此，注意力并不能直接被转化为商业目标的实现。相反，我们需要抓住广告的核心。

广告的核心是一种说服性沟通的商业形式！商品买卖就是会话，[63] 而因特网也是一种会话。[63] 那么，通过赞助搜索广告，你拥有大量的沟通机会！

说服性沟通指的是采用理性和感情方式引导人们采纳一个想法、态度或行为的过程。说服是社会影响的一种形式。

说服性沟通是凭借呼吁来解决问题的一种策略。这就是广告试图要做的。一则广告的目标就是呼吁潜在顾客现在或将来购买你的产品（或服务）。

□ **集锦**

17世纪30年代，法国人塞弗斯特·雷诺多（Theophraste Renaudot），在报纸《法国公报》(*La Gazette de France*) 上投放了第一则广告。

《法国公报》似乎是第一个在其页面中包含付费广告的商业刊物。这使得报纸降低了价格，扩大了读者群，并提高了利润。

很快，几乎所有的报纸都效仿了这种广告方式。

短语“广告中介”源于 1842 年，当时沃尔尼·帕尔默（Volney B. Palmer）在费城开始提供广告服务。这件事被广泛认为是现代广告的起源。它标志了一个创意产业的开端，这个产业彻底改变了商业实践。[64]

同样，广告作为一种说服性沟通方式解决了如下需求：

- **顾客知晓**（使得潜在顾客意识到某种产品或服务是可获得的）
- **提醒顾客**（提醒潜在顾客，他们可能需要一种特定的产品或服务）
- **获取更多顾客**（扩大一种特定产品的市场）
- **改善商务**（扩展产品或服务的范围）

如同其他广告渠道一样，我们把赞助搜索广告视为一种纯粹的广告媒介。其目的包括鼓励潜在消费者进行信息搜索，促使这些搜索用户进行直接行动，把搜索用户的需求关联到我们的广告和产品，鼓励先前的顾客回想起过去产品（或服务）的满意度（提升好的品牌记忆）以及改变先前的顾客的态度或增强其态度（巩固好的品牌忠诚）。

基于这种说服性沟通的构念，我们可以从广告中发现一系列用来获得注意力，产生情感或强烈的行动感召的词汇。这些词汇已被证实是有说服力的。

- 免费
- 崭新
- 便宜
- 销售
- 特别优惠

- 限时优惠
- 技巧
- 秘诀
- 提高
- 发现
- 事实
- 学习
- 最后
- 免费送货

□ **集锦**

广告最有效的经验法则之一就是多看多说。这条法则得到了大众传媒广告（特别是电视广告）的实证证据支持。

简而言之，多看多说指的是：

- 能够**看到**产品
- 同时**说出**关于产品的词汇

这个概念虽然出自大众传媒，但是也完全可以移植到赞助搜索广告中。产品的图片与其名称同时被呈现出来。这样，搜索用户就可以在阅读随附文字的同时看到产品。

强烈的行动感召也是基于说服性沟通构念的，比如：

- 今天就购买
- 节省 50%
- 现在下载免费试用版
- 销售明天结束

□ **集锦**

广告中有一条有趣的原则，被称为第三人效果（third-person effect）。

从根本上说，第三人效果指的是人们观察广告和其他方面时的一种倾向，即假设其他人将受广告影响而他们自身保持不受影响，一眼就能看出来，等等。然而，实证证据表明，通常我们自身也如同其他人一样受到广告的影响。

那么，这是一种个人倾向，即假设沟通施加于他人的影响大于自己。

然而，第三人效果并不是在所有上下文场景或环境中对所有人都适用。当广告中不包括对个人有益的推荐时，当这个问题对个人来说很重要时，或者当对来源缺乏信任时，这种效果似乎特别流行。[65]

广告技术

广告技术指的是广告主可以用来说服潜在顾客的工具，其通过吸引注意力、有效参与、触发情绪和改变主意以及其他所有的努力来实现广告目标。

□ **集锦**

通常，你的产品或公司最好能够同时出现在自然搜索和赞助搜索列表中，因为这将引起点击量的提升。

如先前所讨论的，用户选择集的构念是支撑这一实践的基础。

这一提议的广告实践支撑可能在于广告封锁的概念，即一个广告主控制了针对一个特定消费者群体的所有媒介渠道。

因为有些搜索用户仅看自然搜索或赞助搜索列表，所以在 SERP 的两种列表上同时出现可能会引起点击量的提升。

历史上最著名的广告封锁是 1964 年的福特野马轿车。沃尔特 · 汤普森（J. Walter Thompson）的广告公司——福特广告工作的牵头机构，购买了当天美国所有可用于发布广告的电视时间，晚上 9：30 ~ 10：00。

那天晚上，75% 的美国人都在交换频道观看这个商业广告。[66]

大量广告研究聚焦于广告结构，更确切地说，即识别并对消息的特征进行分类。

福尔斯（Fowles）[67] 利用针对潜在消费者的需要、愿望或欲望的电视广告，识别了 15 种经典的广告诉求，包括：

- **性的需要**。尽管当这类广告出现时会获得很多注意，但在广告中性的使用却特别少，虽然这取决于你如何定义性。举例来讲，在许多关于车的广告中用到了相貌出众的男人和女人。
- **归属的需要**。迄今为止，使用这种方法的广告最多，因为人们似乎有一种内在的隶属于更大组织实体的渴望。举例来讲，广告呈现给一个坐在早餐桌周围的家庭。
- **养育的需要**。这是父亲或母亲本能的一种诉求，这似乎也是众多内在特质中的一种。举例来讲，母亲和婴儿的广告。
- **指导的需要**。这是渴望别人关心的一种诉求，你将无须再为一些烦心事担忧。这也与快速解决问题的需要有联系。举例来讲，纠正税单或减肥的广告。
- **攻击的需要**。这是报复或扯平的一种基本倾向。举例来讲，涉及邻居或学校里另一群孩子的广告。
- **成功的需要**。大部分人想要成功，这一般意味着获得成就。人们完成某种困难事情的能力可以使产品象征着成功或胜利。举例来讲，体育明星作为发言人树立了这种形象。
- **支配的需要**。这再次与限制获得权力的问题或感知到的缺点相关联。举例来讲，一些口号如“掌握所有的可能性”。
- **声望的需要**。人们通常想要被羡慕、被尊敬，或者拥有高社会地位。举例来讲，拥有雅致的瓷器、经典的钻石和华丽的衣服的人。
- **关注的需要**。我们想要被人们注意，或者我们想要被别人以一种积极的方式来看待。化妆品是这种广告的一个例子。
- **自主的需要**。在一个拥挤的环境中，我们想要被挑选出来或者个人独立。这种方法也可能以一种负面的方式被使用：如果你不使用一种特定的产品，你就可能会被遗忘。举例来讲，根据某些服装在一群人里强调某一个人的广告。

- **逃脱的需要**。逃离和逃脱的欲望是非常吸引人并令人愉快的。你可以想象你不可能有的冒险经历。举例来讲，关于遥远的度假胜地的广告。
- **安全感的需要**。即免受威胁和安全。举例来讲，许多保险和银行广告的诉求。
- **审美感的需要**。即美丽会吸引我们。经典艺术或舞蹈使我们感觉到创造性和得到升华。举例来讲，关于经典艺术作品或表演的广告。
- **满足好奇心的需要**。即利用事实支持我们的观点。信息是可计量的，数字和图表使我们的选择看起来很科学。举例来讲，广告中精确折扣的使用，或使用一种产品带来的具体改进。
- **心理的需要**。人们有这种类别的某些需要，如睡觉、吃饭和喝水。那么，我们可以看到关于食物、饮品、睡眠辅助、药品等解决这些心理欲望的广告。

□ **集锦**

在《吸金广告》(*CA$HVERTISING*) 一书中，德鲁·埃里克·惠特曼 (Drew Eric Whitman)[60] 概述了八种生命动力，都是受生物机制决定的人类愿望。

1. 生存、享受生活……延长生命
2. 享受食物与饮料
3. 免受恐惧、疼痛和危险
4. 性伴侣
5. 舒适的生活条件
6. 高人一等……胜利……与人攀比
7. 关心与保护自己所爱的人
8. 社会认同

惠特曼也概述了九种次要欲望，如下所示。

1. 获得信息

2. 好奇心

3. 身体与周围环境清洁

4. 效率

5. 便利

6. 可靠性 / 品质

7. 美丽与风格的表达

8. 经济 / 利润

9. 廉价品

这些看起来都是合理的愿望和欲望，也是广告工作的目标所在，并与基本人类需要的研究一致。

广告类型

我们可以把广告分为三种大类：品牌广告（brand advertising）、直接反应广告（direct response advertising）、定位广告（positioning advertising）。

品牌广告

品牌广告的目标是在品牌和消费者之间建立成功与正面的联系。通过这种成功的联系，企业及其产品（或服务）对顾客来说变得家喻户晓。这种联系包含与舒适、信任和注意有关的元素，即我们试图通过说服性沟通而建立的关系中的核心元素。

□ **集锦**

宝洁公司是进行品牌广告工作最成功的企业之一。由于其巨额广告预算和冗长的零售商品清单，宝洁公司对美国乃至全世界的广告实践有着重大的影响。

20 世纪 30 年代，宝洁公司赞助开发了一档广播节目，并于 20 世纪 50 年代设计了一系列电视节目，除了想要接触最可能购买其产品的受众，即留在家里的家庭主妇之外，并无其他目的。

因此，术语“肥皂剧”就是因为这些节目期间的广告通常是关于家庭用品（比如肥皂）的。

在因特网上，我们会看到一个类似的过程，企业努力吸引新的消费者，这意味着要在超出赞助搜索广告的牵引力（pull）方面进行进一步探险。

这时的有效营销就需要一个从购买广告空间到开发能够吸引消费者的在线场所的转变，包括数字资产比如关于产品的网站、培养口碑的方案、根据上下文场景和消费者定制广告的应用程序和社交网络站点的页面。

虽然这种转变非常困难，而且似乎充满风险，但是鉴于这种品牌广告缺乏度量标准，企业可以获得大量的在线展现机会（就像宝洁公司在广播和电视媒介上所做的）。

通过这些展现机会，企业可以影响在线口碑，利用工具跟踪和监控关于品牌的在线会话，然后对会话进行回应或者积极主动地参与会话。

直接反应广告

通过直接反应广告，企业可以直接销售产品（或服务）给消费者（无须中间商），后者可以是个人或另外一家企业。大部分广告费用都花在了直接反应广告上。直接反应广告是广告的引擎，因为大部分广告信息的目的都是明确地向目标受众推销特定的产品（或服务）。[70] 直接反应广告真正处于赞助搜索广告的核心中。

□ 集锦

下面是一则名垂史册的直接反应广告的标题：

当我坐下的时候他们哄然大笑

在钢琴旁

而不是当我开始弹的时候！

这是约翰·卡普斯（John Caples）制作的一则关于邮购钢琴教程的广告

的标题。他本人被许多人认为是有史以来伟大的文案作者之一。

他是一个拥有49年经验的文案作者，撰写了（除了大量广告之外）数篇关于制作广告的文章和著作，包括经典的《经过验证的广告方法》（*Tested Advertising Methods*）。[2]

他在推出一种基于实证数据与测试的新广告风格[71]的过程中，创作了上述钢琴教程广告的标题与随附文案。

这件事情发生在很多年前，远远早于赞助搜索广告提供在线跟踪广告的方法。卡普斯通过使用优惠券、折扣代码和电话号码来跟踪广告！

定位广告

定位广告的目的是向市场慢慢灌输一个单句、口号或形象，使一个品牌（无论是企业还是产品）能为众人所知。定位广告被用来在拥挤市场中接触目标顾客，其唯一的目的就是提高品牌知晓度。

定位广告是必需的，因为消费者长期被连续的广告消息流轰炸。消费者通过接受与预期先验知识或经验一致的消息，或者他们认为在一个特定上下文场景中是相关的消息，来对如此大量的广告做出反应。

进行产品定位有多种方式，比如：

- 通过产品**差异化**
- 通过产品**特质或效益**
- 通过**价格或品质**
- 通过产品**用户**
- 通过产品**用途或应用**
- 对照于一个特定的**竞争对手**
- 对照于整个**产品类别**
- 通过**联系**（如从一种产品到另外一种产品）
- 通过**问题**

□ **集锦**

酒香不怕巷子深。

这则人尽皆知的谚语的意思是，产品做得好就无须做广告，因为高品质的产品会通过其特质进行自我销售。

这则谚语字面上的起源可以追溯到中世纪——大多数人能够阅读之前。因此，店铺或商店在外面挂出其货物图片的标牌。这样一来，潜在顾客就会知道这些商店出售什么产品。

在这种上下文场景中，售酒的商店在其建筑外面张贴一张挂满葡萄的灌木丛图片。这样饥渴的酒徒就会知道里面有酒喝。

然而，"酒香不怕巷子深"这则谚语是为出售好酒的商店而作的。每个人将很快听说这个消息并蜂拥而至，而不管外面的标牌上是什么。

当然，我们再也听不到这样确切的谚语了。

然而，我们确实听到与它等同的现代说法，如"高品质的产品会自我销售"。

广告是向消费者传达关于产品（或服务）的信息的一个关键过程。然而，企业还必须参与一些其他方面的工作。这些方面被捆绑在一个被称为市场营销的概念中。

赞助搜索广告中的营销

营销理念是基于企业必须分析潜在消费者的需要，然后进行商业决策来解决这些需要这一前提的，从而它与品牌化和广告是有所区别的（虽然这三者之间有许多重叠和协同）。为了取得成功，企业必须比竞争者更好地满足顾客的需要。

正因为如此，营销的关键驱动因素是：

- **顾客的欲望**
- 解决这些欲望的**可能性**
- 顾客**满意度**

这些驱动因素的结果就是营销理念，其重点在于：

- 开发产品之前专注于潜在顾客的**需要**
- 调整公司的**职能**以便集中精力来满足这些需要
- 通过长期满足顾客需要来实现**利润**

取得这些成果的过程称为营销。营销归根到底是关于与顾客进行联系的。在20世纪60年代，经济学家菲利普·科特勒把营销观念从一组特定任务转换为一个整体的系列活动。[72] 科特勒把营销看作一种社会过程，其中个体通过交换产品来获得他们需要或想要的东西。[72]

具体来讲，营销是创造、沟通、交付和交换对顾客、客户、合作者和整个社会来说有价值的产品的活动、制度与过程的活动。[5] 市场有不同的类型，包括企业对消费者（business to customer)、企业对企业（business to business)、消费者对消费者（customer to customer)、消费者对企业（customer to business）以及中间商（reseller)。这样的话，顾客可以有所不同。

更具体来讲，营销包括用来识别、创造和维持企业与顾客关系，从而为顾客和市场营销人员带来价值的战略和战术。[73] 如同广告一样，沟通的概念是营销所固有的。这样，营销包含一些要素，即能够与品牌化和广告结合起来共同发挥作用或者在概念上涵盖后两者。

与广告类似，营销需要理解消费者如何进行决策。一旦确定了消费者如何决策，营销就将商业战略（可能包括品牌化和广告的一些方面）和资源集中于对消费者最有影响力的接触点上。

这些消费者接触点通常在购买漏斗的比喻中被考虑到（见第5章)。消费者开始于心目中的一些潜在品牌（又称为漏斗的宽端)，然后，当他们有条不紊地减少品牌数量并穿行于漏斗时，企业就针对他们进行营销。最终，他们与所选择购买的一个品牌一起出现。正如在消费者行为的章节中讨论的，购买漏斗是一个面向企业的范式。[74]

如何引导消费者穿过购买漏斗呢？

这个问题的答案在于营销的核心。为了回答这个问题，我们必须考虑营销活动、原理和产品层次。

□ **集锦**

许多书籍和文件指明，因特网和万维网是改造了营销的技术手段。

然而，没有哪本书能够产生与《线车宣言》(*The Cluetrain Manifesto*) 一样的影响。它取得了一个无可非议地位，并受到疯狂追捧。

《线车宣言》的核心是被组织成在线市场中的企业行动纲领的“九十五条军规”。

里克·莱文（Rick Levine)、克里斯托弗·洛克（Christopher Locke）和戴维·韦因贝格（David Weinberger）于 1999 年撰写了《线车宣言》; 2000 年，以上作者以及多克·锡尔斯（Doc Searls）合著的一本书，详细地说明了“九十五条军规”。

虽然宣言提出了几个要点，但其核心是，因特网促成了企业对消费者和消费者对企业的前所未有的沟通层次。

宣言还为企业提出了一个行动纲领，来对这种新市场环境做出反应。

你可以在万维网上查阅《线车宣言》全书。

营销活动

营销活动可以分为五种类型，帮助市场营销人员在这些接触点来满足消费者的需求。[75]

- **优先考虑**目标与支出
- **定制**消息传递
- **投资**消费者驱动的营销
- **打赢**店内（或在线）战
- **整合**所有面向顾客的活动

接下来，我们将详细阐释上述每一种营销活动。

优先考虑目标与支出

虽然最常见的就是对购买漏斗末端的关注，即建立知晓度或者在准备购买的现有顾客中产生忠诚度，但是购买漏斗中还有其他许多可能的接触点。[76] 你可以在研究和决策阶段通过向潜在顾客提供正确且有针对性的信息来影响其购买决策。为了达成这一目的，产品的营销工作可能需要从聚焦于品牌定位（brand position）转变为更有针对性地强调顾客进行购买的价格或便利性。

定制消息传递

为了接触特定的客户，在购买漏斗的任何阶段赢得顾客，营销消息或许需要做一些改变。因此，径直穿过所有阶段的一般消息可能并不奏效，因而需要被替换为在购买漏斗中解决具体问题的消息，如初步考虑或对选择集的主动评价。

投资消费者驱动的营销

在购买漏斗中，知晓类型的查询请求（awareness queries）常常是有利可图的。[76] 在顾客到达搜索过程的任何正式购买阶段之前，这些都是吸引新顾客和潜在顾客的好地方。因此，当消费者寻求信息、评论和推荐时，企业投入搜索过程的这些主动评价阶段是值得的。

打赢店内（或在线）战

即使有网上购物的支持，许多消费者进入（实体）商店之前并不进行购买。这样，线上和线下营销的整合必须同步才能真正有效。与实体店相一致的在线销售和包装形象是非常重要的销售因素。消费者还想要看看和检查正在运行的产品。这些可以通过视频、图片和用户评论的链接来完成。线下和线上整合对营销和销售来说已经变得十分必要。

整合所有面向顾客的活动

顾客所能看到的企业不同方面，比如网站、杂志、忠诚计划、社会媒体和赞助搜索广告，必须协调一致、相互同步，来向顾客发送一致的营销消息。

营销原理

营销的一个目的是获得关于顾客、竞争对手、行业和企业自身其他方面的知识。为了使营销取得成功，顾客和营销人员都必须感觉到他们得到了一些有价值的东西，作为其努力的回报。如果没有强烈的价值感知，就不可能建立良好的关系。

但是，如何实施这些活动以及相关的战略与战术呢？营销活动的经典要素集合被概括为 4Ps：产品（product）、价格（price）、渠道（placement）和促销（promotion）。[7，78] 4Ps 可以追溯到 20 世纪 50 年代早期，当尼尔 · H. 博登（Neil H. Borden）重新定义营销经理的角色时，他把营销组合介绍为一个整体的战术集合，其被用来实现组织目标，并与顾客建立一种紧密、高价值的关系。[77] 1964 年，博登发表他的文章《营销组合的概念》（The concept of the marketing mix）之后，"营销组合"这一术语变得流行起来。博登在 20 世纪 40 年代就开始在其教学中使用这一术语，虽然他将其归功于另外一位教授，詹姆斯 · 库里顿（James Culliton），因为实际上是后者最早把营销经理描述为"要素组合者"（mixer of ingredients）。[77]

博登营销组合中的要素包括产品规划、定价、品牌化、分销、个人销售、广告、促销、包装、展示、服务、物理处理、事实发现与分析。

20 世纪 50 年代后期，麦肯锡（McCathy）把营销组合中的变量压缩为四个主要类别，也就是现在所熟知的营销 4Ps。

- **产品：**选择产品的有形或无形效益。
- **价格：**确定一个合适的产品价格结构。
- **渠道：**使产品对顾客来说是可获取的。
- **促销：**在目标受众中创建产品的知晓度。

在一个给定的场景中，4Ps 之间的重叠提供了拥有特定目标受众、目标市场和潜在市场的业务，如图 6-3 所示。

所有 4Ps 重叠的区域就是企业的目标市场，因为这代表了对你的产品感兴趣、有能力购买、处于正确的渠道中且会回应促销的消费者。

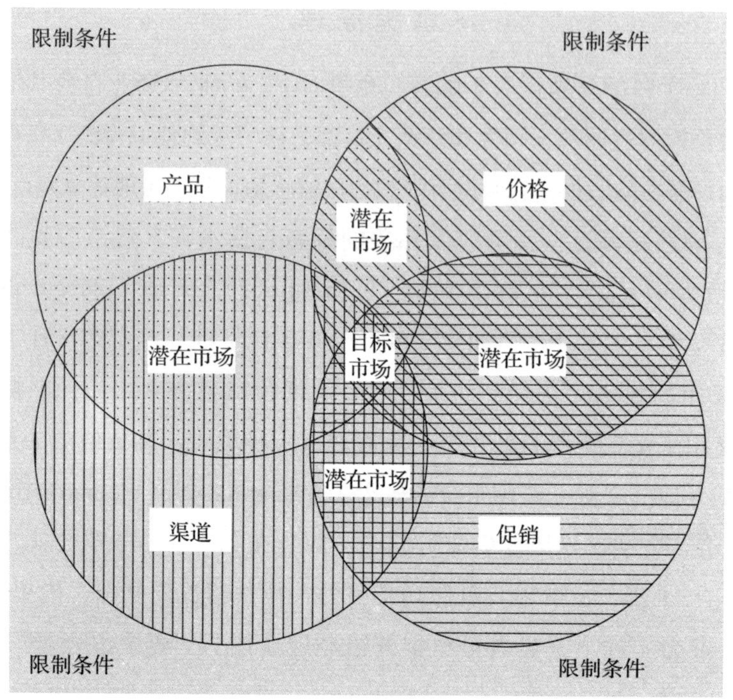

图 6-3 4Ps 的重叠区域可用来识别目标市场

还存在一些潜在市场，在其中几个（但不是所有 4 个）P 都符合标准的消费者群体。对于这些消费者来讲，在某些情况下（如折扣、减价出售或有替代产品）他们代表的可能是潜在购买者。

最后，4Ps 在市场固有的限制条件下运转，比如经济条件、竞争因素、社会趋势、技术和政策性规定。

自麦肯锡以来，[78] 额外的一些 P，以及一些 C 被补充进营销组合。我们聚焦于 7Ps（产品（product）、价格（price）、促销（promotion）、渠道（place）、包装（packing）、定位（positioning）和人（people））和 3Cs（顾客（customer）、竞争（competition）和公司（company））的组合。因为产品、市场、顾客及其需要变化得很快，企业必须持续不断地重新审视 7Ps 和 3Cs，以确保其处于正确的轨道上，并实现尽可能最好的结果。

7Ps 和 3Cs 具体详述如下。

产品

产品可以是开发或制造的有形物体、无形服务或无形的数字内容。有形物体指的是你可以接触和感觉的东西，比如书和计算机；无形服务包括预订度假和预订酒店房间；无形内容指的是数字媒体（想象一下比特而不是原子）如铃声、歌曲和软件。那么，我们在广义上使用产品这一术语来包括产品和服务，不管其是有形的还是无形的。通常，产品存在于一个生命周期中，其包括一个增长期，随之是一个增长衰减期并逐渐稳定下来，直至产品接近市场成熟。然而，增长率并不等同于收益率，而许多稳定的产品对公司来说仍然是收入来源。

一家公司想要在市场中保持竞争力，就需要实现产品差异化。产品差异化指的是使你的产品区别于市场中其他产品的过程与方法。它可以是从新特性到特殊包装中的一个环节。对于消费者来说，与产品差异化有关联的是产品的水平（或效益），我们随后将对其进行深入讨论。

在赞助搜索广告中，广告主必须使其产品的特征、属性或提供物区别于其他产品，以便把产品与目标受众联系起来。

价格

价格是企业出售其产品而获得的货币数量。定价方案有几种，包括从购买时全款支付的价格到随着时间支付的带息分期付款。价格是一个绑定到产品的关键元素，在消费者心目中它是一些产品特征的象征。这些特征包括状态、质量和价值。因此，企业必须持续地检查给其产品（或服务）设定的价格，以确保它对目标细分市场来说是合适的。

在赞助搜索广告中，价格是一个关键的产品属性。接近于购买阶段的消费者将会在线搜索产品价格。与价格有关且引人注意的关键字短语有许多，包括折扣、减价出售和免费。

□ **集锦**

一种产品（或服务）的定价可以真的很棘手。两个例子可以证明这一说法，分别是**声望定价**（prestige pricing）和**分数定价**（fractional pricing）。

> 声望定价指的是一种对给顾客留下附加价值印象的产品（或服务）收取较高费用的实践。声望定价利用了人们把价格与质量联系起来的观念。那么，一件高价产品被认为比一件类似的但价格明显较低的产品质量更好。
>
> 分数定价指的是把产品价格设定为尾数价格或略低于一个大整数（如9.99元、19.99元、9.97元等）的实践。分数定价的依据是心理定价理论，即消费者会忽略尾数而并不会适当地向上取整。

促销

促销包括企业就其产品（或服务）与顾客进行沟通时使用的所有途径与媒体。促销指的是企业如何在市场上出售其产品（或服务）。当然，一个企业必须兼顾有效沟通和成本效益。

促销与赞助搜索广告显著地关联在一起，因为文案作者常常可以通过简单改变广告标题来提高赞助搜索广告的响应率。[2] 这个改善来自持续的广告测试。一个经验法则是，任何广告文案或促销今天奏效，而最终将会无效，因为消费者的口味会改变，竞争对手会抄袭广告的精华之处，或者产品会改变。因此，促销技术、方法、提供物和战略需要持续更新。

通常认为促销者有六种不同的要素，虽然其之间存在一定的交叉，如下所示。

- **传统广告**，又称“线上广告”（above the line advertising），[79] 指的是印刷媒体、广播媒体和支持媒体中包含的任何沟通形式。
- **公共关系**，关注于保持一家企业的公众形象，通常包含官方但无偿的沟通形式，比如新闻稿、陈列展示、会议、研讨会、贸易展览会和事件。
- **个人推销**，主要指的是口碑，也可以是消费者、满意的顾客、专门从事制造口碑势头的人所开展的任何非正式的与产品有关的沟通形式。
- **促销活动**，指的是销售人员开展的具体工作，最值得注意的常常是口碑、演示、优惠券和交易。

- **直效营销**，指的是通过直接与顾客进行对话的沟通来接触顾客的营销形式。
- **因特网 / 互动营销**，指的是在因特网上对产品或服务进行的营销形式，包括赞助搜索广告。

然而，广告与赞助搜索广告密切相关。上述其他促销活动可以在一个整合营销工作中进行协调同步，从而能够助赞助搜索广告一臂之力。

□ **集锦**

曾经开展得最成功的促销活动之一，也是阐释做些小事就可以使现状大大改观的一个精彩例子，就是 Hotmail 的病毒式促销。它使用现有顾客的社会网络来发展客户基础。

萨比尔·巴舍（Sabeer Bhatia）和杰克·史密斯（Jack Smith）于 1996 年 7 月 4 日创建了 Hotmail。它是第一个基于万维网的，并对大部分因特网用户免费的电子邮件服务。Hotmail 这一名称是超文本标记语言（HTML）和邮件（mail）两个词的合并。

在发行后的五个月内，Hotmail 拥有 800 万名订阅用户，并于第一年年底增长至 1200 万名。

Hotmail 怎么这么快就能产生如此庞大的用户基础呢?

当然，Hotmail 作为第一家向一般因特网用户群提供免费电子邮件服务的公司，通过电视、报纸以及其他大众传媒渠道产生了大量免费的新闻。换句话说，它们本身是有新闻价值的。这些媒体关注必然产生一些顾客。

然而，进一步促进它们成长的是一个简单策略，即利用现有 Hotmail 顾客的社会联系。

Hotmail 在所有外发邮件的下面放置了一个小签名，并向电子邮件的接收者提供一个链接来注册 Hotmail（“在 Hotmail.com 获得你的基于万维网服务的免费邮箱”）。

这个非常简单的促销策略非常成功，带来了一个令人难以置信的增长速度。两年之内，在完全没有使用因特网横幅广告或电视广告的情况下，

Hotmail 拥有了 3000 万名订阅用户。这几乎完全得益于这个病毒营销技术。

Hotmail 在电子邮件末尾放置促销信息的简单行动是利用现有受众的一个经典例子，而所有这一切都是无干扰的。

渠道

渠道指的是产品（或服务）在市场中实际被出售的场所。它是顾客可以购买产品（或服务）的地方。一家企业可以在许多不同地点出售产品（或服务），而有时一个小的改变就可能会对销售产生显著的正面影响。

在市场中有各种不同的这种渠道，包括物理的和虚拟的。一些企业通过销售人员直接出售产品给顾客，另一些则通过电话营销出售产品。一些企业主要在实体店或其他企业的零售设施中出售产品，另一些主要通过目录或邮购运作，而还有一些则通过贸易展览出售产品。一些企业通过与其他类似的产品或服务联合经营出售产品，其他一些企业则通过制造商代表或经销商出售产品。当然，也有很多企业通过因特网出售产品。企业常常使用上述方式中一种或几种的结合，从而被描述为多渠道市场营销者。

确定顾客在购买时接收重要购买信息的（一个或多个）最佳渠道是一个关键的营销决策。

无论渠道的类型和数量怎样，赞助搜索广告工作必须了解每一个可用的购买渠道和如何引导顾客到达合适的购买渠道。

包装

包装指的是你的产品（或服务）如何出现在顾客面前。自然而然，包装涉及你的实际产品外围的材料。然而，包装也涉及企业的员工及其仪表。包装还涉及商业空间，比如门市部、办公室、网站和社交媒体页面。它还涉及公司手册、新闻稿以及你公司的其他可视化元素。这一切会有利于或有害于你的产品（或服务）的包装，也会影响顾客对产品质量和声誉的信心。

赞助搜索广告属于这种包装的一部分，包括从标题读起来怎么样，广告出现时的排名，什么关键字短语触发了广告，到与广告文本一起出现的图片，再到展示的 URL。

定位

定位指的是消费者在市场环境中如何看待你的产品、服务或公司。当你不在场时，人们如何想象和讨论你？人们如何想象和讨论你的公司？就人们讨论你的公司和提供物时所使用的具体词汇来讲，在市场中你的公司处于什么样的位置？定位广告是在市场中实现定位的一种直接方式。

顾客如何看待一家企业是该企业在竞争市场环境中取得成功的一个关键决定因素。[80] 顾客对一家企业的看法常常可能是一个单一属性，即正面或负面。举例来讲，“这家航空公司的服务糟透了”“这家商店总有一些很酷的东西”或者“这家餐馆的厨师总能做出很棒的甜点”。

在赞助搜索广告中，关键字短语和广告文案必须符合顾客对企业的看法。或者，如果广告是与品牌相关的，那么，应该合理组织广告文案，以巩固或改变企业在市场中的定位。

人

人指的是企业内部和外部负责销售和营销工作（包括战略和活动）的个人。这包括让正确的人参与这个过程以及让正确的人参与这个过程中的正确阶段。另外，人也指企业外部或与企业有关的人，比如那些供应链中的人。

虽然，上述大部分人都远离赞助搜索广告工作的技术细节，但是他们明白赞助搜索广告工作的技术细节的重要性，因为后者可能会影响公司的营销过程。

顾客

顾客指的是使用你公司所提供的产品（或服务）的那些人。市场由人组成，而不是人口统计部门。[63] 有时，顾客会为产品（或服务）付费并使用它们。另一些时候顾客可以只是使用（消费）产品而无须支付任何费用，比如接受免费增值模式的服务。无论如何，更好地理解顾客的需要和使用模式将有助于许多营销活动的开展，包括赞助搜索广告。隔离出目标受众意味着市场细分和人口统计。谁是潜在消费者？他们的动机是什么？他们愿意为你的产品（或服务）花费多少钱？

大部分企业发现，顾客的影响力（customer impact）服从幂律分布，比如二八定律。换句话说，相对一小部分的顾客（比如20%）贡献了大部分的企业收入（比如80%）。

然而，顾客不一定是正在购买或将要购买产品的人。相反，在较大的消费者群体中，顾客可以被分为三个群体：

- **现有顾客**（existing customer）。这通常指的是，在企业所指定的某一时间内，购买或使用一家企业的产品（或服务）的个人。很明显，现有顾客是目前最重要的顾客群，因为这些人与企业目前存在着关系。此外，假设现有顾客对其与企业目前的关系比较满意，他们也常常代表未来销售的最好市场机会。与寻找新顾客相比，促使这些现有顾客更多地购买产品或交叉购买别的产品通常成本更低。通常，通过促销诉求接触现有顾客也更容易。
- **老顾客**（former customer）。这指的是先前（但现在不再）购买或使用一家企业产品的个人。他们可能现在购买或使用竞争对手的产品。这个顾客群体的价值取决于之前的企业—顾客关系。
- **潜在顾客**（potential customer）。这指的是现在还没有购买，但最终可能会变成现有顾客的个人。因此，潜在顾客必须对产品有需要，且拥有购买产品的资源，还要有购买产品的渠道。潜在顾客对企业非常重要，因为他们可以取代现有顾客，而后者可能会变成老顾客。吸引新顾客使企业可以通过增加现有顾客群体而成长。

赞助搜索广告工作可以对正确而有效的人口统计定位（demographic targeting）产生重大影响，特别是在持续测试和分析方面。

竞争

竞争包括与你的企业进行竞争来获得相同顾客的其他公司。竞争对手可以是提供相似产品（或服务）的公司，也可以是提供替代产品（或服务）的公司。

通常，营销的目标是在一个或多个商业领域建立某些差异，从而获得竞争优势。[81]

一个著名的分析竞争格局的框架是五力模型。[82] 五力模型假定，在任何商业情境下，都存在决定竞争优势的五种重要力量，如下所示。

- **供应商权利**：你能选择的供应商越少，那么你的供应商拥有的权利越大，而你的竞争地位更低。
- **购买者权利**：如果你有少数几个强大的购买者，那么这些购买者更能支配价格及对你的其他条款。
- **竞争对手**：如果你有很多竞争对手提供同等诱人的产品（或服务），那么你将可能在市场中拥有较少权利，因为如果供应商和购买者没法和你完成对其有利的交易，他们将会去别的地方。
- **替代品的威胁**：如果你的产品（或服务）的替代品比较容易且可行，那么这将使你的竞争局面恶化。
- **新进入者的威胁**：如果你的市场有牢固持久的进入壁垒，那么你可以保持一个有利地位并加以利用。

竞争可以通过各种方式影响赞助搜索广告工作，包括关键字短语的更高竞标价格、广告位置的竞争以及保持广告在 SERP 上脱颖而出所需努力的增加。

关键字广告的一个关键方面是，市场中通常存在一些竞争对手，因而任何企业几乎不可能占有所有位置或空间。

公司

公司指的是被创立来开展商务活动的实际组织，通常通过向消费者提供产品（或服务）来开展活动。一家公司做出一些战略决策，特别是在最大化公司竞争优势的领域，来影响企业的发展。这些决策可以包括内部制造产品也可以包括外包，企业专注于其领域中的某一特定功能，公司制造产品的成本效益如何。

公司将影响赞助搜索广告的类型与模式，因为关键字广告工作必须与公司的战略方面相一致。

持续评估

考虑顾客需要和其他外部影响的变化，定期检查 7Ps 和 3Cs 是很重要的。营销经理需要调整他们可控的变量组合，以便应对新情况。促销和价格可以在短期内进行调整，然而产品自身及其分销渠道则不行。

如果涉及营销组合的决策互相增强，而且它们在内部一致并被长期贯彻，那么它们就能强化整体产品定位。

下列两个指标表达了这个过程：

- **组合凝聚性**，指的是组合的组分在多大程度上融合在一起。举例来讲，在打折商店出售昂贵奢侈品的战略会降低产品分销和产品供应之间的凝聚性。
- **组合动态性**，指的是组合在多大程度上能够适应商业环境的变化、组织资源的变化和产品生命周期的变化。

产品的营销层次

当然，营销的核心在于产品，因为它是一家企业经营的根本。简单地说，一种产品（或服务）是企业提供的出售给潜在顾客的东西。

对产品进行持续审查，应该聚焦于产品对目标市场中的潜在顾客来说是否合适。科特勒[83]区分了潜在细分市场（一群潜在顾客）的三个组成部分。

- **需要**（need）——一种基本要求的缺失。
- **欲望**（want）——一种对符合需要的产品（或服务）的具体要求。
- **需求**（demand）——一组欲望以及为交换付费的意愿与能力。

顾客根据他们对产品的感知价值来进行选择。满意度指的是产品实际使用时与购买时其感知价值的匹配程度。顾客只有在实际价值等于或超过感知价值时才会感到满意。

你可以通过一系列问题来评估你产品的价值。你的产品（或服务）是否在某些重要的方面优于竞争对手的产品（或服务）？如果是，优势特征是什么？如果不是，你能为产品开发一个优势特征吗？如果没有优势特征，你是应该还是根本不应该在当前市场中提供这种产品（或服务）？

科特勒[83]定义了产品的五种属性（见图 6-4）。

- **核心利益**——消费者通过消费产品（或服务）来满足的基本需要或欲望。
- **基础产品**——仅包含使产品发挥作用的绝对必要属性与特征的产品形式。
- **期望产品**——当购买者购买一种产品时，通常期望的一组属性与特征。
- **附加产品**——包括使产品区别于其他竞品的附加特征、利益、属性和相关服务。
- **潜在产品**——产品未来可能实现的所有附加与转变部分。

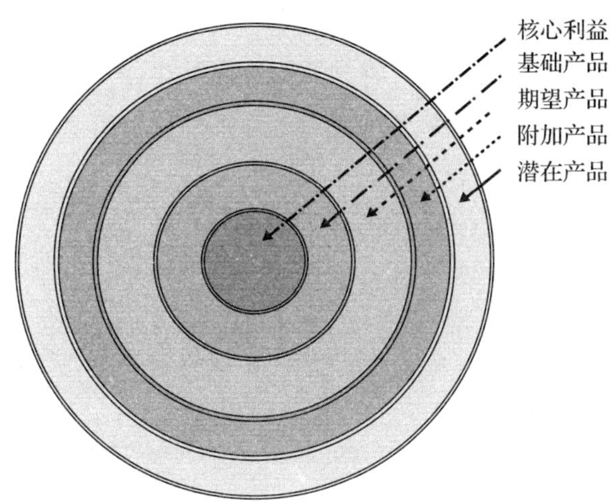

图 6-4 产品的五种属性：核心利益、基础产品、期望产品、附加产品和潜在产品

产品的属性会直接影响你如何编制广告文案。举例来讲，一则广告可以讨论产品的特征或利益。

科特勒指出激烈竞争发生在附加产品层次，而不是在核心利益层。[72] 如莱维特（Levitt）所讲："新的竞争并不是企业在其工厂中所生产的东西，而是在它们对其工厂产出附加了什么，形式上包括包装、服务、广告、顾客咨询、融资、送货安排、仓储和人们看重的其他方面"。[84]

科特勒[83]的产品属性模型提供了一种工具，可以被用来评估组织及其顾客如何看待他们之间的关系，以及哪些方面能够创造价值。

□ **集锦**

营销伦理被持续关注，因为人们会把这些（都非常合法）目标和目的向前推进得有点过分，以至于成为有问题的从业者。

在在线营销的搜索引擎优化（SEO）领域，我们看到很多这种做法，如向客户提供可疑报告和采用有问题的技术来优化搜索引擎排名。

美国营销协会（American Marketing Association）致力于在营销过程中推广可接受的行为标准，并出版营销道德准则，包括：

伦理价值

- **诚实**——直率地对待客户和利益相关者
- **责任感**——接受营销决策和战略的后果
- **公平**——权衡买方需要和卖方利益
- **尊重**——认可所有利益者的基本人格
- **透明**——在营销活动中营造一种开放精神
- **公民权**——履行服务于利益相关者的经济、法律、慈善和社会责任

参阅 http://www.marketingpower.com/AboutAMA/Pages/Statement%20of %20Ethics.aspx 了解完整的营销道德准则。

BAM 框架

我们把品牌化、广告和营销的关键概念整合为一个 BAM 框架，如图 6-5 所示。

	概念		影响	
	品牌化	广告	市场营销	赞助搜索广告
战术	**网络搜索** 选择引擎 评估搜索引擎 结果页面 评估链接 评估页面	**广告类型** 品牌广告 直接反应广告 定位广告	**产品属性** 核心利益 基础产品 期望产品 附加产品 潜在产品	**战术** 关键字选择 广告文案 广告测试 广告排期
战略	**构念** 品牌知晓 品牌形象 品牌满意度 品牌信任 品牌依恋	**广告要素** 市场容量 受众数量 预算数量	**7Ps和3Cs** 产品 价格 促销 渠道 包装 定位 人 顾客 竞争 公司	**战略** 出价 预算分配 广告系列 目标和目的 期望投资回报率

图 6-5　融合品牌化、广告和营销的关键概念的 BAM 框架及其对赞助搜索广告战略与战术的影响

在图 6-5 中，顶行是赞助搜索广告的战术焦点，底行则是战略焦点。我们可以看到，品牌化、广告和营销同时影响赞助搜索广告的战略与战术方面。每行单元格中的元素分别是具体影响赞助搜索广告的品牌化、广告和营销组分。

赞助搜索广告的战略层次（如竞价战略、预算分配、账户结构、工作目标与目的和期望投资回报率）受到品牌化构念、广告要素以及营销 7Ps 与 3Cs 的影响。

在战略层面，品牌化元素（如知晓度、形象、满意度、信任和依恋）是设置关键字广告工作参数的关键驱动因素，即同时推动和限制这些参数。市场、受众和预算的广告方面是附加的推动因素和限制因素。最后，营销 7Ps 与 3Cs 定义了赞助搜索广告的营销过程，影响着竞价、预算、广告系列、目标、目的和最终的投资回报率。

在战术层面，网络搜索的品牌化概念、广告类型和产品属性会影响赞助搜索广告的战术，如关键字选择、广告文案、广告测试和广告排期。

在网络搜索的所有阶段都有一个持续的品牌化元素，从搜索引擎的选择、对 SERP 的评估，到单个搜索结果的评估，再到登录页面的评估。

广告的目标，不管是品牌化广告、直接反应广告还是定位广告，将肯定会影响赞助搜索广告工作的所有元素。

最后，产品的五种属性同时作为赞助搜索广告工作的灵感源泉和限制条件。

基本要点

- **品牌化**指的是涉及向产品（或服务）赋予品牌的所有活动的一种过程。网上搜索的品牌化是一个多阶段过程，包括搜索引擎的选择、对 SERP 的评估、对单个搜索结果的评估和对登录页面的评估。一个品牌指的是独特的属性、名称、术语、设计和象征物。
- **广告**是针对某些产品（或服务）的一种商业推广，旨在说服潜在消费者采取某些行动。
- **营销**是个体通过交换产品得到其所需要或想要的东西的一种社会过程，通常被定义为 7Ps 和 3Cs。

理论与实践相结合

品牌化、广告和营销是赞助搜索广告的基础。在本章中，我们以比较宽泛的概念对其进行介绍，以期理解这些概念的核心含义。

现在，我们必须理解这些基础要素，并通过考察我们所在的特定细分市场，将其直接应用于赞助搜索广告工作中。

我们强调一些关键问题，比如：

- 我们的产品或公司在消费者心目中的品牌形象是怎么样的？
- 我们通过广告试图发展怎样的品牌关系？
- 我们的广告向消费者传达的品牌知识是什么？
- 我们的赞助搜索广告工作注重营销 7Ps 和 3Cs 中的哪些？
- 对哪些品牌关键字短语进行竞价是有利的？

- 我们的广告传达哪些品牌信息（如最低价格、奢华、可靠等）？
- 在消费者涉入方面，我们的整体广告目标是什么？
- 我们想要告知消费者哪些产品属性？

从市场营销的角度看，我们甚至在开始赞助搜索广告工作之前，可以问一些问题，包括：

- 你了解你所在的市场吗，比如市场容量、市场拓展和市场需求？
- 从年龄、收入、性别和地理位置来讲，哪些人是你的最佳潜在顾客？
- 谁是你的竞争对手？
- 销售潜力是什么？
- 需要什么样的价格才能达到收支平衡？
- 你什么时候会盈利？
- 你的产品是否受季节影响？
- 市场会响应并要求什么样的价格？

这些类型的问题应该穿插于整体营销工作中。它们考虑了品牌化、广告和营销的基本概念，并将其转化为赞助搜索广告工作的可操作目标。

结 论

品牌化、广告和营销是任何赞助搜索工作的基础要素。这三种要素互相交织，贯穿于赞助搜索广告的每种要素中。

品牌的概念的确是我们所做的一切事情的核心。消费者心目中产品的形象可以非常正面，从而使销售变得容易；也可以严重负面，广告每一分钱的花费都无益于产品。我们的广告和营销工作必须聚焦于改善潜在顾客与产品（或服务）之间的品牌关系。

对公司来说，广告意味着产生销售。然而，销售可以现在发生，也可以在将来某一时间发生。那么，广告可以聚焦于品牌化或营销工作的其他组成部分，其目标为将来的销售，而不是立即销售。

虽然我们旨在产生销售，但是顾客需要信息。也许他们是在寻找一种给定产品的价格。这个信息或许是关于产品的特征，也可以是产品在情感层面给顾客的感受如何。无论如何，广告必须向消费者传达其所需的信息。

赞助搜索广告工作是营销过程的一个部分。这样，我们必须将营销的关键组成部分融合于赞助搜索广告系列活动中。在营销过程所涉及的许多方面中，产品层次是其中的一个关键方面。这些产品属性（核心、基础、期望、附加和潜在）明确地表达了我们的广告应该向消费者传达什么样的信息和我们的品牌化信息是什么。

然而，如何知道我们是否高效或有效地运用了这些品牌化、广告和营销原理呢？这些概念并不直接适合于数学公式和计算。就赞助搜索广告而言，态度和选择的可能性几乎是无止境的。我们如何衡量成功呢？

为了达到这个目的，我们将在下一章阐述赞助搜索广告分析。

参考文献

[1] Hardy, Q. 2009. “The Big Deal: Google’s Marissa Mayer.” *Forbes*. Retrieved April 4, 2011, from http://www.forbes.com/2009/07/30/marissa-mayer-google-intelligent-technology-mayer.html.

[2] Caples J. (Revised by Fred E. Hahn). 1997. *Tested Advertising Methods*, 5th ed. Upper Saddle River, NJ: Prentice Hall.

[3] Ogilvy, D. 1963. *Confessions of an Advertising Man*. London: Atheneu.

[4] Ogilvy, D. 1983. *Ogilvy on Advertising*. Toronto: John Wiley and Sons.

[5] Kaye, B. K. and Medoff, N. J. 2001. *Just a Click Away: Advertising on the Internet*. Needham Heights, MA: Allyn and Bacon.

[6] Keller, K. L. and Lehmann, D. R. 2006. “Brands and Branding: Research Findings and Future Priorities.” *Marketing Science*, vol. 25(6), pp. 740–759.

[7] Jansen, B. J., Brown, A., and Resnick, M. 2007. “Factors Relating to the Decision to Click-on a Sponsored Link.” *Decision Support Systems*, vol. 44(1), pp. 46–59.

[8] Jansen, B. J. and Resnick, M. 2006. “An Examination of Searchers’ Perceptions of Non-Sponsored and Sponsored Links during Ecommerce Web Searching,” *Journal of the American Society for Information Science and Technology*, vol. 57(14), pp. 1949–1961.

[9] Jansen, B. J., Zhang, M., and Schultz, C. 2009. “Search Engine Brand and the Effect on User

Perception of Searching Performance." *Journal of the American Society for Information Sciences and Technology*, vol. 60(8), pp. 1572–1595.

[10] SEMPO (2009). Search Engine Optimization & Marketing Glossary. Retrieved April 11, 2009, from http://www.sempo.org/learning_center/sem_glossary#b.

[11] Berry, L. L. 2000. "Cultivating Service Brand Equity." *Journal of the Academy of Marketing Science*, vol. 28(1), pp. 128–137.

[12] deChernatony, L., Drury, S., and Segal-Horn, S. 2003. "Building a Services Brand: Stages, People and Orientations." *The Service Industries Journal*, vol. 23(3), pp. 1–21.

[13] Keller, K. L. and Richey, K. 2006. "The Importance of Corporate Brand Personality Traits to a Successful 21st Century Business." *Journal of Brand Management*, vol. 14(1/2), pp. 74–81.

[14] Brinker, S. (2010). 4 Principles of Conversion Content Marketing. (August 11). Retrieved January 26, 2011, from http://searchengineland.com/4-principles-of-conversion-content-marketing-48115.

[15] Esch, F.-R., Langner, T., and Bernd H.Schnmitt, G. 2006. "Are Brands Forever? How Brand Knowledge and Relationships Affect Current and Future Purchases." *Journal of Product and Brand Management*, vol. 15(2), pp. 98–105.

[16] Keller, K. L. 1993. "Conceptualizing, Measuring, and Managing Customer-Based Brand Equity." *Journal of Marketing*, vol. 51(1), pp. 1–22.

[17] Percy, L. and Rossiter, J. R. 1992. "A Model of Brand Awareness and Brand Attitude Adverting Strategies." *Psychology and Marketing (1996–1998)*, vol. 9(4), pp. 263–274.

[18] Jansen, B. J. and McNeese, M. D. 2005. "Evaluating the Effectiveness of and Patterns of Interactions with Automated Searching Assistance." *Journal of the American Society for Information Science and Technology*, vol. 56(14), pp. 1480–1503.

[19] Niehaus, S. 2010. Conversion-Optimized Touch Points: The Thank You Page. (July 23). Retrieved January 26, 2011, from http://searchengineland.com/conversion-optimized-touch-points-the-thank-you-page-44704.

[20] Fournier, S. 1998. "Consumer and Their Brands: Developing Relationship Theory in Consumer Research." *Journal of Consumer Research*, vol. 24(4), pp. 343–353.

[21] Garnier, M. 2009. "Search Engine Loyalty: Considering the Commitment-Loyalty Link from a Hedonic Versus Utilitarian Perspective." *International Journal of Internet Marketing and Advertising*, vol. 5(1/2), pp. 43–73.

[22] Bearden, W. O. and Teel, J. E. 1983. "Selected Determinants of Consumer Satisfaction and Complaint Reports." *Journal of Marketing Research*, vol. 20(1), pp. 21–28.

[23] Hunt, S. D. 1993. "Objectivity in Marketing Theory and Research." *Journal of Marketing*, vol. 57(2), pp. 76–91.

[24] Liljander, V. and Strandvik, T. 1997. "Emotions in Service Satisfaction." *International Journal of Service Industry Management*, vol. 8(2), pp. 148–169.

[25] Strauss, B. and Neuhaus, P. 1997. "The Qualitative Satisfaction Model." *International of Service Industry Management*, vol. 8(3), pp. 236–249.

[26] Rotter, J. B. 1967. "A New Scale for the Measurement of Interpersonal Trust." *Journal of Personality*, vol. 35, pp. 651–665.

[27] McAllister, D. J. 1995. "Affect- and Cognition-Based Trust as Foundations for Interpersonal Cooperation in Organizations." *Academy of Management Journal*, vol. 38, p. 25.

[28] Chaudhuri, A. and Holbrook, M. B. 2001. "The Chain of Effects from Brand Trust and Brand Affect to Brand Performance: The Role of Brand Loyalty." *Journal of Marketing*, vol. 65(2), pp. 81–93.

[29] Morgan, R. M. and Hunt, S. D. 1994. "The Commitment-Trust Theory Of Relationship Marketing." *Journal of Marketing*, vol. 58(3), pp. 20–38.
[30] Ratnasingham, P. 1998. "The Importance of Trust in Electronic Commerce." *Internet Research*, vol. 8(4), p. 313.
[31] Walther, J. B. 1995. "Relational Aspects of Computer-Mediated Communication: Experimental Observations Over Time." *Organization Science*, vol. 6(2), pp. 186–203.
[32] Berry, L. L. and Parasuraman, A. 1991. *Marketing Services*. New York: The Free Press.
[33] Moorman, C., Zaltman, G., and Deshpande, R. 1992. "Relationships between Providers and Users of Marketing Research: The Dynamics of Trust within and between Organizations." *Journal of Vocational Behavior*, vol. 14, pp. 224–247.
[34] Johnson, D. J. and Rusbult, C. E. 1989. "Resisting Temptation: Devaluation of Alternative Partners as a Means of Maintaining Commitment in Close Relationships." *Journal of Personality and Social Psychology*, vol. 57, pp. 967–980.
[35] Mowday, R. T., Steers, R. M., and Porter, L. W. 1979. "The Measurement Of Organizational Commitment." *Journal of Vocational Behavior*, vol. 14, pp. 224–247.
[36] Kanter, R. M. 1968. "Commitment and Social Organisation: A Study of Commitment Mechanisms in Utopian Communities." *American Sociological Review*, vol. 33, pp. 499–517.
[37] Angle, H. L. and Perry, J. L. 1981. "An Empirical Assessment of Organizational Commitment and Organizational Effectiveness." *Administrative Science Quarterly*, vol. 26(March), pp. 1–13.
[38] Ha, H.-Y. and Perks, H. 2005. "Effects of Consumer Perceptions of Brand Experience on the Web: Brand Familiarity, Satisfaction and Brand Trust." *Journal of Consumer Behaviour*, vol. 4(6), pp. 438–452.
[39] Sicilia, M., Ruiz, S., and Reynolds, N. 2006. "Attitude Formation Online: How the Consumer's Need for Cognition Affects the Relationship between Attitude towards the Website and Attitude towards the Brand." *International Journal of Market Research*, vol. 48(2), pp. 139–154.
[40] Jansen, B. J., Zhang, M., and Schultz, C. D. 2009. "Search Engine Brand and the Effect on User Perception of Searching Performance." *Journal of the American Society for Information Science and Technology*, 60(8), 1572–1595.
[41] Bailey, P., Thomas, P., and Hawking, D. 2007. "Does Brand Name Influence Perceived Search Result Quality? Yahoo!, Google, and WebKumara." In *Proceedings of the 12th Australasian Document Computing Symposium*, Melbourne, Australia.
[42] Falk, L. K., Sockel, H., and Warren, H. 2007. "A Holistic View of Internet Marketing." *Competition Forum*, vol. 5(1), pp. 9–14.
[43] Balabanis, G. and Reynolds, N. L. . 2001. "Consumer Attitudes towards Multi-Channel Retailers' Web Sites: The Role of Involvement, Brand Attitude, Internet Knowledge and Visit Duration." *Journal of Business Strategies*, vol. 18(2), pp. 105–131.
[44] Park, J. and Stoel, L. 2005. "Effect of Brand Familiarity, Experience and Information on Online Apparel Purchase." *International Journal of Retail and Distribution Management*, vol. 33(2/3), pp. 148–160.
[45] Hotchkiss, G. 2005. "Enquiro Eye Tracking Report II: Google, MSN and Yahoo! Compared." Vol. 2006: Enquiro Search Solutions.
[46] Jansen, B. J. 2007. "The Comparative Effectiveness of Sponsored and Non-sponsored Results for Web Ecommerce Queries." *ACM Transactions on the Web*, vol. 1(1), p. Article 3.
[47] Koufaris, M. and Hampton-Sosa, W. 2004. "The Development of Initial Trust in an Online Company by New Customers." *Information & Management*, vol. 41(3), pp. 377–397.
[48] Hotchkiss, G. 2006. "Enquiro Eye Tracking Report II: Google, MSN and Yahoo! Compared."

Vol. 2006: Enquiro Search Solutions.
[49] Brooks, N. (2004). The Atlas Rank Report I: How Search Engine Rank Impacts Traffic. (July). Retrieved August 1, 2004, from http://www.atlasdmt.com/media/pdfs/insights/RankReport.pdf.
[50] Brooks, N. 2004. The Atlas Rank Report II: How Search Engine Rank Impacts Conversions. (October). Retrieved January 15, 2005, from http://www.atlasonepoint.com/pdf/AtlasRankReportPart2.pdf.
[51] Pan, B., Hembrooke, H., Joachims, T., Lorigo, L., Gay, G., and Granka, L. 2007. "In Google We Trust: Users' Decisions on Rank, Position, and Relevance." *Journal of Computer-Mediated Communication*, vol. 12(3), Article 3. http://jcmc.indiana.edu/vol12/issue3/pan.html.
[52] Jansen, B. J., Sobel, K., and Zhang, M., forthcoming "Understanding the Effect of Branded Terms in Phrases and Ads for Sponsored Search," *International Journal of Electronic Commerce*.
[53] Danuloff, C. 2010. "21 Secret Truths of High-Resolution PPC." Click Equations, Philadelphia.
[54] Jansen, B. J., Spink, A., and Pedersen, J. 2005. "Trend Analysis of AltaVista Web Searching." *Journal of the American Society for Information Science and Technology*, vol. 56(6), pp. 559–570.
[55] Iyengar, S. 2010. *The Art of Choosing*. New York: Hackette.
[56] Bosley, S. 2007. "9 Tips for Effective Political Paid Search Advertising." Vol. 2010. Charlottesville, VA: RKG.
[57] Starch, D. 1923. *Principles of Advertising*. Chicago: Shaw Company.
[58] Schwab, V. O. 1962. *How to Write a Good Advertisement: A Short Course in Copywriting*. Chatsworth, CA: Wilshire.
[59] Hopkins, C. 1924. *Scientific Advertising*. New York: Cosimo Classics.
[60] Whitman, D. E. 2009. *CA$HVERTISING: How to Use More Than 100 Secrets of Ad-Agency Psychology to Make Big Money Selling Anything to Anyone*. Franklin Lakes, NJ: The Career Press.
[61] Alexander, R. S. 1963. *Marketing Definitions: A Glossary of Marketing Terms*. Chicago: American Marketing Association.
[62] Lavidge, R. and Steiner, G. 1961. "A Model for Predictive Measurements of Advertising Effectiveness." *The Journal of Marketing*, vol. 25(October), pp. 59–62.
[63] Locke, C., Levine, R., Searls, D., and Weinberger, D. 2000. *The Cluetrain Manifesto: The End of Business as Usual*. New York: Perseus.
[64] Pincas, S. and Loiseau, M. 2008. *A History of Advertising*. Cologne, Germany: Taschen.
[65] Perloff, R. M. 1993. "Third-Person Effect Research 1983–1992: A Review and Synthesis." *International Journal of Public Opinion Research*, vol. 5(2), pp. 167–184.
[66] Hughes, M. 2006. *Buzzmarketing: Get People to Talk About Your Stuff*. New York: Penguin Group.
[67] Fowles, J. and Fowles, R. B. 1976. *Mass Advertising as Social Forecast: A Method for Future Research*. Westport, CT: Greenwood Press.
[68] Doyal, L. and Gough, I. 1991. *A theory of Human Need*. London: Macmillian.
[69] Jansen, B. J., Zhang, M., Sobel, K., and Chowdury, A. 2009. "Twitter Power: Tweets as Electronic Word of Mouth." *Journal of the American Society for Information Sciences and Technology*, vol. 60(11), pp. 2169–2188.
[70] Maclnnis, D. and Jaworski, B. 1989. "Information Processing from Advertisements: Toward an Integrative Framework." *The Journal of Marketing*, vol. 53(4), pp. 1–23.

[71] White, G. 1997. "The Story behind the Man behind History's Most Famous Ad." In *Tested Advertising Methods*, 5th ed., Caples J. (Revised by Fred E. Hahn), Ed. Upper Saddle River, NJ: Prentice Hall. pp. ix–xii.

[72] Kotler, P. 2002. *Marketing Management*, 11th ed. New York: Prentice Hall.

[73] Boone, L. E. and Kurtz, D. L. 2008. *Contemporary Marketing*, 13th ed. Mason, OH: Thomas High Education.

[74] Hotchkiss, G. 2009. *The BuyerSphere Project: How Businesses Buy from Businesses in the Digital Marketplace*. Kelowna, Canada: Enquiro.

[75] Court, D., Elzinga, D., Mulder, S., and Vetvik, O. J. (2010). The consumer decision journey. *Business Today* (October 23). Retrieved April 4, 2011, from http://www.mckinseyquarterly.com/The_consumer_decision_journey_2373.

[76] Jansen, B. J. and Simone, S., 2011 "Bidding on the Buying Funnel for Sponsored Search Campaigns," *Journal of Electronic Commerce Research*, 12(1), 1–18.

[77] Borden, N. H. 1964. "The Concept of the Marketing Mix." *Journal of Advertising Research*, vol. 4(1), pp. 2–7.

[78] McCarthy, J. E. 1960. *Basic Marketing – A Managerial Approach*. Homewood, IL: Richard D. Irwin.

[79] Belch, G. and Belch, M. 2003. *Advertising and Promotion: An Integrated Marketing Communications Perspective*. New York: McGraw-Hill.

[80] Ries, A. and Trout, J. 2001. *Positioning: The Battle for Your Mind*. New York: McGraw Hill.

[81] Porter, M. E. 1998. *Competitive Advantage: Creating and Sustaining Superior Performance*. New York: Free Press.

[82] Porter, M. E. 1998. *Competitive Strategy: Techniques for Analyzing Industries and Competitors*. New York: Free Press.

[83] Kotler, P. and Keller, K. L. 2006. *Marketing Management*. New York: Prentice Hall.

[84] Levitt, T. 1969. *The Marketing Mode: Pathways to Corporate Growth*. New York: McGraw-Hill.

第7章

赞助搜索广告分析

我用于广告的一半资金都被浪费了；问题是我并不知道是哪一半。

约翰 · 沃纳梅克（John Wanamaker）

被公认为创建现代百货公司和现代广告概念的美国零售商

对镶框商店关键字广告系列活动来讲，我们已经准备妥当并开始运营，对顾客的理解则反映在关键字短语和广告文案中。我们对广告系列活动的品牌化、广告和营销方面以及这些系列活动如何与我们的企业有关联都已有所理解。我们已了解了谁是我们的顾客及其行为。所以，我们已经准备好了。

我们真的准备妥当了吗？

恐怕正如沃纳梅克在广告中所提到的，你如何知道你的广告费用产生了重要的影响？

现在你的广告系列活动在运营，你如何知道它是否有效？你如何判断我们是否高效地利用了广告费用？我们是否实现了目标以及我们是否正在以最好的方式实现目标？我们是否瞄准了正确的顾客？我们错过了什么机会吗？

为了解决这些问题，我们就需要评估赞助搜索广告工作。

为此，我们必须测量广告系列活动的表现，包括成本和回报。这项工作被称为赞助搜索广告分析，属于营销研究领域，更确切地说是网络分析学（Web analytics）。[1, 2] 评估是广告不可分割的一部分，并且测量技术变得越来越复杂。广告主要求有量化的结果和更科学的理解广告效用的方法。[3]

那么，尽管我们以为我们知道些什么，但我们现在面临着一些问题。账户表现如何？我们如何测量广告系列活动的表现？我们收集哪些数据？我们执行哪些分析？分析结果表示什么含义？测量暗示着广告的目标。我们关心什么目标？

通过赞助搜索广告分析，我们可以解决以上及其相关问题。

在本章中，我们从介绍营销研究和网络分析学开始，将回顾赞助搜索广告分析的基本要素。然后，我们将补充赞助搜索广告分析的理论基础。随之，我们将讨论有效性（validity）、可信性（creditability）和可靠性（reliability）这些研究概念。最后，我们将介绍隐私问题和在线分析学（online analytics）中的点击欺诈（click fraud）。

□ 集锦

在任何分析中，很明显，我们了解一些事情，而不了解另外一些事情。然而，还有另外一个难题。

实际上，有一个 2×2 矩阵：了解—不了解和知晓—不知晓。这个 2×2 矩阵是任何缓解风险或使用数据分析进行预测的一个常用框架。

基本上，想法如下：

- 有些事情你了解（“了解”）
- 有些事情你不了解（“不了解”）
- 自然，如果你了解某事，你知晓它的定义
- 然而，不了解的事情分为两类
- 你知晓某些不了解的事情（如数据缺失）
- 你不知晓某些不了解的事情（如在商业环境中存在大量不可预测的变化）

有些人把不知晓且不了解的事情（unaware unknowns）称为不了解的未知事情（unknown unknowns）！

这些不了解的未知事情就是那些敏捷并能够快速调整的公司可能取得优势的地方。

赞助搜索广告分析

赞助搜索广告分析（sponsored-search analytics，SSA）指的是为了监控、理解和优化关键字广告与营销而搜集、测量、分析和报告关键字广告数据。

从上述定义可以明显看出，赞助搜索广告分析有几个组成部分，每个组成部分也可能包含几个子任务。这样，赞助搜索广告分析很快会变得相当复杂，因而很容易迷失于细节、策略和机制，而忽略赞助搜索广告分析所暗含的整体目标。

赞助搜索广告分析的目的在于建立一个过程来促进对关键字广告工作的评估，并对应于根据商业目的而设定的一组可量化目标。这样，赞助搜索广告分析意味着进行研究，具体来讲即营销研究。

考虑到这个关键方面，有效的赞助搜索广告分析明显变得更加困难。我们如何知道我们是否以一种能够实现既定分析目标和潜在商业目标的方式进行搜集、

测量、分析、报告、监控、理解和优化？适当的分析需要理解赞助搜索广告分析的理论与方法基础。我们将在本章中阐释这些内容。

当进行关于用户和信息系统的赞助搜索广告分析时，有各种方法可供选择，包括定性、定量和两者结合。如果分析的目的是得到有效的结果且执行效率高，那么选择一种合适的方法是非常重要的。收集数据也涉及方法的选择。[4]

日志分析是数据收集的一种方法，也是系统性能和用户行为分析的一种研究方法。从 1967 年起，日志分析就开始被使用，[5] 并从 1975 年起就被用于同行评审的研究工作。[4]

□ **集锦**

梅斯特（Meister）和沙利文（Sullivan）1967 年的工作[5] 似乎是最早有记载的日志分析和分析报告。

该分析是在美国国家航空航天局（National Aeronautics and Space Administration，NASA）的一个工作系统上进行的，主要聚焦于系统性能方面及对其测量，而不是用户行为。

根据这个领域首批学术研究和同行评审的其中一篇论文记载，彭尼曼创建了许多基本的日志分析技术，它们直到现今还在被使用。

彭尼曼的工作不仅包含系统方面，而且包括大量的用户行为分析，包括首次使用用户状态的马尔科夫模型来预测用户行为。

他的许多技术和概念是现今事务日志和网络分析的基础。

因此，赞助搜索广告分析辅助我们以科学的方式来管理赞助搜索广告工作，而不是一种艺术。赞助搜索广告分析帮助我们理解和领会原因与结果，并确立正确的程序来测量我们需要的东西。这样一来，赞助搜索广告工作，就会变得高效且有效。赞助搜索广告分析还能够辅助我们缓解风险。

关于效率的一个注释：在赞助搜索广告中我们可能想尝试很多事情；我们必须认识到，就时间或资金来说，尝试、测量和分析一些事情所需的成本太高了。然而，赞助搜索广告分析的优势是，它允许我们通过已知的成本（广告成本）和结果（如投入产出比）规模来评估每个广告系列活动和广告工作。换句话说，理解赞助搜索广告分析可以防止我们在开发出一些更有效的方式之前采用一些高成本的方法。最终，赞助搜索广告分析能够帮助我们提高效率。

□ **集锦**

在很多情况下，效用（effectiveness）和高效（efficiency）这一对测度之间存在冲突。

效用是评估系统在多大程度上完成其应该完成的任务的一个测度。

高效是评估系统如何利用资源来完成其目标的一个测度。

这两个原则彼此同步且处于一种紧张状态下。

在理想状态下，我们兼而得之——高效而不失效用。

如果做得过火，高效将很难出现，并且我们的系统不再成长，随着时间的推移变得越来越低效。

最终，相对于高效来说，我们更追求效用。

二者也会互相支持。举例来讲，通过跟踪和执行真正能实现最高投资回报率的广告系列活动来聚焦于赞助搜索广告的效用，那么，我们就可以争取到更多的时间或资金、资源，从而变得高效。

赞助搜索广告分析对我们的广告是否产生效益提供了依据，因而是市场研究的一个方面。

营销研究

当从事赞助搜索广告分析时，我们就是在从事研究工作。研究指的是采用一种系统科学的方式来探究一种现象或一些事情，目的在于增长关于这些现象或事情的知识。具体来讲，我们在从事营销研究。美国营销研究协会给出的营销研究的定义如下：

通过信息把消费者、顾客、大众和营销人员联系起来的功能。营销人员借助这些信息可发现和确定营销机会与问题；制定、改进、评估市场营销活动；对其市场营销的表现进行监控；加深对市场营销过程的认识。营销研究指明解决这些问题所需的信息，设计收集信息，管理和实施数据收集过程，分析和沟通调查结果及其启示。[6]

在营销研究中，收集和分析有关赞助搜索广告活动的市场信息是做好营销、广告和商业决策的基本步骤。在赞助搜索广告中，我们最感兴趣的最有价值的信息往往是关于顾客兴趣和购买行为的。这种数据可以告诉我们很多会影响顾客（或潜在顾客）进行购买决策的要素。

作为在线营销人员，我们对关键字广告工作进行分析以便未来做出更好的决策。营销研究通过提供关于顾客、营销活动和产品的信息对此进行支持。由此，我们可以得到针对赞助搜索广告系列活动的可选方案或行动步骤。

□ **集锦**

1923 年，尼尔森公司（AC Nielsen Company）的创始人亚瑟·尼尔森（Arthur Nielsen），[7] 开创性地采用统计科学来进行消费者营销研究。

尼尔森公司是首批向企业提供关于营销、广告和销售计划的可靠且客观信息的公司之一。

该公司可能以尼尔森收视率（Nielsen ratings）闻名于世，其用于测量电视、无线电广播和报纸的到达率。

尼尔森联网（Nielsen/NetRatings）测量因特网和数字媒体的受众；尼尔森口碑（Nielsen BuzzMetrics）测量消费者生成的媒体。

在因特网和万维网上进行消费者营销研究这一理念催生了其他一些公司，如 comScore 也提供因特网上的消费者营销研究。

然而，为了收集赞助搜索广告分析所需的数据，我们必须使用某种形式的日志系统来记录用户—系统之间的交互。这种数据收集方法被称为事务日志记录（transaction logging）。

指　　标

我们测试什么?

为了解决这个问题，你必须确定所需的指标（metrics)。这涉及建立标准，并依据这些标准进行测量。因此，指标反映了目标，而指标则实际应用于查看工作与目标的差异。

我们评估赞助搜索广告工作的每个方面，包括每个关键字短语、每则广告、广告中的每个词汇、每张图片、每个展示链接，以便完善这些方面。而且，我们的重点是量化。作为广告主或广告领域的专业人士，你可能并不喜欢一些词汇或图片；你可能发现措辞奇怪或幼稚；你可能发现图片非常缺乏吸引力或粗糙。然而，这并不重要，因为我们的目的是开发一个广告系列来实现工作目标。我们想要广告、关键字短语和图片都有所回报。

我们为什么关心指标呢?

那好，转化必须来自某个地方。对你来说，了解转化的来源是非常有利的。指标可以告知你这些信息。在赞助搜索广告分析中，针对每个关键字短语，你应该比较其所有开支的成本和结果。因此，我们必须理解测量领域的一些定义。

测量（measurement）指的是根据一些规则将数字赋予对象、事件或情境（如一个测量功能（measurement function）[8]）。

根据这些规则决定赋值的对象的特性被称为量值（magnitude)。[8]

对一个可测量的属性来说，被赋予一个特定对象的数值称为它的测值（measure)，即量值的数量或程度。[8]需要注意的是，这些规则同时定义了量值和测值。

到达率（reach）和频率（frequency）这两个指标作为赞助搜索广告效果和分析的测度已经被用于广告中至少 20 年了。然而，应该报告的是有效到达率。也就是，为了有意义，媒体到达率和频率度量必须与广告沟通的目的关联起来。

□ 集锦

“相关性并不意味着因果关系”是实证分析中一个常用的名言警句。

它的含义是两个变量仅相关并不意味着一个变量（的变化）会引起另外一个变量（的变化）。

通常，相关性是因果关系的一个必要但非充分条件。

大部分广告的目标是抓住注意力并维持知晓度。由此，广告分析人员基于沟通目的来测量频率的效果。因此，如果我们接受沟通测度，那么现在公共领域就有一些研究，允许规划者有判断地设定频率目标，为媒体规划提供更好的方向。

在赞助搜索广告中，转化（线下和线上）源于搜索流量。有时，这个流量来自与我们的产品（或服务）有直接关联的关键字短语。然而，另外一些时候，转化来自似乎与消费者最终购买的产品并无关联的关键字短语。

特别是当指标应用于关键字短语的管理时，它可以帮助我们认识这种关系，从而对那些有助于目标利润得分而转化的词汇自动分配广告费用。

□ **集锦**

麦克纳马拉谬论（McNamara fallacy）指的是美国国防部长（1961 ~ 1968年）罗伯特·麦克纳马拉（Robert McNamara）关于怎样衡量美军在越南战争中获得的胜利的说法。

麦克纳马拉把战争胜利量化为敌人尸体数，而忽略其他关于胜利和失败的变量。

麦克纳马拉谬论被概述为一个四步陷阱。

第一步，测量容易测量的因素。在合理范围内，只要清楚其缺点，这是可以的。

第二步，忽略不易测量的因素，或者给其赋予一个任意的量值。不幸的是，这会导致人为地对实证结果做出假设。如果假设不正确，这些结果就是有误导性的。

第三步，假定不易测量的因素不是真正重要的。通常，这总是不正确的，并会导致过程的重要方面被忽略。

第四步，通过声称不易测量的因素并不真的存在或不会真正影响系统的整体成功，从第三步推出一个符合逻辑的结论。这很少是真实的，并会导致无效决策。

存在许多基本的和干预的测度与指标。然而，这些只是最终测度的替代品。最终测度可以是单个顾客成本、每美元销售成本或销售回报。最终指标则是单个顾客成本，也是我们衡量赞助搜索广告的唯一方式。

数据收集之事务日志

事务日志指的是系统与用户之间发生的交互活动的电子记录。在赞助搜索广告中，这些日志文件来自实际的赞助搜索广告平台、搜索引擎营销（SEM）中介平台、广告主的服务器日志，即基本上是任何能记录用户—系统信息沟通的应用程序。从根本上说，它就是一个存储交互数据的文件。图 7-1 显示了一个赞助搜索广告工作的事务日志样本。

日期	广告	销售额	搜索引擎	成本	展现量	位置	点击量	订单量	物品量
20xx-10-20	4637617	0	2	0	0	0	0	0	0
20xx-10-21	4637617	0	2	429	195	1	19	1	6
20xx-10-22	4637617	0	2	2152	956	1	61	1	2
20xx-10-23	4637617	0	2	1090	911	1	34	1	3
20xx-10-24	4637617	0	2	27773	41431	1	600	1	3
20xx-10-25	4637617	0	2	37369	75473	1	803	1	3
20xx-10-26	4637617	0	2	34946	81902	1	759	2	3
20xx-10-27	4637617	0	2	43407	99275	1	918	2	4
20xx-10-28	4637617	0	2	31668	66039	1	689	2	1
20xx-10-29	4637617	0	2	31528	41546	1	685	2	1
20xx-10-30	4637617	0	2	29629	46357	1	648	3	3
20xx-10-31	4637617	0	2	33817	45485	1	742	4	2

图 7-1 赞助搜索广告事务日志（包括点击和转化数据）

赞助搜索广告分析是研究在线系统及其用户的方法论，其根植于事务日志分析，还包括其他关于数据跟踪（页面标记）的网络分析方法。

彼得斯（Peters）把事务日志分析定义为研究在线信息检索系统和在这些系统中搜索信息的人们之间交互活动的电子记录。[10] 自因特网出现以来，我们修改了彼得斯的定义，将其扩展到信息检索系统以外的系统。

事务日志分析是一个宽泛的方法集合，包括一些子范畴，如网络日志分析（分析网络客户端和服务器端的日志）、博客分析和搜索日志分析（分析搜索引擎日志[11]）。事务日志分析使得汇总使用数据与模式的宏观分析和个体搜索模式的微观分析成为可能。数据分析的结果可以用来根据用户行为或系统性能开发系统与服务。

事务日志分析贯穿于整个网络分析学领域中，后者包括结合目标与意识的事务日志分析，超出系统之外，乃至组织、企业目标。

从用户行为的角度来讲，赞助搜索广告分析是一类实证、非干涉方法（又被称为无反应或低约束方法）。非干涉方法允许不直接向参与者提问而获得数据。研究文献将非干涉方法描述为无须参与者反应的方法。[12, 13, 14] 这种数据可以是观察的或源于已有的数据。另一个例子是基于人们实际观看的节目（数码录影器日志）的电视收视率，这是相对于人们告诉你他们观看的节目（调查）来讲的。

非干涉方法与干涉方法（如问卷调查、测试、实验室研究和调查）是相反的。[15] 实验室实验是一个极端干涉方法的例子。当然，非干涉方法和干涉方法之间的界限有时是模糊的。比如，执行一项调查来测量用户对信息系统的反应是一种干涉方法；然而，使用调查发布的数据却是一种非干涉方法。

使用日志来评估赞助搜索广告工作在概念上属于研究与分析的行为主义范式的范畴。因此，行为主义方法是赞助搜索广告分析方法的概念基础。

行为主义

行为主义（behaviorism）是一种强调思想的外向行为方面的分析方法。严格来讲，行为主义不考虑内向经验与程序方面。[16, 17] 这种狭隘的观点已经遭到了强烈的抨击。

然而，对赞助搜索广告分析，我们将采用一种更容易被接受的行为观点。从更开放的角度看，行为主义强调观察到的行为，而并不忽视伴随这些外在行为的内在方面。这种更灵活的行为主义观点认为通过研究用户与广告系列活动交互时的表现（行为）可以获得很多有用的信息。这些表现行为可能反映了搜索用户的内在认知方面，或者用户行为发生的环境的上下文场景方面，或者两者都有。

行为主义的潜在命题是人们做的所有事情都是行为。这些行为包括行动、想法和感觉。根据这个潜在命题，行为主义的立场是，所有涉及人们的理论与模型都有观察的相关性（observational correlation）。行为和任何提出的理论构念必须相互补充。严格的行为主义会进一步声明，公开可观察的行为过程（如活动）与私下可观察的行为过程（如思考和感觉）是没有区别的。

对于赞助搜索广告分析，我们也主张，基于上下文场景、情景、环境因素，有时候可能认知和情感行为之间并无联系。因此，一些行为来源同时是内在（认知、情感、专业）的和外在（环境和情境）的。无论如何，行为主义主要聚焦于一个观察者可以看到或操作的事情。这也是我们在赞助搜索广告分析中主要感兴趣的行为。

在许多研究中，我们都可以看到行为主义的影响，特别是在赞助搜索广告分析中。行为主义适用于可观察的证据对一项分析中的研究问题或方法非常重要的这一情形。从这个观点看，除非与每个状态相关联的行为有一个可证明的差异，否则两个状态之间没有可知的区别。在任何实验研究中，都需要操纵变量，因而这是非常正确的。行为主义方法的核心是在行为准则方面寻求理解事件。[18，p22] 行为主义者的研究都要求行为证据。

根植于行为主义的分析总是会涉及某人在某种情景下做某事。因此，所有衍生出的研究问题都聚焦于谁（行动者）、什么（行为）、什么时候（时间）、哪儿（上下文场景）和为什么（认知）。行为主义范式中的行动者指的是人们，其行为在某一综合层面上（如个体、群体、组织、社区、国家、社会等）被研究。这种分析必须聚焦于行为者所做的事情的所有方面。这些行为有一个时间因素，即这些行为什么时候发生和持续了多长时间。行为发生于某一上下文场景中，因此会体现环境和情景特征。这些行为的认知方面指的是执行这些行为的行动者的内在理性和情感过程。

从这个观点来看，上述每个要素——行为者、行为、时间、上下文场景和认知，都是行为主义构念。然而，对于赞助搜索广告分析来说，我们主要关心行为。

行　　为

就像其他人类活动一样，赞助搜索广告最终也基于个体行为。后者是赞助搜索广告分析的基本变量。

实证分析或研究中的变量指的是表示一组事件的一个实体，其中每个时间可能有各自不同的值。在赞助搜索广告分析中，页面时间（time on page）或点击量对一个给定研究来说可能是一个变量。分析所感兴趣的特定变量衍生自驱动课题的研究问题。

在一项课题中，可以对变量的使用进行定义（如自变量、因变量、随机变量、控制变量、常量和混淆变量），也可以根据其本质进行定义，分为三类变量：环境（情景、环境和上下文场景事件）、主体（事件或被研究的主体的一些方面）和行为（焦点主体所做的可观察事件）。

对于赞助搜索广告分析而言，行为是行为主义范式的基本构念。最基本的行为指的是人、动物、团队、组织或系统的可观察活动。就像许多基本构念一样，行为是一个超载术语，因为它也指代对内在和外在刺激的反应的汇总集合。因此，行为阐释了一系列活动。由于这个术语的关联如此之多，不明确上下文场景的话很难描述行为这一术语并提供其含义。

然而，通常可以把行为分为四种类别，如下所示：

- 可以察觉，从而记录的事情。
- 一种行为或一种特定目标驱动的事件，表达一种目的而不是可观察的特定行为（如，这不只是一个点击，而是一次购买）。
- 某种技巧或技巧组合
- 一种对环境刺激的被动反应

分析人员必须以某种方式观察这些行为。我们通过观察来研究并收集关于搜索用户的行为信息。典型的观察指的是通过视觉，即分析人员用眼睛来观察。记录设备如相机也可以辅助观察。我们把观察的概念扩展至包括记录设备，特别是日志记录软件。事务日志分析侧重于描述性观察和记录行为发生时的情况。

当使用赞助搜索广告分析和其他类似方法研究行为模式时，分析人员会采用行为谱（ethograms）。行为谱指的是一个单位的行为模式的索引。行为谱详述了一个行为者所表现出的不同形式的行为。在大部分情况下，创建行为谱是有利的，其中行为类别是客观、离散的，并且相互之间没有重叠。每种行为的定义必须是清晰、翔实、可辨识的。作为研究或领域的依据，行为谱可以是具体的，也可以是一般性的。通常，我们需要我们的行为遵守“彼此独立，互无遗漏”原则（MECE principle），[19] 即每种行为彼此独立，并互无遗漏。基本上，我们要求没有遗漏和没有重叠。

与网上搜索相关联的行为谱的例子多种多样。斯宾克（Spink）和詹森 [22]、詹森和普奇（Pooch）[21] 列举了搜索日志分析的一些关键行为。搜索日志分析是一种赞助搜索广告分析的具体形式。豪尔吉陶伊（Hargittai）[22]、詹森和麦克尼斯 [23] 介绍了对网上搜索行为进行详细分类的例子。作为例子，表 7-1 呈现了一个涉及赞助搜索结果的搜索会话中的搜索行为的行为谱。

表 7-1　赞助搜索广告的行为谱示例

行为	描　述
展现	对应搜索用户所提交的关联于一个关键字短语的查询请求而进行的一则广告展示
点击	搜索用户点击一则广告的 URL 并访问所链接到的登录页面
订单按钮点击	搜索用户通过点击订单按钮而表现出一种进行实际购买的意图
订单	顾客点击一则广告并因此下购买订单
订购物品量	顾客在一个订单中所购买的物品数量

观察行为的方式有很多。在赞助搜索广告分析中，我们主要关心的是在文件中观察和记录这些行为。这样的话，我们就可以将日志中记录的字段视为跟踪数据。

跟踪数据

分析人员有多种选择来收集、分析所需的数据，但是，并没有最好的数据收集方法。采用哪种方法取决于需要调查什么、如何记录数据、有什么可用资源、可用于数据收集的时间有多长、数据有多复杂、数据收集的频率如何以及将如何分析数据。

对于赞助搜索广告数据的收集来说，我们通常关心的是行为观察。观察的一般目的是记录自然环境中的行为。当调查用户行为时，分析人员必须记录这些行为以便在未来的分析中访问这些数据。搜索用户、分析人员或第三方都可以记录这些行为。

然而，事务日志记录是一种记录行为和搜索用户数据的间接方法。借助日志记录软件，日志记录可以通过跟踪来记录这些数据。因此，事务日志记录是一种跟踪数据的来源。

什么是跟踪数据?

人们开展其日常生活行为的过程会创造一些事物、产生一些印象，或者减少一些现存的物质。在研究的范围内，这些事物、印象和磨损则成为数据。根据经典的观点，跟踪数据指的是交互的物理形式的残迹。[14，p35-52]这种产物可以是有意的（如日记中的标注），或意外的（如泥土里的脚印）。然而，跟踪数据也可以通过第三方的日志记录应用程序来实现。在事务日志分析中，我们主要感兴趣的是来自第三方的日志记录数据。我们把这些记录在日志中的数据称为跟踪数据。

□ **集锦**

谨防赞助搜索广告分析中的路灯效应，即倾向于测量我们能测量的一切，而不是实际上重要或者我们真正感兴趣的事情。

许多已发表的关于赞助搜索广告（和网络搜索）的文献，相当重视展现量和点击量，并以这两个变量作为搜索会话效果或广告效果的替代物。研究人员（和其他人）这么做的原因是，很难获得实际的转化数据，就像很难获得实际的搜索用户对文档的相关性评价一样。因此，研究人员利用其所拥有的数据（通常指的是展现量和点击量）进行测量。

这些指标比较容易获得或被注意到，因而被称为“路灯效应”。其实，我们仅调查了我们可以看到的事情。

分析人员使用物理形式的，或者在赞助搜索广告分析中以虚拟形式的痕迹作为行为指示器。这些行为是研究人员描述或使用的，对涉及行动者的事件进行推断的事实或数据。

按照惯例，跟踪数据一般分为两种类型：侵蚀（erosion）和吸积（accretion）。[14] 侵蚀指的是因物质的磨损而留下的痕迹。吸积指的是因物质的积聚而形成的痕迹。侵蚀和吸积都有一些子类别。在赞助搜索广告分析中，我们主要关心吸积跟踪数据。

跟踪数据与直接收集的数据形成了鲜明的对比。跟踪数据最大的优点就是非干涉性，即数据收集过程并不干扰一个给定上下文场景中行为和事件的自然流程。因为数据不是直接收集的，观察者并不出现在现场，因而其行为也不会影响行动者的活动。跟踪数据的非干涉和非反应本质使其成为一个很有价值的研究课程。在过去，跟踪数据的收集和处理常常比较费时，因而代价很高。随着事务日志记录软件的出现，研究用户和系统行为的跟踪数据变得便宜、方便，并因此开始盛行。

有趣的是，在物理世界，侵蚀数据通常被用来解释使用模式（如树林里穿过的小径、雪地里的脚印、一本书封面上的磨损）。然而，在赞助搜索广告分析中，日志数据给我们提供使用模式（如访问一个网站、输入查询请求、浏览的网页地址）。具体来讲，事务日志是一种受控制的吸积数据（controlled-accretion data）形式，因为分析人员通过改变环境来创造这些吸积数据。[14, p35-52] 万维网具有各种各样的跟踪应用程序，从而形成一种可以控制吸积数据收集的自然环境。

如同所有的数据收集方法一样，用于研究赞助搜索广告交互的跟踪数据也有其优点与缺点。跟踪数据对理解自然环境中的行为（跟踪活动）是很有价值的，能够对无法以其他方式获得的人类活动提供见解。举例来讲，来自事务日志的数据规模是无法从其他地方取得的。然而，因为跟踪数据可能会产生误导，因此我们必须小心甚至相当谨慎地解释跟踪数据。

举例来讲，通过事务日志数据，分析人员可以指明，一定数量的搜索用户只看第一个搜索结果页面。然而，如果仅使用跟踪数据，分析人员不能得出结论：搜索用户离开是因为他们找到了所需的信息而满意，还是因为他们没有找到所需信息而沮丧？这是非干涉性数据的常见问题。

非介入式方法

非介入式方法（unobtrusive method）指的是无须分析人员介入行为者的上下文场景的一种分析实践。此外，非介入式方法不涉及从行为者处直接获取数据。

这种方法与介入式方法（如实验室实验方法与调查方法）形成对照，后者需要研究人员自身真实地介入研究环境。这种介入会使得搜索用户出于某种原因而改变他们的行为，因而在分析人员眼里看起来是不错的。例如，调查问卷会干扰自然的行为流。调查对象会厌倦填写调查问卷或讨厌所提的问题。

为什么分析人员不介入环境如此重要呢？好，对此至少有三个辩解。第一个辩解是不确定性原则（海森堡（Heisenberg）的测不准原理）。海森堡的测不准原理来自量子物理领域。在量子物理中，某些系统的测量结果不是确定性的或完美的。相反，测量可以用概率分布来刻画。这个分布响应的标准差越大，系统测量特征的不确定性越高。海森堡的测不准原理通常被表述为，“一个人不能准确地同时测量一个粒子的位置和动量”。根据定义，位置和动量是存在内在联系且相互冲突的两个测度。这两种测度不能被同时进行测量。

当分析人员介入环境时，他们会变成系统的一部分。因此，他们的出现就会就会影响测量。一个信息技术的常用例子是，在现有的信息技术系统中插入一个记录装置。这种介入可能会使被测系统的反应时间变慢。

第二个辩解是观察者效应（observer effect）。观察者效应指的是因观察引起的一个人的行为或活动差异。当人们在执行一种活动时，如果被访谈或者知道自身被观察，他们可能不会以通常的方式行事。在分析中，观察者效应具体指的是观察活动所引起的被观察现象的变化。在信息技术中，观察者效应则指，当一个过程正在运行时观察对其结果的潜在影响。在事务日志分析中，观察者效应的一个很好的例子是色情搜索行为。在实验室研究中，参与者很少搜索色情资料。然而，跟踪数据则显示，这是一个常见的搜索主题。[24]

非介入式方法的第三个辩解是观察者偏见（observer bias）。观察者偏见指的是，当观察者过于强调其期望发现的行为而没有注意到他们不期望的行为时，研究人员引入测量中的误差。在许多领域中，有一些解决这个问题的通用程序，虽然在信息和计算机科学中很少用到。举例来讲，为了避免观察者偏见，医学试验一般是双盲的（研究人员和参与者都不知道接受了哪种治疗），而不是单盲的（参与者不知道接受了哪种治疗）。研究人员看到一种行为并根据对他们意味着什么来进行解释，然而这种行为可能对表现这种行为的人来说意味着另外一种含义，这时观察者偏见就被引入了。跟踪数据有助于克服收集数据时出现的观察者偏见。然而，如同其他方法一样，它对解释来自数据分析的结果的观察者偏见没有任何效果。

非介入式测量方法减少了研究人员或测量仪器介入引起的偏见。然而，非介入式测量方法同时也降低了研究人员对收集的数据类型的控制程度。对于一些构念来说，可能就没有任何可用的非介入式测度。

我们讨论三种适用于赞助搜索广告分析的非介入式测量方法：间接分析（indirect analysis）、内容分析（content analysis）和二手（数据）分析（secondary analysis）。事务日志分析往往是一种间接分析方法。[25, 26, 27, 28] 分析人员能够收集数据而无须引入任何正式的测量程序。在这一点上，事务日志分析通常侧重于发生在用户、系统和信息之间的交互行为。

内容分析指的是分析文本文档。分析可以采用定量方法、定性方法或二者混合的方法。通常，内容分析的主要目的是识别文本中的模式。内容分析的优点是它是非介入式的，并且可以相对快速地分析大量文本，这取决于是否存在自动方式。在事务日志分析中，内容分析通常聚焦于对搜索请求和查询结果的分析。[29, 30, 31, 32, 33]

就像内容分析一样，二手数据分析利用已经存在的数据源。然而，二手数据分析是对定量数据，而不是文本的再分析。二手数据分析采用不同的方式分析已有的数据，来解决与数据收集时原本打算研究的问题不同的问题。二手数据分析利用其他人搜集的数据。事务日志数据通常被网站收集来进行系统性能分析。然而，分析人员也可以用这种数据来解决其他问题。[34, 35, 36, 37, 38, 39, 40, 41]

作为一种二手数据分析方法，赞助搜索广告分析有几个优点。它有效地利用了网站应用程序收集的数据。它使研究人员能够访问很长时间内大量的潜在用户样本，这往往允许研究人员大大扩展研究范围。[42] 因为数据已经被收集，现有事务日志数据的成本比收集一手数据要便宜得多。

然而，使用二手数据并非没有困难。二手数据的准备、清理和分析通常并不容易，特别对于大量事务日志记录来说。因为日志记录应用程序是第三方开发的，分析人员常常必须对如何收集数据进行假设。此外，使用事务日志记录作为二手数据还存在一些伦理方面的顾虑。根据定义，分析人员使用数据的方式侵犯了系统用户的隐私。实际上，有些人指出，由于这种分析所涉及的伦理问题变得越来越敏感，因而对非介入式方法的厌恶与日俱增。[13]

赞助搜索广告分析作为一种非介入式方法

赞助搜索广告分析作为一种研究与调查行为的方法论，有着一些显著的优势。这些优势包括以下几项。

- **规模：**事务日志记录应用程序收集的数据可以在一定程度上克服实验室用户研究的一些关键限制因素。在实验室中进行的用户研究通常受限于样本量、地点、范围和持续时间。
- **影响力：**事务日志数据的样本量相当庞大，从而推理检验可以强调统计上显著的关系。有趣的是，来自万维网的事务日志数据有时如此庞大，以至于几乎每个关系都是显著相关的。
- **范围：**因为事务日志数据是在自然的上下文场景中收集的，研究人员可以探究在多变量上下文场景中的各种用户—系统交互或系统功能。
- **地点：**事务日志数据可以在一种自然、分布的环境中进行收集。因此，用户无须处于一种人工实验室环境中。

- **持续时间**：因为事务日志数据不需要为一项用户研究雇用具体的参与者，因而数据可以在一段较长时间内进行收集。

所有的数据收集方法都有（其他方法所没有的）优点和固有的缺点。赞助搜索广告日志也有一些缺点。第一，相对于一手数据来说，事务日志数据几乎不可能是万能的，因为数据可能没有被收集来回答同样的研究问题。第二，赞助搜索广告数据并不像运用其他方法收集的数据那么丰富，因此可能无法用于有些研究人员想要探讨的概念范畴。第三，赞助搜索广告应用记录的字段往往只与它们声明要度量的概念有比较松散的联系（比如，点击往往被用作结果与查询请求相关性的一种替代测度）。第四，对于赞助搜索广告日志而言，用户可能知道他们会被记录而改变了自身的行为，因此，用户行为可能并不是完全自然的。

赞助搜索广告分析受限于数据收集特性衍生出的一些缺点。希伯特（Hilbert）和莱德迈尔斯（Redmiles）[43] 主张，所有的研究方法都存在抽象、选择、约简、上下文场景和演化方面的组合问题，从而限制了其结果的扩展性和质量。赞助搜索广告分析也存在这五个方面的缺陷：

- **抽象问题**——低层次的数据如何与高层次的概念联系起来？
- **选择问题**——在报告与分析之前，如何区分必要的数据和不必要的数据？
- **约简问题**——在报告与分析之前，如何降低数据集的复杂性和缩小规模？
- **上下文场景问题**——如何解释事件或状态在状态链中的意义？
- **演化问题**——如何在不影响其部署或使用的情况下，更改数据收集应用程序？

□ **集锦**

网络分析的许多方面都是非常困难的，并隐含多项警告和潜在的陷阱。一个经典的例子是“旅馆问题”（hotel problem），其以鲁弗斯·维森（Rufus Evision）命名并归功于他。

旅馆问题被用作一个显示日期范围对网络分析结果影响的例子。不同日期范围的比较结果可能会导致看起来似乎荒谬的测量。

旅馆问题是阐明这一点的一种简单方法，其显示一个星期内每一天的唯一访客加起来的总数可能不会与该星期内的唯一访客总数相同。(注：可以是天到周、周到月、月到年，或诸如此类。)

旅馆问题基本上就是这样的。

一个旅馆有两个房间。本星期内每天每个房间有一名客人。因此，每天的唯一访客数为2。

有人可能想，为了得到该星期的唯一访客数，只要把7天的访客数加起来，将得到14(假设每天旅馆都是满客的)。

然而这个方法是有缺陷的。为什么?

如果一名客人在旅馆住了7天将会怎么样呢?这名客人在每天计为一个唯一访客，而每周也只能计为一个唯一访客。

假设一名客人整整7天住在一个房间，另外一个房间每天都有一名新客人，每天的唯一访客数为2，那么所有7天的唯一访客数则为8。

因为每种方法都有其自身的抽象、选择、约简、上下文场景和演化方面的组合问题，这就需要互补的数据收集与分析方法。

这类似于任何分析方法中固有的矛盾。数据收集的每种分析方法都试图最大化三个理想的评价标准：

- **一般化**——数据适用于整个群体的程度。
- **精度**——测量的粒度。
- **实在论**——收集证据的上下文场景与应用该证据的上下文场景之间的联系。

虽然分析人员总想同时最大化所有这三个评价标准，但这不可能实现。这是分析过程的一个基本困境。提高上述其中任何一个评价标准都将会降低另外一个或两个。

可信性、有效性和可靠性

科学方法的基本步骤如下：

- 构建一个**假设**。
- **测试**该假设。
- 分析**数据**。
- 汇报**调查结果**。

在赞助搜索广告分析中，我们基本按照同样的步骤进行。

在分析过程中，应使用与所有研究数据相同的标准检查来自赞助搜索广告日志的跟踪数据。这些评价标准包括可信性（creditability）、有效性（validity）和可靠性（reliability）。简而言之，这些概念意味着表现不佳的分析不会产生相关的结果。可能存在很多问题，但与可信性、有效性和可靠性有关的问题通常涉及数据是如何收集的。

可信性指的是，数据收集方法值得信赖或相信的程度。研究人员必须有证据证明数据收集方法记录了解决基本研究问题所需的数据。

有效性描绘测量结果是否真实地测量了应该测量的。有效性有三种类型：

- 表面有效性或内部有效性表示测试或程序的内容在多大程度上看起来像研究人员所试图测量的。
- 内容有效性或结构有效性表示测试或程序的内容在多大程度上反映场景的上下文属性。
- 外部有效性表示研究结果能够在跨群体、情境、环境和上下文场景中进行推广的程度。

在推理或预测分析中，必须关心统计有效性，即自变量与因变量之间关系的强度。这在分析如 A/B 测试和多变量测试中是最应值得注意的，[45, 46] 其中样本量是非常重要的。从根本上说，我们需要足够的数据或样本来确保具有统计显著性。

□ **集锦**

A/B 测试在广告中的起源无疑可以追溯到邮政业务时期。[47，48，49]

然而，它甚至可以追溯到弗朗西斯·培根（Francis Bacon）爵士[50]在1620年的工作。他被认为是实证研究之父和（现在被认为是）科学变量测试的首位著名拥护者。

根据所用样本的类型，有多个样本量计算公式。然而，样本量计算的通用公式是：

$$n=\left[\frac{Z_{\alpha/2}\sigma}{E}\right]^2$$

公式 7-1 样本量计算

其中，n 为样本量；E 是所需误差范围；σ 是总体标准差；$Z_{\alpha/2}$ 是临界值；α 表示所需的置信度水平（对于 95% 的置信度水平，α 应该被赋值为 0.05）。E 是分析人员所选择的误差范围，其精确值取决于所开展的研究；$Z_{\alpha/2}$ 则通过查 z 统计表得到。

作为一个计算例子，如果 $\alpha = 0.05$，$E = 5$，$\sigma = 15$，那么 $Z_{\alpha/2} = 1.960$；$n = 34.5744$，向上取整为 35。因此，我们需要的样本量为 35。根据经验法则，对于任何量化分析来说，通常需要的 35 ～ 40 个实验对象。

□ **集锦**

许多量化统计分析都基于方差分析（analysis of variances，ANOVA）。方差分析则基于正态分布、均值和标准差。

这种量化统计分析是罗恩·费舍尔（Ronal A. Fisher）爵士发明的，他奠定了现代统计科学的几乎整个基础。[51]

在任何统计分析中，我们都必须知道犯错误的概率。如施瓦布[52]所指明的，如果样本量太小，那么概率法则会导致较大的偏差。

□ **集锦**

概率法则真的很有趣，因为它是对我们力争获得成功所采取行动的更准确的描述。

从根本上来说，概率法则是关于事情发生的机会。那么，我们选择一个样本量。这个样本量给出一个给定的置信区间，即一个正确（或有效、成功）的概率和一个错误（或无效、不成功）的概率。

两边几乎都没有任何 100% 的保证。

可靠性描绘了测量的稳定性。采用同样的方式重复测量同一物体是否会得出同样的测量结果？或者换句话说，研究结果是否可以用于更大的群体，而不仅仅是被采集数据的群体？可靠性主要关注的是，确保数据采集方法会产生一致的结果。

□ **集锦**

“得克萨斯神枪手”的概念是一个逻辑谬论，其中没有关系的信息被解释或操纵，直至看起来有意义。

该名称来自关于一个得克萨斯人的笑话。他朝着自己谷仓的一侧射了许多子弹，以弹孔最密集的地方为中心画一个靶子，然后自称是神枪手。

这个谬论适用于这样的情况：一个人对所讨论的特定数据关系没有事先或预先的期望。

这个谬论源自人们倾向于看到模式，而真实的模式并不存在或者没有依据人们相信的模式存在。它与聚集性幻觉（clustering illusion）有关，指的是一种人类认知倾向，即在随机并不存在的情况下，对模式进行解释。

因此，从实证数据中构建理论（被称为扎根理论（grounded theory）），我们可以检查数据并有可能确定某些模式或关系是否存在。

为了避免得克萨斯神枪手谬论，我们可以通过探讨其他数据来验证是否存在同样的模式或在控制实验中测试相关性。

需要注意的是，我们将需要使用在独立条件下采集的新数据。如果我们使用最初发现模式或假设检验的同样数据，那么将犯下得克萨斯神枪手谬误。

（注：没有诋毁得克萨斯的意思。作者曾在得克萨斯居住两年并喜爱那个地方！）

如何解决可信性、有效性和可靠性的问题呢？根据以往的研究，[53] 我们知道，在每个使用赞助搜索广告日志跟踪数据的分析项目中必须解决六个问题。

- **分析什么数据？**分析人员必须以精确的方式清楚地阐明跟踪数据记录了什么，并设计一定的格式。通过事务日志记录软件，比使用其他形式跟踪数据容易得多，因为日志记录应用程序可以进行反向工程来清楚地阐明记录了什么样的行为数据。
- **数据是如何定义的？**分析人员必须清楚地定义每个跟踪测度，从而允许其他人在其他系统上进行重复研究。因为事务日志分析在不同场合的应用激增，更精确的测度定义正在开发中。[54，32，33]
- **分析人员从哪些群体中获得数据？**分析人员必须认识到，行动者（包括人和系统）生成了跟踪数据。对于网上事务日志，有时这是一个难以直接解决的问题，除非系统需要某种类型的登录，从而可以获得用户简表。在这些用户简表缺失的情况下，分析人员必须依赖人口调查（demographic survey）、系统用户群体研究或一般的网上人口统计（Web demographics）。
- **分析人员分析数据的上下文场景是什么？**研究人员清楚地阐明记录跟踪数据的环境、情境和上下文场景因素是很重要的。对于事务日志数据，研究人员必须提供数据收集的时间要素（记录数据的时间）和记录数据时系统配置的完整信息，因为系统功能会不断变化。事务日志具有跟踪数据的明显时间采样优势。在时间采样中，分析人员可以在预先确定的时间点进行观察（比如每隔五分钟），然后使用行为谱中定义的类型来记录发生的活动。

- **分析的边界是什么？**在使用事务日志跟踪数据时，分析是比较棘手的。分析人员必须注意，在研究的问题和调查结果方面不要野心过大。分析的含义受限于数据和收集数据的方法。举例来讲，事务日志数据可以清晰地说明一个搜索用户是否点击了一个链接。然而，事务日志数据本身并不会告诉分析人员为什么搜索用户点击了这个链接。
- **推理的目标是什么？**分析人员必须清楚地阐明跟踪数据中不同测度之间的关系是描述性分析还是推断性分析。跟踪数据可以被用来进行描述性分析和推断性分析。这些描述和推断可以在不同粒度层次（个体、群体、组织等）上进行。然而，希尔伯特和莱德迈尔斯指出，根据他们的经验，事务日志数据最好用于汇总层次的分析。[55]

事务日志是收集关于万维网和其他信息系统用户的跟踪数据的一种很好的方法。使用跟踪数据来理解行为，充分利用了赞助搜索广告日志，而赞助搜索广告分析成为一种非介入式的研究方法。

点击欺诈

指标和测量也可以帮助我们解决赞助搜索广告存在的一些负面问题。

根据在线营销公司 iProspect（http://www.iprospect.com/），点击欺诈（click fraud）是关键字广告和其他形式的在线广告的一个问题。点击欺诈涉及有意点击赞助广告链接，目的是获得非法的货币回报或者损害特定内容提供商的利益。点击欺诈可以采用不同的形式，但结果常常是相同的。作案者重复点击赞助广告链接而无意为该提供者贡献价值，而广告主则需要为这种行为所造成的没有任何效果的流量支付费用。不言而喻，点击欺诈是不道德的。虽然研究人员做了不少尝试如黄金法则（golden rule）、日光测试（light-of-day test）、搭便车（free-riding）和市场道德（morality of the marketplace），[56] 但是，更难解释的是为什么会这样。

为了使点击欺诈可操作，必须首先定义价值。这是点击欺诈问题的核心。然后，给出关于赞助搜索结果、赞助搜索广告链接和点击的更正式的定义。

- **价值**（value）指的是使用信息、部署服务、购买产品或网站访客进行的交易，并与内容提供商的目标一致。
- **赞助搜索结果**（sponsored result）指的是与一个特定赞助搜索广告链接相关联的一组标题、文本或其他材料。
- **赞助搜索广告链接**（sponsored link）指的是搜索引擎提供服务的一个统一资源定位符（URL），其出现在SERP上作为对查询请求的回应或者以一种情境化的方式出现在相关网站上或邮件中。
- **点击**（click）指的是通过赞助搜索广告链接启动访问一个网站的活动。

通过这些术语，我们可以正式地定义：

（1）**有效点击**（valid click），指的是访客对赞助搜索广告链接的一种有意点击。当该访客到达网站后，存在产生价值的现实可能性。

（2）**无效点击**（invalid click），指的是对赞助搜索广告链接的点击，但并没有产生价值的可能性。

1）**欺诈性点击**（fraudulent click），指的是作案者对赞助搜索广告的有意点击，而没有产生价值的任何意图（又称为点击欺诈）。

A. **可识别的点击欺诈**（identifiable click fraud），指的是能够与有效点击区分开来的（作案者实施的）点击欺诈及其模式。

B. **不可识别的点击欺诈**（unidentifiable click fraud），指的是无法与有效点击区分开来的（作案者实施的）点击欺诈及其模式。

2）**无用点击**（void click），指的是一种无效点击而并非欺诈性点击（比如双击赞助搜索广告链接、当网站宕机时对赞助搜索广告链接的点击）。

A. **可识别的无用点击**（identifiable void click），指的是能够与有效点击区分开来的无效点击。

B. **不可识别的无用点击**（unidentifiable void click），指的是无法与有效点击区分开来的无效点击。

3）**蒙混过关率**（slip-through rate），指的是搜索引擎的检测机制没有识别出来的一组无效点击。

从这些定义我们可以看出，点击欺诈是一个多层次的问题。在搜索引擎的所有访问中，有些访问会带来对赞助搜索广告链接的一个或多个点击，据报道此比例为 20% ～ 30%。[57] 这些点击中的大部分是有效的，因为它们可能会为内容提供商带来价值。然而，这些点击中的另外一些则是无效的，它们没有为内容提供商带来价值。这些无效点击可以是有意和恶意的。我们把这些恶意点击定义为欺诈性点击。其他无效点击只是由于其他的原因而没有效果。比如，用户可能会双击赞助搜索广告链接。我们把这些点击称为无用点击。无用点击可以被合理地识别出来，因为通常可以在总体层面对其进行分析。有效点击会呈现一些行为模式。点击模式偏离这些标准模式，可能便是表明点击无效的一个迹象。这些模式的例子是，一个用户点击同一个赞助搜索广告链接的时间间隔和在访问网页的停留时间。因此，许多（如果不是大多数）无用点击可以被合理地识别。

点击欺诈是一个更难解决的问题。在这些情况下，作案者试图让他们的欺诈性点击看起来像有效点击。识别欺诈性点击要困难得多，因为需要同时在总体层次和个体层次上进行分析。图 7-2 基于先前报道的数据说明了**有效点击**、**无效点击**和**整体访问**之间的关系。

如果我们把搜索引擎的整个访问空间（点击空间）看作 100%，至少这些访问的 70% 不会产生对赞助搜索广告链接的点击。图 7-2 基于许多用户研究和大众媒体报道。因此，对赞助搜索广告链接的有效和无效点击占所有访问的大约 30%。根据各种大众媒体报道，[58] 搜索引擎屏蔽了大约 15% 的无效点击（同时包括无用和欺诈性点击）或者全部点击的大约 3%。

我们并不能精确地了解搜索引擎过滤这些无效点击的准确性。然而，我们可以合理地将其估计为 80% 或更高。采取 80% 准确性的保守估计，可以得出结论，无效点击占所有点击的 6%（30% 的 20%）。假设没有识别的无用点击几乎为零，这意味着有略高于 1% 的欺诈性点击没有被检测出来（蒙混过关率）。虽然这只是一个小百分比，但是，当考虑到搜索引擎每年赚数十亿美元，它可以转化为真实的现金（比如，如果搜索引擎赚 80 亿美元，那么 1% 就是 8 亿美元）。

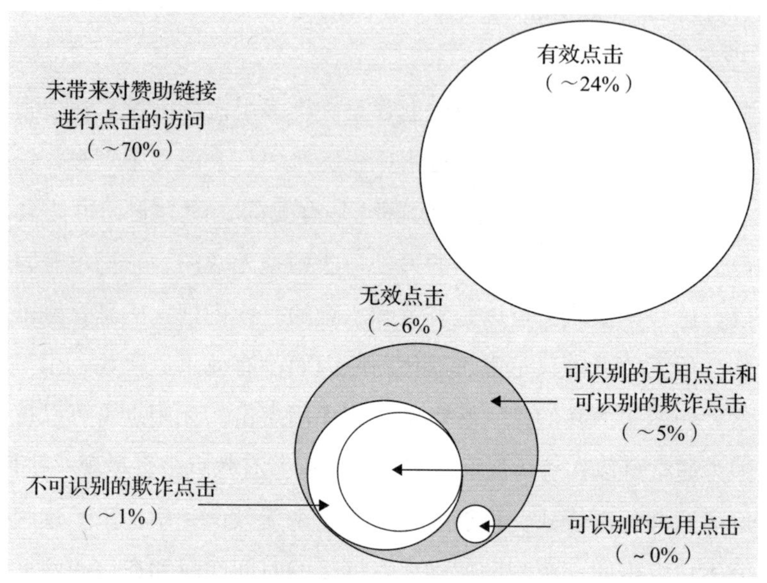

图 7-2　讨论点击欺诈的点击空间

这些百分比只是针对 SERP 上的赞助搜索广告链接。对内容关联广告站点的赞助搜索广告链接（搜索引擎在一些特定网站上展示赞助搜索广告链接），尚无对比数据。然而，有人怀疑这些网站实际发生的点击欺诈要多得多。内容提供商对无效点击和糟糕流量的抱怨好像证实了这些内容关联广告的更高的欺诈性点击率。[59]

□ **集锦**

几乎自赞助搜索广告诞生以来，点击欺诈一直就存在。看看来自 Usenet 新闻组的 alt.religion.scientology>GoTo.com search engine 这个条目，所注明的日期为 1998 年 12 月 31 日。

再检查一下日期：1998 年就是赞助搜索广告元年！

主题：回复：GoTo.com 搜索引擎

日期：1998 年 12 月 31 日

— 开始 PGP 签名的消息 —

在文章中 <36geb4e5.36201…@news.xs4all.nl>, a…@xs2all.nl says…

嗯……现在如果有人能够使点击过程自动化，我们将积欠一大笔账（微笑）。

哇，goto.com 好像容易被滥用，因为它们生成的链接看起来如下：

http://www.goto.com/d/search-redirect?url=http%3A%2F%2Fwww.oursites.org%2Flydiabeckham%2F&searchID=12975B5951364A44&bid=50&rID=2265469788077037071&aID=36061eOd17ed&rank=l&rawq=scientology

当然，全部为一个长串。值得注意的是，竞标金额编码在 URL 中（单位为一分钱的 1/10）。如果 goto.com 使用你添加到 URL 中的竞标金额，你可以提交如下内容：

http://www.goto.com/d/search-redirect?url=http%3A%2F%2Fwww.oursites.org%2Flydiabeckham%2F&searchID=12975B5951364A44&bid=5000&rID=2265469788077037071&aID=3606IeOdI7ed&rank=l&rawq=scientology

来让 Lydia 公司为每点击支付 5 美元。还有，goto.com 可能会阻止来自同一 IP 地址的多次点击，或者并不阻止。如果它们的确阻止，那么大家通过一个代理服务器访问 goto.com 将不会像直接访问它们那样使广告主花费广告费用。然而，如果它们没有阻止来自同一 IP 地址的多次点击，那么你简单写一个脚本来多次提取上述 URL，假设每三分钟点击一次并让其在后台脚本运行几天。Lydia 公司可能会收到一份令人吃惊的账单！

当然，goto.com 为你提供 http 重定向（302）来回复上述 URL。大部分浏览器只是自动从其中获得真实的网站。然而，无论如何，一个如上所述的滥用脚本将根本无视 goto.com 的反应。

因此，几乎从一开始就有人跟系统进行博弈。

基本要点

- 赞助搜索广告分析指的是为了监控、理解和优化关键字广告与营销而搜集、测量、分析和报告关键字广告数据。

- 赞助搜索广告分析是我们判断赞助搜索广告工作效用和高效的基础。
- 赞助搜索广告分析基于行为主义，其中每种行为有与其相关联的含义。
- 赞助搜索广告分析中使用的测量类型是通过某种日志记录软件收集的跟踪数据。
- 赞助搜索广告分析中的测量是目标导向的，并经得起可信性、有效性和可靠性测试。
- 测量会因我们对赞助搜索广告工作持有的不同观点而不同。

理论与实践相结合

赞助搜索广告分析可以为关键字广告工作提供真知灼见，发现新的广告机会和优化现有的广告。利用赞助搜索广告分析，我们可以跟踪、测试和检查报告。通过这种分析，我们可以改善广告系列，包括关键字短语和广告。

然而，我们也可以利用赞助搜索广告分析来进行效用分析，通过聚焦于高阶指标和测度，问自己一些关键问题。

- 你的测度有效吗（它们是否真实地测量了你的广告工作的整体目标，包括顾客终身价值、归因、跨渠道销售）？
- 你的测度可信吗（它们是否测量了其应该测量的，包括整合所有销售和营销的跨渠道沟通）？
- 你的测度可靠吗（它们是否进行完全真实的测量，包括退货、取消订单和呼叫中心溢出效应）？

结　论

在本章中，我们定义了赞助搜索广告分析，并说明它如何与营销研究有关。我们讨论了它如何根植于事务日志分析的方法论和行为主义的概念。我们也讨论了行为的核心概念、跟踪数据、非介入式方法，并强调赞助搜索广告分析的固有要素。最后，我们讨论了可信性、有效性和可靠性三个关键研究概念，并给出了在任何一个分析项目中可以提出的问题，以及指标和测度两个关键概念。我们还涉及了赞助搜索广告中的点击欺诈问题，并定义了一些关键要素。

我们已经仔细检查了我们的广告工作，我们主要聚焦于一些表面情况，即顾客以某种方式看到的方面。我们讨论了关键字、广告、搜索以及测量这些方面的方法。

我们略过了对一个非常重要方面的讨论，即广告主如何得到这些连接广告和查询请求的关键字。通过这些关键字，我们可以追踪我们的品牌化、广告和营销工作的成败。当然，搜索引擎并不免费提供这些服务。而且，一定还有其他广告主也对这些关键字感兴趣。这些关键字会花费我们多少钱呢？

这些问题的答案属于博弈论领域。通过在线关键字竞价我们可以确保某些关键字的使用，而博弈论是其基础。那么，在这个方面，我们先把广告这一话题搁置一旁，去谈谈广告主。

参考文献

[1] Kaushik, A. 2007. *Web Analytics: An Hour a Day*. Indianapolis, IN: Wiley.

[2] Peterson, E. 2004. Web Analytics Demystified: A Marketer's Guide to Understanding How Your Web Site Affects Your Business. New York: Celilo Group Media.

[3] Pedrick, J. H. and Zufryden, F. S. 1991. "Evaluating the Impact of Advertising Media Plans: A Model of Consumer Purchase Dynamics Using Single Source Data." *Marketing Science*, vol. 10(2), pp. 111–130.

[4] Penniman, W. D. 1975. "A Stochastic Process Analysis of Online User Behavior." In *The Annual Meeting of the American Society for Information Science*, Washington, DC, pp. 147–148.

[5] Meister, D. and Sullivan, D. 1967. "Evaluation of User Reactions to a Prototype On-Line Information Retrieval System: Report to NASA by the Bunker-Ramo Corporation. Report Number NASA CR-918." Bunker-Ramo Corporation, Oak Brook, IL.

[6] Directors, A. M. A. B. O. 2004. Definition of Marketing. Retrieved December 14, 2010, from http://www.marketingpower.com/aboutama/pages/definitionofmarketing.aspx.

[7] Schultz, D. E., Barnes, B. E., Schultz, H. F., and Azzaro, M. 2009. *Building Customer-Brand Relationships*. London: M.E.Sharpe.

[8] Boyce, B. R., Meadow, C. T., and Kraft, D. H. 1994. *Measurement in Information Science*. Orlando, FL: Academic Press.

[9] Handy, C. 1994. *The Empty Raincoat*. London: Random House Business.

[10] Peters, T. 1993. "The History and Development of Transaction Log Analysis." *Library Hi Tech*, vol. 42(11), pp. 41–66.

[11] Jansen, B. J. 2006. "Search Log Analysis: What Is It; What's Been Done; How to Do It." *Library and Information Science Research*, vol. 28(3), pp. 407–432.
[12] McGrath, J. E. 1994. "Methodology Matters: Doing Research in the Behavioral and Social Sciences." In *Readings in Human-Computer Interaction: An Interdisciplinary Approach*, 2nd ed, R. Baecker and W. A. S. Buxton, Eds. San Mateo, CA: Morgan Kaufman Publishers, pp. 152–169.
[13] Page, S. 2000. "Community Research: The Lost Art of Unobtrusive Methods." *Journal of Applied Social Psychology*, vol. 30(10), pp. 2126–2136.
[14] Webb, E. J., Campbell, D. T., Schwarz, R. D., and Sechrest, L. 2000. Unobtrusive Measures (Revised Edition). Thousand Oaks, CA: Sage.
[15] Webb, E. J., Campbell, D. T., Schwartz, R. D. D., Sechrest, L., and Grove, J. B. 1981. *Nonreactive Measures in the Social Sciences*, 2nd ed. ed. Boston, MA: Houghton Mifflin.
[16] Skinner, B. F. 1953. *Science and Human Behavior*. New York: Free Press.
[17] Watson, J. B. 1913. "Psychology as the Behaviorist Views It." *Psychological Review*, vol. 20, pp. 158–177.
[18] Sellars, W. 1963. "Philosophy and the Scientific Image of Man." In *Science, Perception, and Reality*. New York: Ridgeview Publishing Company, pp. 1–40.
[19] Rasiel, E . and Friga, P. N. 2002. *The McKinsey Mind: Understanding and Implementing the Problem-Solving Tools and Management Techniques of the World's Top Strategic Consulting Firm*. New York: McGraw-Hill.
[20] Spink, A. and Jansen, B. J. 2004. *Web Search: Public Searching of the Web*. New York: Kluwer.
[21] Jansen, B. J. and Pooch, U. 2001. "Web User Studies: A Review and ramework for Future Work." *Journal of the American Society of Information Science and Technology*, vol. 52(3), pp. 235–246.
[22] Hargittai, E. 2004. "Classifying and Coding Online Actions." *Social Science Computer Review*, vol. 22(2), pp. 210–227.
[23] Jansen, B. J. and McNeese, M. D. 2005. "Evaluating the Effectiveness of and Patterns of Interactions with Automated Searching Assistance." *Journal of the American Society for Information Science and Technology*, vol. 56(14), pp. 1480–1503.
[24] Jansen, B. J. and Spink, A. 2005. "How Are We Searching the World Wide Web? A Comparison of Nine Search Engine Transaction Logs." *Information Processing & Management*, vol. 42(1), pp. 248–263.
[25] Abdulla, G., Liu, B., and Fox, E. 1998. "Searching the World-Wide Web: Implications from Studying Different User Behavior." In *the World Conference of the World Wide Web, Internet, and Intranet*, Orlando, FL, pp. 1–8.
[26] Beitzel, S. M., Jensen, E. C., Chowdhury, A., Grossman, D., and Frieder, O. 2004. "Hourly Analysis of a Very Large Topically Categorized Web Query Log." In *The 27th Annual International Conference on Research and Development in Information Retrieval*, Sheffield, UK, pp. 321–328.
[27] Cothey, V. 2002. "A Longitudinal Study of World Wide Web Users' Information Searching Behavior." *Journal of the American Society for Information Science and Technology*, vol. 53(2), pp. 67–78.
[28] Hölscher, C. and Strube, G. 2000. "Web Search Behavior of Internet Experts and Newbies." *International Journal of Computer and Telecommunications Networking*, vol. 33(1–6), pp. 337–346.
[29] Baeza-Yates, R., Calderón-Benavides, L., and Gonźalez, C. 2006. "The Intention Behind Web

Queries." In String Processing and Information Retrieval (SPIRE 2006), Glasgow, Scotland, pp. 98–109.

[30] Beitzel, S. M., Jensen, E. C., Lewis, D. D., Chowdhury, A., and Frieder, O. 2007. "Automatic Classification of Web Queries Using Very Large Unlabeled Query Logs." *ACM Transactions on Information Systems*, vol. 25(2), p. Article No. 9.

[31] Hargittai, E. 2002. "Beyond Logs and Surveys: In-Depth Measures of People's Web Use Skills." *Journal of the American Society for Information Science and Technology*, vol. 53(14), pp. 1239–1244.

[32] Wang, P., Berry, M., and Yang, Y. 2003. "Mining Longitudinal Web Queries: Trends and Patterns." *Journal of the American Society for Information Science and Technology*, vol. 54(8), pp. 743–758.

[33] Wolfram, D. 1999. "Term Co-occurrence in Internet Search Engine Queries: An Analysis of the Excite Data Set." *Canadian Journal of Information and Library Science*, vol. 24(2/3), pp. 12–33.

[34] Brooks, N. 2004. The Atlas Rank Report I: How Search Engine Rank Impacts Traffic. (July). Retrieved August 1, 2004, from http://www.atlassolutions.com/uploadedFiles/Atlas/Atlas_Institute/Published_Content/RankReport.pdf.

[35] Brooks, N. 2004. The Atlas Rank Report II: How Search Engine Rank Impacts Conversions. (October). Retrieved January 15, 2005, from http://www.atlassolutions.com/pdf/RankReportPart2.pdf.

[36] Choo, C., Detlor, B., and Turnbull, D. 1998. "A Behavioral Model of Information Seeking on the Web: Preliminary Results of a Study of How Managers and IT Specialists Use the Web." In 61st Annual Meeting of the American Society for Information Science, Pittsburgh, PA, pp. 290–302.

[37] Chowdhury, A. and Soboroff, I. 2002. "Automatic Evaluation of World Wide Web Search Services." In 25th Annual International ACM SIGIR Conference on Research and Development in Information Retrieval, Tampere, Finland, pp. 421–422.

[38] Croft, W. B., Cook, R., and Wilder, D. 1995. "Providing Government Information on the Internet: Experiences with THOMAS." In Digital Libraries Conference, Austin, TX, pp. 19–24.

[39] Joachims, T., Granka, L., Pan, B., Hembrooke, H., and Gay, G. 2005. "Accurately Interpreting Clickthrough Data as Implicit Feedback." In 28th Annual International ACM SIGIR Conference on Research and Development in Information Retrieval, Salvador, Brazil, pp. 154–161.

[40] Montgomery, A. and Faloutsos, C. 2001. "Identifying Web Browsing Trends and Patterns." *IEEE Computer*, vol. 34(7), pp. 94–95.

[41] Rose, D. E. and Levinson, D. 2004. "Understanding User Goals in Web Search." In *World Wide Web Conference* (WWW 2004), New York, pp. 13–19.

[42] Kay, J. and Thomas, R. C. 1995. "Studying Long-Term System Use." *Communications of the ACM*, vol. 38(7), pp. 61–69.

[43] Hilbert, D. M. and Redmiles, D. F. 2000. "Extracting Usability Information from User Interface Events." *ACM Computing Surveys*, vol. 32(4), pp. 384–421.

[44] Evison, R. 2010. "Hotel Problem." Personal Communication with Jim Jansen.

[45] Brinker, S. 2010. 4 out of 5 Conversion Experts Prefer A/B Testing. (May 19). Retrieved January 26, 2011, from http://searchengineland.com/4-out-of-5-conversion-experts-prefer-ab-testing-41791.

[46] Eisenberg, B. and Quarto-vonTivadar, J. 2008. *Always Be Testing: The Complete Guide to Google Website Optimizer*. Indianapolis, IN: Wiley.

[47] Caples J. (Revised by Fred E. Hahn). 1997. *Tested Advertising Methods*, 5th ed. Upper Saddle

River, NJ: Prentice Hall.

[48] Hopkins, C. 1924. *Scientific Advertising*. New York: Cosimo Classics.

[49] Ogilvy, D. 1963. *Confessions of an Advertising Man*. London: Atheneu.

[50] Gaukroger, S. 2001. *Francis Bacon and the Transformation of Early-Modern Philosophy*. Cambridge: Cambridge University Press.

[51] Box, J. F. 1978. *R. A. Fisher: The Life of a Scientist*. New York: Wiley.

[52] Schwab, V. O. 1962. *How to Write a Good Advertisement: A Short Course in Copywriting*. Chatsworth, CA: Wilshire.

[53] Holst, O. R. 1969. *Content Analysis for the Social Sciences and Humanities*. Reading, MA: Perseus Publishing.

[54] Park, S., Bae, H., and Lee, J. 2005. "End User Searching: A Web Log Analysis of NAVER, a Korean Web Search Engine." *Library & Information Science Research*, vol. 27(2), pp. 203–221.

[55] Hilbert, D. and Redmiles, D. 1998. "Agents for Collecting Application Usage Data Over the Internet." In Second International Conference on Autonomous Agents (Agents '98), Minneapolis/St. Paul, MN, pp. 149–156.

[56] Fisher, J. and Pappu, R. 2006. "Cyber-Rigging Click-Through Rates: Exploring the Ethical Dimensions." *International Journal of Internet Marketing and Advertising*, vol. 3(1), pp. 48–59.

[57] Kerner, S. M. 2005. Google's "Golden Triangle." (May 4). Retrieved January 6, 2011, from http://www.internetnews.com/xSP/article.php/3502611.

[58] Grow, B., Elgin, B., and Herbst, M. 2006. Click Fraud: The Dark Side of Online Advertising. Retrieved January 6, 2011, from http://www.businessweek.com/magazine/content/06_40/b4003001.htm.

[59] Helm, B. 2006. Click Fraud Gets Smarter. Retrieved January 6, 2011, from http://www.businessweek.com/technology/content/feb2006/tc20060227_930506.htm.

第8章 针对关键字进行拍卖的严肃博弈

突然间，我们意识到自己处于拍卖行业中。

埃里克·施密特（Eric Schmidt）

谷歌公司第二任首席执行官[1]

如施密特在本章的引语中指出的，主流的赞助搜索广告平台在一定程度上就是主流拍卖行。这种拍卖如何影响我们镶框商店的业务呢？

在为镶框商店开发广告的过程中，我们分析了顾客，以便将我们的工作定位于那些最可能购买我们商品（或服务）的人。我们进行了营销分析，以理解如何评估广告的投资回报率。我们也考察了品牌化、广告和营销的一些概念，为总体推广活动指明了方向。最后，我们设计了广告来吸引潜在顾客，并选定了我们希望能触发广告的关键字短语。

然而，我们必须提醒搜索引擎，我们想要广告跟这些关键字短语一起出现。我们还必须因搜索引擎显示我们的广告而向其付费。当搜索用户的查询请求中包含某些词汇时，我们如何告诉搜索引擎展示某些广告？我们如何向搜索引擎付费？对广告主来说更重要的是，我们需要向搜索引擎支付多少费用？需要支付的一个公道价格是多少？我们如何将每一关键字短语的价格（price per keyphrase）与我们的企业从广告中所赚取的收益联系起来？

我们通过一个投标过程来回答上述问题。在这个投标过程中，我们告诉搜索引擎，如果它在回应与一个特定关键字短语相联系的查询请求时显示一则特定广告，那么我们将愿意支付多少费用。搜索引擎也设置了一个底价（floor price）。

这些关键字短语的价格从何而来呢？

它是一个拍卖系统起作用的结果。该系统就是让广告主作为投标者来对关键字短语进行定价的一种营销机制。关键字短语是赞助搜索平台上的广告触发器。在这个上下文场景中，从正式意义上来说，拍卖是一种包含分配过程和支付规则的经济机制。

跟我们一样，其他广告主也想让他们的广告跟这些关键字短语一起出现。而且，这些广告主想要他们的广告出现在搜索引擎结果页面的“最佳”位置，就像我们对我们的镶框商店所做的一样。

因此，这种拍卖允许每个关键字短语有一个浮动价格（一个估值，指的是对某物价值的评估），其取决于该关键字短语的市场需求。针对每个关键字短语，系统对广告进行排序，从最高到最低。也就是说，一个在线拍卖系统允许每个关键字短语—广告—位置组合在 SERP 上有一个浮动价格。

为什么每个人不直接支付一个确定价格呢？

这里有三个主要原因：

- **不同的关键字价值不同。**我们镶框商店的关键字短语定价比较适中，因为相对于其他业务来讲，镶框并不是一个高利润业务。与高价奢侈品、潜在的集体诉讼和其他高价服务相关联的关键字短语的价值则高得多。因为没有人有这种提前确定关键字短语价值的能力，搜索引擎让市场通过拍卖来决定它的价值。因此，可以将拍卖视为一种价格发现机制（price discovery mechanism）。搜索引擎之所以需要拍卖，是因为不可能提前知道如何给不同的关键字短语定价。通常，关键字短语的价值取决于所出售产品的利润率和转化可能性。
- **SERP 上的屏幕房地产很有限。**SERP 只能显示这么多广告，而且在许多关键字短语市场上，广告主的数量远远超过了广告空间。因此，搜索引擎再次让市场根据价格来决定谁能得到广告空间。显然，投标价最高的广告主（比那些投标价低一些的广告主）更想得到有限的屏幕房地产。
- **广告排名的效果。**我们讨论了广告排名对点击率（CTR）和转化率（CR）的影响（见关于广告的第 4 章）。广告主通常想要他们的广告出现在 SERP 上结果列表的顶端。在线拍卖是决定哪个广告主获得其广告在不同位置展示机会的一种机制。再说，投标价最高的广告主（比那些投标价低一些的广告主）更想得到广告空间。

表面上，赞助搜索拍卖看起来相当简单。广告主选择了与其产品（或服务）相关联的一组关键字短语。通常，对任何一组关键字短语感兴趣的广告主不止一个。因此，对一个关键字短语感兴趣的每个广告主报出一个投标价。这个投标价表示广告主愿意为一个特定关键字短语对应的每个点击支付的最高金额。这本质上就是赞助搜索拍卖。

然而，超出这个简单的解释之外，还有许多没有回答的问题。广告主如何决定投标价是多少？广告主对搜索引擎的付费在什么时候进行？什么会触发这个付费？搜索引擎如何决定把一则广告放到 SERP 列表的位置？

我们的简单解释实际上忽略了许多复杂情况。

让我们来谈谈拍卖

什么是拍卖？

拍卖的核心是分配机制。“拍卖”这一术语源自拉丁词根“auctus”，意思是“增加”。

□ **集锦**

虽然没有关于第一次拍卖是在什么时候发生的证据，但拍卖的记录可以回溯到公元前 500 年的希腊。那时，女人被拍卖为妻子，而拍卖是父亲出售女儿的唯一法定方式。

在罗马时代，拍卖的购买者被称为买方。这产生了许多人知道的用语：购者自慎（caveat emptor），或者购买者当心（buyer beware）。

第一个在线拍卖企业看起来好像是日本公司 Aucnet 株式会社。它在线出售汽车。紧随 Aucnet 株式会社之后的是 1995 年的 Onsale 和 1995 年 9 月的 eBay。[2]

GoTo.com（后来的 Overture）于 1998 年开启了赞助搜索广告拍卖系统，而谷歌于 2000 年开启了他们的广告拍卖系统，微软于 2006 年进入了这个行业。[3] 雅虎于 2003 年收购了 Overture，并于 2007 年推出了修订版的赞助搜索广告拍卖系统。2009 年，百度模仿了谷歌的广告拍卖和展示方式。

拍卖过程或平台，通常被称为市场，其拥有一些资源集，并根据一种定价机制（被称为投标价）将这些资源分配给那些参与拍卖的人。因此，拍卖简单来说就是，具有一组显式的规则来决定资源分配的市场。这些资源的价格则基于市场参与者所报的投标价。[4]

对于赞助搜索广告来说，搜索引擎就是作为广告主（虚拟地）聚集的关键字短语投标平台的市场。资源指的是广告位，即放置广告的 SERP 上的屏幕房地产。参与者指的是广告主。SERP 上的屏幕房地产的价格和布局取决于连接（搜索用户的）查询请求和广告的关键字短语所对应的投标价。

原则上，在线拍卖与你在美国的县集市上、房地产销售中或在一些高价拍卖行（比如苏富比和佳士得）看到的拍卖并没有多大不同。这些往往都是标准的拍卖，资源归投标价最高的参与者所有。

□ **集锦**

大部分拍卖研究都基于博弈论。博弈论试图在数学上对玩家的情况、行动和博弈策略进行模型化。在大部分博弈中，玩家的成败取决于其他玩家所采取的行动。

博弈论研究往往基于拥有完美信息这一假定。

在完美信息博弈中，所有玩家了解所有发生的行动（比如象棋、跳棋）。

其他类型的博弈则仅拥有非完美信息（比如大部分纸牌游戏）。

完美或非完美信息的假设，虽然只是一个简单概念，但对博弈、市场或拍卖的任何分析都有重大影响。

虽然一些关于拍卖的学术研究采用了完美信息（它使分析更容易），然而对于实际情况来说，最好假设拍卖的信息是非完美的。[5] 也就是说，投标者并不了解其他人的行动。

因此，拍卖（如赞助搜索拍卖）中次完美信息的最好可用指标是产品价格。举例来讲，在拥有众多广告主的一个行业中，鉴于缺少完美信息，关键字短语的平均投标价则反映了最好的可用信息。[6]

对我来说，这个过程与群体智慧（wisdom of the crowd）有很多的共同之处。[7] 后者指的是，一群个体的独立决定合起来往往是对的。在赞助搜索拍卖中，群体智慧可以用作拍卖中的完美信息。

在赞助搜索广告的最早期形式（来自 GoTo.com）中，[8] 关键字短语的拍卖是标准的，因为最高投标价者总是赢家。然而，大部分赞助搜索拍卖现在演变成了非标准的形式，即拍卖的赢家并不总是投标价最高者。稍后我们将详细介绍。

大部分赞助搜索拍卖也属于密封投标拍卖（sealed-bid auction），即其他人不知道每个参与者的投标价金额。这与开放式拍卖（比如牲口拍卖和苏富比的拍卖）不同，在后者中每个参与拍卖的人都知道所有的投标价。最初的赞助搜索拍卖是一种开放式拍卖（参见第 2 章关于赞助搜索广告的综述）。

如你所看到的，虽然赞助搜索拍卖与标准拍卖有些相似之处，但也有一些明显的差异。

关键字投标与分配的实施可以很快变得相当复杂，特别是考虑到主流赞助搜索拍卖的规模。在赞助搜索拍卖中，数以百万的投标和价格调整几乎实时发生，这取决于赞助搜索广告平台的流量。

在线拍卖的复杂性导致了大量的相关学术研究工作。这门学科被称为拍卖理论，是博弈论的一个应用分支。

拍卖理论将拍卖视为一种聚焦于人们在其中如何行动的博弈。拍卖理论家通常关注一种特定拍卖设计的效率（拍卖在多大程度上实现参与各方（包括拍卖商在内）的目标）、最优和均衡投标策略和以创收来衡量的拍卖有效性。在竞争对手的投标价保持不变的情况下，均衡策略是最优的。当一个博弈达到均衡状态时，每个玩家都会实施一种不可能单方进行改变的策略。在经典博弈论中，参与者感兴趣的是，在不考虑其他玩家时最大化自己的收益。[9]

拍卖理论研究导致了几种拍卖形式（或拍卖市场类型）的发展。我们最感兴趣的形式是广义二价拍卖（generalized second price auction）和它的典型代表形式：维克里拍卖（Vickrey auction）及其广义形式：维克里－克拉克－格罗夫斯（Vickrey-Clarke-Groves，VCG）拍卖。

□ **集锦**

谷歌 AdWords 是第一个采用现在被称为广义二价的拍卖形式的赞助搜索广告平台。

广义二价拍卖很快变成了关键字拍卖的标准形式，并对万维网和电子商务产生了非常广泛的影响。

虽然哈尔·瓦里安（Hal Varian）（谷歌公司的首席经济学家）作为谷歌 AdWords 的主要发言人最为出名，但谷歌 AdWords 系统的开发则归功于萨拉·卡马加尔（Salar Kamangar）（谷歌公司的第九名员工）和埃里克·维赫(Eric Veach)(另外一名谷歌的早期员工和杰出工程师)。

这两名谷歌人（Googlers）（卡马加尔是生物科学专业的学生；维赫是一名工程师）实施了佩奇（Page）和布林（Brin）的梦想：广告在搜索过程中应该是有用并受欢迎的，而不是烦人的干扰。

显然，卡马加尔和维赫重构了广义二价拍卖，并采用了一些独特的执行方式。卡马加尔负责商业方面，维赫负责数学方面。在此过程中，他们发现二价拍卖以前以其他形式存在，包括被用于国债拍卖。

谷歌很快废弃了其通过销售人员直接营销搜索引擎结果中广告空间的方式，转而几乎完全依赖于谷歌 AdWords 平台。

在本章中，随后我们将更详细地讨论这些内容。然而，对非拍卖理论家来说，在接触这些正式模型之前，理解赞助搜索拍卖的概念是有益的。那么，让我们先回顾赞助搜索拍卖机制实施方面的知识。然后，我们讨论其理论基础。

赞助搜索拍卖概述

每当搜索用户向搜索引擎提交查询请求，如果这个搜索引擎拥有相应的赞助搜索广告平台或提供赞助搜索广告服务，在线关键字拍卖就会发生。这些在线拍卖受一个或多个查询词触发，针对的是广告主投标的关键字短语。

赞助搜索拍卖（sponsored-search auction）与大部分拍卖目标相同：把买家和卖家汇集在一起来决定资源如何交易或分配。在赞助搜索拍卖中，搜索引擎出售排名的广告空间，而广告主购买这些空间。搜索引擎既是做市商（它设计拍卖规则），也是卖家（它控制资源）。

然而，赞助搜索拍卖有一些独特巧思。广告主对关键字短语，而不是对排名的广告空间本身进行投标。那么，从投标价到实际拍卖产品之间的连接并不是直接的。而且，几个关键字短语可能被同一个查询请求中的同一个词汇触发，那么就可能同时会有多个拍卖来出售同一个排名的广告空间。搜索引擎会选择一个广告主的一则合格的广告来响应搜索查询，然后把这则选定的广告与来自其他广告主选定的广告进行比较排名。与此相关的一个常见例子是，宽泛匹配的关键字短语可能会有多个关键字短语与相应的广告，搜索引擎必须从中挑选少数广告来向搜索用户展示。关于谁赢得拍卖和 SERP 空间如何分配，搜索引擎是最终仲裁者。

这是在一个以毫秒为单位的时间内完成的。

现在，可能有人会问："为什么让广告主只对关键字短语进行投标？为什么不让广告主直接对关键字短语对应的具体广告位投标呢？"或者，到底为什么要投标呢？为什么不让广告主为其广告展示在 SERP 的一个给定位置而支付某一设定的费用呢？

几个因素会妨碍这种直接型方法。第一，搜索引擎并不知道一个关键字短语在任一给定的时间值多少钱。第二，大部分广告主更喜欢最顶端广告位（而不喜欢第二广告位），或者更喜欢第二广告位（而不喜欢第三广告位），以此类推。那么，这就需要某种分配机制，比如拍卖。第三，作为广告空间的卖方，搜索引擎在业务中赚取利润。因此，为了高效地对广告主进行排名，搜索引擎就必须知道广告主的支付意愿。搜索引擎将这种支付意愿作为一种对广告位的隐含排名。

因此，让广告主对关键字短语进行投标是一种合理的方式。

除了投标价之外，广告主还必须决定关键字短语实际上对他们来讲值多少钱。这种估价会影响广告主愿意报出多高的投标价。

一旦得到一些数据，广告主就可以通过一些计算来确定这个价值，否则广告主必须使用启发式规则或搜索引擎提供的基于其他广告主的数据。在广告主是理性的这一假设前提下，广告主对关键字短语的估值和投标价密切相关，但它们通常是不同的。

这个估值指的是广告主对点击其（与某一关键字短语相关联的）广告并购买其产品（或服务）的潜在顾客所期望的投资回报率或广告回报率的数量。广告主还必须将潜在顾客进行点击而没有购买任何产品（或服务）的情况考虑在内，因为这些点击仍然是有成本的。这个估值通常是广告主投标价的上限。

拍卖理论[10,11]通常认为，一个人的投标价高于其支付意愿是没有好处的，因为它是一种弱劣势策略（weakly dominated strategy）（它没有给投标者带来相对于其他投标者的任何好处）。以常识来讲，这种方法也不像是一种很好的长期策略。

因此，通常我们可以假设广告主的真实投标价的动机是最小化成本，从而降低风险。广告主可以通过报出保留价（搜索引擎允许的最低投标价）和点击估价（广告主投标价的上限）之间的一个尽可能低的价格来达到这个要求。因此，这些广告主使用赞助搜索广告来最大化总边际收益（一个给定时期内所出售的产品数量乘以每件产品的边际收益）和广告花费（通过赞助搜索广告销售产品获得的最大利润）之间的差值。这是很多学术类赞助搜索拍卖模型的基本假设。

然而，肯定存在一些例外。举例来讲，一些广告主可能旨在最大化他们的赞助搜索广告盈亏平衡点上的订单量。这些企业可能期望来自实体店的重复购买的利润，而不是最初的在线销售。

在实际实施过程中，一些简单的假设甚至会让赞助搜索拍卖变成一种十分微妙的分层系统。每个层次是实际过程的一种抽象。那么，让我们逐层看看赞助搜索拍卖。

图 8-1 显示了一个极度简单的赞助搜索拍卖视图。

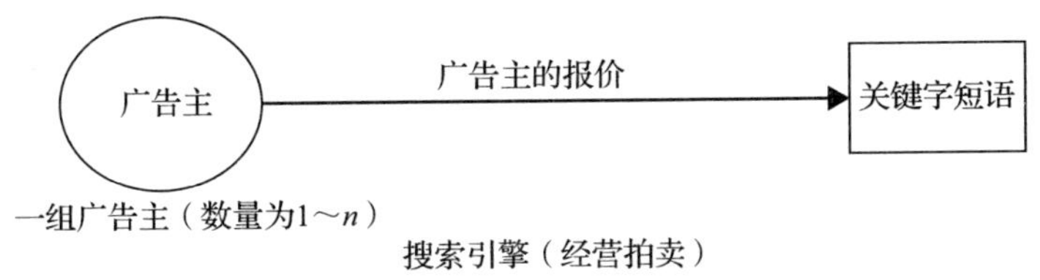

图 8-1　一个极度简单的赞助搜索拍卖视图

广告主对关键字短语进行报价。关键字短语是组织拍卖投标过程所围绕的资源。然而，关键字短语并不是搜索引擎出售的东西。相反，搜索引擎出售的是 SERP 上的广告空间及其排名。

无论出售广告空间还是出售关键字短语，都对拍卖和商标侵权问题有一定影响。[12]在美国的商标诉讼中，即使该广告是被其他公司（甚至竞争对手）的品牌关键字触发的，法院通常也会维护广告主显示广告的权利，其法律依据就是搜索引擎实际上是在出售广告空间。[13] 然而，大部分赞助搜索广告平台禁止在广告文案中使用商标用语，除非其是该商标用语拥有者或者商标产品的分销商。即使这样，合理使用商标用语也会有一些意外情况发生。

因此，广告主对关键字短语进行投标而搜索引擎出售广告空间的拍卖概念如图 8-2 所示。

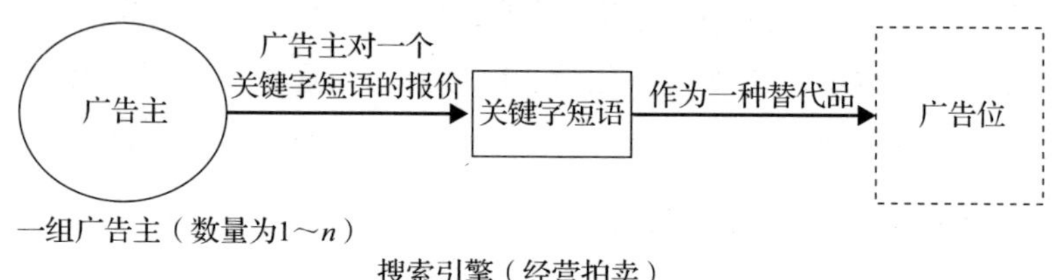

图 8-2　一个较确切的赞助搜索拍卖视图

赞助搜索拍卖出售广告空间是我们需要牢记的一个关键方面，因为这使得赞助搜索拍卖与其他拍卖不同。虽然广告主对关键字进行投标，但搜索引擎出售广告空间，而且广告空间还是经过排名的，列表中排名较高的广告位比较低的更有价值。[14, 15] 大部分广告主想得到列表顶端的广告位。到目前为止，原因应该是显而易见的：顶端的广告位将带来最多的流量。因为，相对于列表中更低位置的广告，潜在消费者更经常点击顶端位置的广告（参见第 4 章关于广告的内容）。

因此，广告主在拍卖中投标的这些关键字短语实际上是结果列表中广告位的一种替代物，而广告位则实际上是搜索引擎流量百分比的一种替代物。流量百分比与 SERP 上经过排名的广告位有一定的相关性。

大部分赞助搜索广告平台针对关键字短语—广告组合使用某种类型的质量得分（quality score）（广告文案及有关内容相对于搜索用户的查询请求的相关性评估），其通常基于过去或估计的点击率，如图 8-3 所示。

这个质量得分使得拍卖过程对投标者来说变得复杂化了。

一般来说，搜索引擎不会披露其他广告主的投标价。也就是说，这是一种封闭拍卖。然而，如果赞助搜索拍卖仅使用投标价，那么通过调整报价并观察所引起的广告位置的变化，从而可收集到足够的实证数据，广告主就可以得到近乎完美的信息（确定其他广告主的报价），假设一些方面（比如时段和个性化）并不是拍卖的组成要素（实际上这些方面是拍卖的组成要素，而且它们会进一步使得拍卖复杂化）。然而，引入质量得分几乎可以防止这一点，因为广告主并不了解质量得分对广告排名的影响效果。

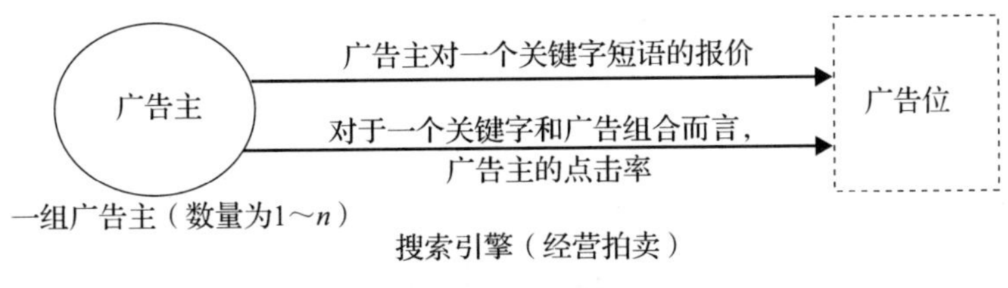

图 8-3　一个更确切的赞助搜索拍卖视图

然而，质量得分的算法是拍卖的另一个方面。只有搜索引擎才真正了解这个方面。

如果质量得分保持不变，那么广告主仍然可以获得这种近乎完美的信息，从而进行最优报价，即使从来不了解实际的质量得分。在竞争性行业中，获得完美信息来进行最优报价（如拍卖理论家所定义的那样）是很困难的，因为质量得分会不断变化。

那么，看看竞争市场行业中所有的未知因素。

其他广告主的投标价可能会随一个拍卖到下一拍卖而变化。关键字短语—广告—登录页面组合的质量得分可能会随点击量、广告文案和登录页面的不同而改变。新的广告主不断地进入和离开拍卖。广告主不断地改变其时段和地域目标的选项。通过广泛匹配与一个关键字短语关联的广告都必须被考虑在内。存在如此多的可能未知数，因而不能肯定地说单个广告主会拥有完美信息。

然而，在实践中，这些未知数并不是太大的障碍，因为广告主可以根据一些合理信息得出一个合理的投标价。[6] 而且，未知数的数目使得通过报复性投标与拍卖系统进行博弈或作弊很难。因此，一般来说，广告主可以得到合理（虽然不完美）的信息。

因此，图 8-3 的拍卖视图与赞助搜索拍卖中所发生的场景比较接近。然而，这也并不完全正确。

广告位实际上只是大部分广告主所追求的关键字短语—广告—位置组合的一种代替物。在广告主的销售量所允许的范围内或一个给定时期内可能的广告预算限制条件下，关键字短语—广告—位置组合会为广告主带来尽可能高的投资回报率。

获利方面是赞助搜索拍卖的一个附加复杂因素。投标价对广告主来说是成本。然而，如果该投标价能够产生收益（实际上更准确的是产生利润），那么广告主就可以在关键字短语拍卖中持续进行报价，从理论上来讲无须考虑任何预算限制，因为参与关键字短语拍卖的收益高于成本。

图 8-4 显示了广告主重点关注投资回报率的赞助搜索拍卖视图。

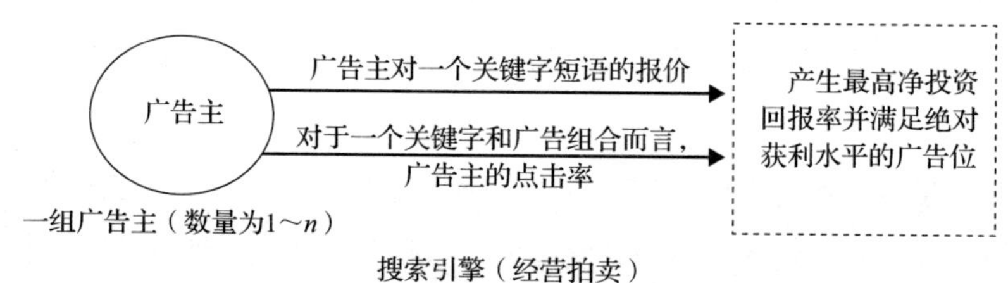

图 8-4 一个极其准确的赞助搜索拍卖视图

广告主会对某些关键字短语进行投标，以便让其广告展示于产生最大利润的位置上。现在，我们得到一个极其准确的赞助搜索拍卖视图。

然而，还有一个方面这个视图没有阐释。赞助搜索排名区别于古典拍卖之处在于，进行拍卖的物品（关键字短语）并不是唯一的。可能有几十个同样好的关键字短语可以让广告主获得他们想要的位置。实际上，从拍卖的角度看，所选择的关键字短语匹配方式允许广告主回避对某些特定的关键字短语进行的拍卖，但从广告主的角度看，这仍然允许广告主针对一些给定的关键字短语显示他们的广告。[16]

通过拍卖出售广告空间的机制可以确保搜索引擎和广告主都有机会获取展示广告的最高回报。投标过程有助于确保广告主获得他们负担得起的最突出且相关的广告显示机会，这些都通过算法来实现。因为大部分赞助搜索拍卖把除投标价以外的其他方面考虑在内，因此最相关的广告往往出现在最突出的位置上，如图 8-4 所示。这对搜索用户多有裨益。

□ **集锦**

谷歌 AdWords 作为有史以来最成功、产生最大利润的广告平台之一，成为广告界的一种奇迹。

另外一种有名的广告媒介是美国的超级碗（Super Bowl）广告系列。

超级碗是美国国家橄榄球大联盟（NFL）的冠军赛，而比赛期间的电视广告有着自身的生命力。

1967 年第一次超级碗广告的售价为 42 000 美元，这相当于 2010 年的 277 938 美元。2010 年，半分钟的超级碗广告的售价几乎达到 300 万美元。

电视广告与赞助搜索广告之间必然存在许多不同之处。电视广告是一种推式广告，用于产生市场需求。赞助搜索广告是一种拉式广告，被设计用来对现有需求进行响应。然而，赞助搜索广告与超级碗广告之间在一些有趣的概念上存在相似之处。

虽然许多消费者将电视广告看作一种烦人的事情，但是许多消费者很期待超级碗广告。很多人打开电视就是为了收看广告。

同样的广告理念——广告不应作为一种烦人的事情，是赞助搜索广告系统的基础。使广告变得相关（甚至更好），使广告品质如此之高，以至于人们迫不及待地想观看！

实际上，2010 年的超级碗广告，谷歌出品的巴黎之恋（Parisian Love）是一个重要的风行一时的广告作品（http://www.youtube.com/watch?v=nnsSUqgkDwU）。那么，拉式广告公司使用推式广告是一种有趣的广告组合。

注意，我们在分析中做了一些简化假设。在赞助搜索拍卖的正式分析中也经常使用这些假设。

- 我们假设一种**封闭式拍卖**（closed auction），即不会有新广告主进入和老广告主离开。（实际上，有些行业流动性比较高，而且许多广告主采用时段技术。）

- 我们假设将会起作用的关键字短语**只有一个**。(实际上，这种情况几乎不可能发生。甚至当只考虑品牌关键字短语时，也要包括拼写错误和简写的情况。)
- 我们**忽略了匹配选项**，这将会影响广告主对关键字短语的报价金额。匹配选项限制了哪些广告可以参与哪些拍卖中。(实际上，匹配选项的改变会影响广告主对投资回报率的计算。)
- 我们假设**只有一个拍卖**发生，且广告主不会通过另外一个搜索引擎或类似的拍卖进行广告活动。(实际上，在许多赞助搜索广告工作中，针对一种给定的产品（或服务），存在许多关键字短语拍卖。)
- 我们**忽略了任何产品或预算的限制**。如果赞助搜索广告工作是获利的，那么理论上我们可以增加预算来获得更多的利润。然而，在某一点，一美元的额外广告支付成本会超过其产生的利润。反过来，系统中存在一些阻力，因此我们利润的获取会有一些延迟。这会影响我们的收入什么时候可被用作广告费用。(其要点是大部分广告主都有某种类型的广告花费限制。)
- 我们假设，广告主实际上可以**决定一个点击的真正价值**。搜索用户有时会多次访问一个登录页面，可以选择在线购买或者线下购买，而后者与对广告的点击没有直接关系，因此，计算一个点击的价值并不那么简单明了。
- 我们假设，在战略上来讲，赞助搜索拍卖是一家公司做广告的唯一方式，因而会影响广告主在拍卖中的决策。(实际上，大部分广告主也会关注搜索引擎优化策略或者开展整合营销传播过程中的广告工作，可能包括电视、广播和印刷媒体的广告渠道)。

这些都是在赞助搜索拍卖的上下文场景中必须了解的关键假设。为了方便解释，这些假设使得描述更清晰。我们必须清楚地了解这些假设描绘了某一特定时刻的拍卖，而拍卖的条件会迅速发生改变。

此外，所有的模式是对正在发生的现实世界过程的一种简化，因此我们不应该对赞助搜索所发生的一切感到惊讶。记住，先前所列出的假设表示，当把这些拍卖模型应用于现实世界工作中时的限制条件。

赞助搜索拍卖的投标场景

我们通过不同条件下的赞助搜索拍卖来了解不同市场和假设条件下的投标和定价过程是如何进行的。如果你对关于品牌和非品牌关键字短语的报价过程的一个好评论有兴趣，请参见沙阿（Shah）的各项研究工作。[19，20，21]

我们首先考察诚实报价（报价的拍卖行话）的问题，其反映了投标者对资源确定的实际价值。

示例：每个广告主进行诚实报价

给定一个关键字短语，三个广告主 A、B、C 希望将其链接到他们的一个或多个广告。搜索引擎根据这些投标价确定一个较低的底价，而这三个广告主的估值高于这个底价。

每个广告主报出一个投标价。

- 投标者 A 报价 1.00 美元。
- 投标者 B 报价 1.10 美元。
- 投标者 C 报价 1.20 美元。

在上述场景中，C 获胜而仅支付 1.11 美元。因为在赞助搜索拍卖中，广告主并不支付他们的实际报价，而是支付次高报价再加上一个小数额（零头，可以把它想象成一分钱）。这是广义二价拍卖的基础。广义二价拍卖是赞助搜索广告中最知名的拍卖方式之一。

记住，搜索引擎是做市商，而广告主向搜索引擎付费，因为搜索引擎还是资源（关键字短语）的卖方。

那么，为什么搜索引擎使用广义二价拍卖这种拍卖方式呢？在广义二价拍卖中，搜索引擎看起来好像获得更少的收益，因为它并没有得到每个关键字短语的最高价格。搜索引擎肯定愿意得到尽可能高的价格，如同广告主愿意支付尽可能低的价格一样。

广义二价拍卖给搜索引擎和广告主都带来了一些好处，因而是一个有吸引力的拍卖方式。这些好处中最值得注意的是稳定性。广义二价拍卖通过鼓励广告主不要报价过高来实现这种稳定性。这被作为一种广告技术，即为了真正“赢得”顶端广告空间，报价极高或迫使竞争对手报价更高都是没有用的。以整体拍卖的观点来看，保持拍卖稳定是有利的。一旦拍卖到达一个稳定点，就几乎不会有大幅或不合常理的价格波动了。这相对于一价拍卖（广告主支付自己所提交的报价）来说尤其如此。一价拍卖没有均衡点或稳定点，因此报价会不断地变化。

稳定指的是一个范围，而不是一个确切的点。在赞助搜索拍卖中，在某些情况下，报价略高于最优价格可能会有用，从而可以伤害竞争对手。[23] 然而，这种策略也存在一些局限性，而且超出某一价格点的话就会适得其反，从而使拍卖返回平衡状态。因此，在非常小的报价变动范围内，广义二价拍卖仍然被认为是稳定的。

为什么我们关心稳定的拍卖呢？

稳定性是连续拍卖（如赞助搜索拍卖）的一个重要元素，因为它允许广告主制定理性、可预测的投标策略。

让我们来探讨一些关于广告主和不同投标策略的示例场景，以便明白稳定性的实际效果。具体来讲，我们会考察在广义二价拍卖中，随着时间的推移，报价过高为什么不是一种好策略。

示例：广告主报价过高

我们假定，在这个行业中一个点击的一般估值是 1.00 美元。

如果广告主试图抬高关键字短语的报价会怎么样呢？（注意：该广告主的动机可以是任何事情，涵盖了从试图耗尽其他广告主的广告费用到只是因为心情不好。）让我们来看看这种可能的场景。

我们再次假定有三个投标者。

- 投标者 A 报价 1.00 美元。
- 投标者 B 报价 3.00 美元。
- 投标者 C 报价 1.20 美元。

相对其他广告主来说，广告主 B 显得太不正常了。广告主 B 赢得了拍卖，但是在赞助搜索拍卖中，广告主 B 只需要为每个点击支付 1.21 美元，也就是次高价加上一个小数额。

为什么广告主 B 报出如此高的投标价呢？或许，广告主 B 相信，如此高的投标价将保证他获得最顶端的广告位，因为其他广告主的报价要低得多。在这种情况下，广告主 B 实现了他的目标而不会伤害市场上的其他广告主。

然而，这是一种危险的战术。因为在一个特定的行业中，对关键字短语的估价可能很快变得偏高。因此，广告主 B 有可能出价比这个价格点还要高。换句话说，如果广告主被迫实际支付这个投标价格，他就可能开始损失资金，从而被迫适时地将出价降低到真实估值水平。这就会使拍卖返回稳定状态。

然而，这种报价过高的情况并没有真正伤害到任何广告主。每个广告主都将以合理的价格获得一个广告位。

现在让我们改变一下场景。

示例：不止一个广告主报价过高

我们再次假定，在这个行业中对一个点击的一般估值是 1.00 美元。

我们再次假定有三个投标者。但在这个场景中，广告主 B 和广告 C 都采纳了一种高报价策略。

- 投标者 A 报价 1.00 美元。
- 投标者 B 报价 3.00 美元。
- 投标者 C 报价 2.90 美元。

当不止一个广告主采取高报价策略时，广告主 B 再次赢得拍卖，但必须支付 2.91 美元。因此他为每次点击损失了 1.91 美元。广告主 C 支付 1.01 美元，仅损失了 1 美分。假设这个拍卖的底价是 0.99 美元，广告主 A 支付了实际价值。

基于一个合理的假设，即广告主可以获得相同的信息（每次点击的估价），这个例子说明，对每个广告主来说，报价超出每次点击的实际价值是一种危险的策略。

然而，这个假设又返回完美信息的问题。不同公司对一个给定关键字短语的每次点击的估价是不同的。每个公司有其自身的价格点、不同的产品选择和不同的促销活动。这一切都会影响赞助搜索广告流量对该公司的价值。假定理性行为和完美信息，你可以推测，对关键字短语的投标场景确切地反映了流量的价值对每个广告主来说是不同的。然而，许多广告主既不能也不做流量的价值测量。特别是对中低流量的关键字短语来说，数据是稀少的。那么，假定完美信息可能过于乐观。然而，假定广告主拥有同样的专业知识、产品和信息，过高报价并不是一种好策略。这极易引火烧身。

因此，在赞助搜索拍卖中，虽然广告主检验新策略和新的广告主进入市场都可能会引起偶然的高峰，但一般来说拍卖状态是稳定的，并会惩罚报价过高的行为。虽然，在其他类型的拍卖中也有这个特性，但赞助搜索拍卖中的一个特点就是存在一个稳定点，从而可以避免持续地更新报价。[22]

另外，记住搜索引擎在一个给定的 SERP 上展示多则广告。在许多情况下，两个相邻广告位的点击率可能并没有多大不同。这也是不进行过高报价的另外一个原因。一旦将投标价考虑在内，你的广告出现在第二位置可能与出现在第一位置产生的价值相等。

自然而然，在一些情况下，一些广告主报价非常高，却有非常合理的原因，比如品牌化（想要他的广告一直出现在 SERP 的优越位置上，这通常指自然搜索列表以上的北部位置）或炫耀权利（想要一直处于顶端位置）。然而，在这些情况下，广告主采用非货币价值来评估关键字短语的投资回报率。通常在这些情况下，其他广告主就应该放任他们去尝试。

除价格之外的其他拍卖要素如何呢

如前所述（见图 8-4），虽然拍卖的投标价针对的是关键字短语，但是广告主实际上是对 SERP 上广告位的期望投资回报率进行投标。广告主的广告随着时间的推移表现如何会影响到拍卖。更确切地说，这会影响广告主为获得满足其广告所要求的预期流量必须支付的价格。

在上述三个广告主的例子中，我们主要聚焦于货币金额。然而，在实践中，搜索引擎实际上根据关键字短语—广告组合的历史表现来决定一个特定的广告主会得到针对一个特定关键字短语的哪个广告位。搜索引擎将其初始表现设定为某一数值，从而反映一种中立的态度。而这些初始数值（比如质量得分）的设定根据的是先验知识（实证证据之前）。

虽然质量得分依广告主不同而不同，而且搜索引擎都有其各自的专有算法，但初始的质量得分根据的很可能是关键字短语与广告之间的关系、登录页面的质量、广告组中其他广告的相对重要性、广告主账户的历史表现以及其他类似因素。根据个人经验，初始的质量得分通常是一个中值（medium value）（比如 10 分制中的 5）。

我们可以把这种实践想象为一家餐馆，其总是为当地回头客预留屋子里最好的桌子。这些回头客就餐时没有得到折扣或少付钱，但他们得到了附加值。也就是说，他们得到了最好的座位。餐馆这么做的原因是，这些人是最优质而且最可能再次光顾的顾客。

如果你不是这些老主顾中的一位，你就必须更努力一些（比如给服务员小费）才能得到一张优质桌子。如果你足够频繁地光顾这家餐馆，那么你就成为回头客中的一位，从而你必须支付的额外费用就会消失。

搜索引擎使用了一种类似的观念。在拍卖中，每个人被平等对待，因为所有的广告主都有机会对关键字短语进行投标，而且关键字短语的入门价格对广告主都是一样的（虽然从技术上来讲，搜索引擎可以给投标者提供特定的保留价[24]）。如果所有的广告主都是新来的（实际上，如果他们的账户和 / 或广告都是新建的），那么投标价就几乎直接与广告位相关联。报价最高的投标者得到最优质的广告位，报价次高的广告主得到第二优质的广告位，以此类推。

然而，随着其他因素（如点击量）开始影响广告位，投标价和广告位之间的直接关联就会慢慢减弱。这可能会很快发生，因为赞助搜索广告系统基于少量数据的点击量估计已经变得非常准确。

当被一个特定查询词触发的广告在点击率上开始出现分歧（市场从糟糕的广告中精选出优质的广告）时，搜索引擎就开始把相对点击率纳入广告位的分配过程。

一则广告的投标价与质量得分的组合直接决定了广告在结果列表中的最终位置。质量得分——最早被谷歌使用的一个措辞，并被许多其他搜索引擎所采纳的概念，综合考虑了一些因素，比如一个给定广告位的点击率和登录页面的相关性。

搜索引擎对高质量得分的广告进行奖励，使其得到更高的广告位和更低的每点击价格（CPC）。低质量得分的广告则被沿着结果列表往下推，迫使广告主报价更高以便保持其广告位。然而，如果关键字短语—广告组合的质量得分跌得太低，这就会有一种风险——广告将根本不会出现，因为搜索引擎认为该广告与关键字短语没有关联。反过来，越是相关的广告出现在 SERP 上列表中的位置越高，获得的质量得分越高，广告主的成本就越低。

对广告主来说，高质量得分意味着以更少的成本获得更多的点击；对搜索引擎来说，它意味着向搜索用户提供更相关的内容；对搜索用户来说，它意味着响应查询请求的 SERP 上的内容更相关（见图 8-5）。

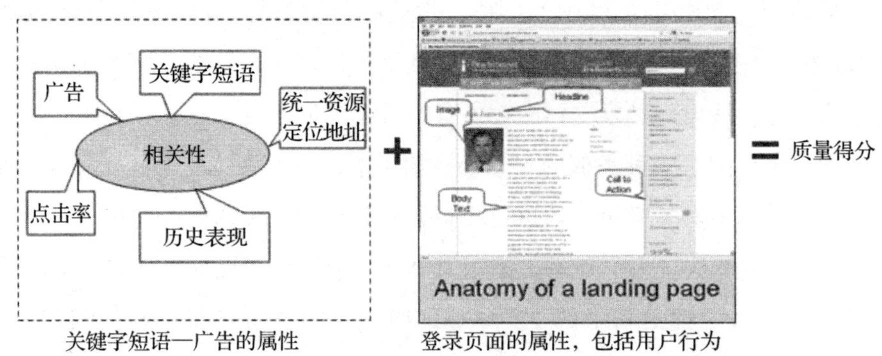

关键字短语—广告的属性　　登录页面的属性，包括用户行为

图 8-5　融合了相关性和登录页面属性的质量得分的组成部分

这个过程对拍卖表现有一种有趣的效果。

- 它缓减了糟糕的投标实践如**出价干扰**（bid jamming）（报价略低于竞争对手以耗尽其广告预算）和其他的对抗手段，因为它使这些手段的实施更加困难。准确地说，出价干扰仍然存在，但是其效果随着时间的推移而减弱，因为质量得分将开始胜过报价或继续推高报价。
- 它有助于改善搜索引擎用户的搜索体验。质量得分的采用使得展示给搜索用户的广告更加相关，从而具有提高广告流质量的效果。
- 它对提供高相关性广告的广告主进行奖励。如果广告主具有关键字短语—广告—登录页面组合的高质量得分，那么其将可以用同样的广告投资得到 SERP 上更优质的广告位。

广告排名具体针对每一次搜索（每次查询请求被提交），通过以下公式来确定：

广告排名 = 最大每点击价格 × 质量得分

公式 8-1　计算广告排名的公式

让我们看看这个公式的实际应用。

广告主的广告刊登位置取决于其对关键字短语的报价与其质量得分的乘积。考虑这个的一个简单方式是，广告主的报价能力是相应的广告质量得分的倍数。如果竞争广告的质量得分翻倍，则其报价能力也翻倍。

关于此的公式如下所示：

有效报价 = 广告主设计 × 质量得分

公式 8-2　质量得分对广告主的报价的影响

公式 8-1 说明了质量得分对广告排名的影响，而公式 8-2 则说明了质量得分对广告主的成本的影响。

如果质量得分是令人满意的，那么广告主的关键字短语—广告—登录页面组合得到的奖励是以便宜的投标价得到优越的广告位。如果质量得分是糟糕的，那么广告主的关键字短语—广告—登录页面组合得到的惩罚是获得一个特定广告位所需的报价更高。

让我们通过一些示例场景来了解这种效果，包括四个例子：相同报价和相同质量得分、不同报价和相同质量得分、相同报价和不同质量得分以及不同报价和不同质量得分。

示例 1：相同报价和相同质量得分

投标者 A 报价 1.00 美元

关键字短语—广告—登录页面组合的质量得分为 1

有效报价（effective bid）为 1.00 美元

投标者 B 报价 1.00 美元

关键字短语—广告—登录页面组合的质量得分为 1

有效报价为 1.00 美元

投标者 C 报价 1.00 美元

关键字短语—广告—登录页面组合的质量得分为 1

有效报价为 1.00 美元

在这个例子中，所有的广告主都一样，质量得分并没有产生效果。所有广告主报价相同，而且这些广告表现一样。因此，所有广告主的有效报价都相同。在这种情况下，搜索引擎将根据某些专有算法来决定谁获得哪个广告位。

示例 2：不同报价和相同质量得分

投标者 A 报价 1.00 美元

关键字短语—广告—登录页面组合的质量得分为 1

有效报价为 1.00 美元

投标者 B 报价 1.10 美元

关键字短语—广告—登录页面组合的质量得分为 1

有效报价为 1.10 美元

投标者 C 报价 1.20 美元

关键字短语—广告—登录页面组合的质量得分为 1

有效报价为 1.20 美元

在这个例子中，所有的广告表现一样，广告位的分配取决于广告主的投标价。质量得分没有产生影响。所有广告主的有效报价与其投标价相关联。广告主 C 将取得最顶端的广告位，广告主 B 得到第二个广告位；广告主 A 得到第三个广告位。

示例 3：相同报价和不同质量得分

投标者 A 报价 1.00 美元

关键字短语—广告—登录页面组合的质量得分为 1

有效报价为 1.00 美元

投标者 B 报价 1.00 美元

关键字短语—广告—登录页面组合的质量得分为 2

有效报价为 2.00 美元

投标者 C 报价 1.00 美元

关键字短语—广告—登录页面组合的质量得分为 3

有效报价为 3.00 美元

在这个例子中，所有广告主的报价都相同，广告位取决于广告的表现。因此，质量得分是重要决定因素。质量得分最高的广告主的有效报价受到了奖励。广告主 C 将取得最顶端的广告位；广告主 B 得到第二个广告位；广告主 A 得到第三个广告位。

示例 4：不同报价和不同质量得分

投标者 A 报价 1.00 美元

关键字短语—广告—登录页面组合的质量得分为 1

有效报价为 1.00 美元

投标者 B 报价 1.10 美元

关键字短语—广告—登录页面组合的质量得分为 2

有效报价为 2.20 美元

投标者 C 报价 1.15 美元

关键字短语—广告—登录页面组合的质量得分为 3

有效报价为 3.45 美元

在这个例子中，所有广告主的报价和质量得分都不同。报价和质量得分将在不同程度上共同决定广告位。因为这个特定例子中报价差别比较小，因而质量得分仍然是重要决定因素。这在赞助搜索广告的许多竞争行业中是常见的。广告主C将取得最顶端的广告位；广告主B得到第二个广告位；广告主A得到第三个广告位。

因此，在其他条件都相同的情况下，对于一个给定的关键字短语市场，拥有表现最好的广告是值得的。它允许你报价低却能获得结果列表中的更好广告位。

现在，我们了解了赞助搜索拍卖是如何进行的，接下来让我们考察这种拍卖的理论基础。

赞助搜索拍卖的理论基础是广义二价拍卖。维克里拍卖是广义二价拍卖的理想形式。那么，我们从这里开始关于这种理想形式的一个简短讨论。

维克里拍卖

维克里拍卖是密封拍卖的一种类型，参与其中的投标者提交自己的报价但并不清楚其他拍卖参与者的报价。报价最高的投标者赢得拍卖，但投标者只需付第二高报价的金额。

维克里拍卖非常类似于你可能在牲畜买卖中见到过的英式拍卖（English auction），其鼓励投标者进行真实报价。在英式拍卖中，所有的出价都是公开的而且所有参与者都了解。自然，他们关于价值的看法可能是错误的、不正确的或误导的。然而，先不管这种可能性，每个广告主都相信他们的估值是正确的。每个买家进行资源的真实报价的概念被称为激励相容（incentive compatibility）。这种概念在拍卖中是非常重要的，因为它会将拍卖推向某种稳定点。

为什么我们在乎稳定性呢？

在重复拍卖的情况下，稳定性能够帮助买家和卖家进行更好的规划。更重要的是，拍卖的稳定性有助于避免赢家诅咒（winner's curse）。这是当不同投标者对资源有着不同的价值，并且不了解其他投标者的出价时会出现的一种结果。

赢家诅咒常常在非完美信息的公共价值拍卖中发生。假定这是一个单物品拍卖（注：这并不是赞助搜索拍卖，但仍有一些有意义之处），赢家往往会超付很高的价格，并且整体来说其得到的实际结果比没有赢得拍卖的投标者更糟（因此被命名为赢家诅咒）。在赞助搜索拍卖中，我们可以通过利用来自自己账户（或类似账户）的实证数据来避免赢家诅咒。

纯粹的维克里拍卖解决出售单个物品的拍卖问题（二价封闭拍卖）。在多个同样物品的情况下，问题则更复杂，但可以采用相同的支付规则（让所有赢家支付最高未中标报价的金额）。这被称为统一价格拍卖（uniform price auction）。不幸的是，在大部分情况下，投标者不会真实报价，因而拍卖不会达到稳定状态。

维克里 – 克拉克 – 格罗夫斯机制

维克里拍卖的一个广义形式保留了诚实报价激励，被称为维克里 – 克拉克 – 格罗夫斯（VCG）机制。VCG 机制的想法是，参与拍卖的每个玩家向拍卖系统支付其出现给其他玩家带来的机会成本（下一个可获得的最佳选择成本）。拍卖系统以一种社会最优分配方式分配物品，并确保每个投标者最多获得一件物品。这个系统向一个人收取的费用相当于它给其他投标者造成的损失。

举例来讲，假定有两个广告位，位置 1 和位置 2，对两个广告主进行拍卖。广告主可以对每个位置进行投标。（注：这与标准的赞助搜索拍卖有些不同，但我们只是通过这个例子来了解 VCG 拍卖机制的效果。据我所知，没有赞助搜索拍卖采用这种形式。）

- 投标者 A 对位置 1 报价 10 美元，对位置 2 报价 5 美元。
- 投标者 B 对位置 1 报价 5 美元，对位置 2 报价 3 美元。

这场拍卖的结果取决于最大化报价。我们可以看出，A 和 B 都偏爱位置 1；然而，社会最优分配方式（对所有投标者最优）是：给 A 位置 1（对 A 来说实现价值是 10 美元）和给 B 位置 2（对 B 来说实现价值是 3 美元）。这样，拍卖实现的总价值为 13 美元。实现价值指的是一个卖方或一组买方在拍卖中实际实现了多少价值。在这个例子中，13 美元的实现价值是拍卖所能获得的最高价值。

接下来，考虑每个投标者施加于其他投标者的机会成本来决定支付费用。如果 B 没有参与拍卖,A 仍然被分配位置 1，那么 B 参与拍卖并没有给 A 带来损失。

如果 A 没有参与拍卖，B 将以 5 美元的报价获得位置 1。因此，A 给 B 造成 2 美元的损失。因为，B 最终获得位置 2（如果 A 参与拍卖）而比获得位置 1（如果 A 没有参与拍卖）少支付 2 美元。因此，拍卖系统向 A 收取 2 美元。

不出所料，理解拍卖机制后，VCG 拍卖是极好的学术练习，但在实践中几乎不存在。[25] 除了不切实际之外（如，准备出价的指数级努力、披露机密信息、作弊机会、可能亏钱，等等），[26] 面对现实——VCG 机制压根没有通过非竞价理论家的“纸巾背面”(back of napkin）测试。

□ **集锦**

“纸巾背面”测试（对非美食家来说又称为“信封背面”）不是猜测，也不是过于简化。虽然没有达到科学或数学证明的标准，但一个好的“纸巾背面”测试能够以清晰直观的语言捕获一个概念、一个过程或一种想法的本质。

“纸巾背面”测试跨越许多领域，包括投资（“不要投资任何纸巾背面不能解释的事业”)、商业（“不要对 30 秒钟不能解释的事情进行创业”）和求职（“将你的求职演讲控制在一次搭乘电梯的时间内”)。

如果维克里拍卖机制和 VCG 拍卖机制都没有用于赞助搜索广告，那么其采用的是什么拍卖?

广义二价拍卖

虽然 VCG 拍卖机制没有被关键字广告所采纳，但其采用了维克里拍卖的一个广义变体，即为广义二价（GSP）拍卖。GSP 拍卖机制与 VCG 机制不同，但仍然是单物品二价拍卖的一种广义形式。

GSP 拍卖机制是赞助搜索拍卖的理论基础。鉴于交易数量及其对因特网和商业的影响，GSP 拍卖机制可能是有史以来最成功的拍卖应用。在搜索引擎广告平台上，每天发生数百万次 GSP 拍卖。

以纯拍卖理论的观点来看，GSP 拍卖机制并不是完全诚实报价。这意味着，在有些情况下广告主最好不要进行每点击真实价值的报价。因此，广告主可能以某种方式进行报价而不会使拍卖达到均衡状态。在 GSP 拍卖机制的非均衡状态下，[27] 会发生不稳定拍卖和投标战（bidding war），[28] 虽然大部分不稳定点的依据是静态博弈理论结构（设定玩家数目，采取一种纯粹的策略，并不做任何改变）。[10, 29, 6]

虽然 GSP 拍卖机制理论上会到达不稳定点，但在实践中这并不是一个重要问题，这归咎于以下几个因素：[16]

- 广告主会不断地**进入和离开市场**。这种变迁使单个广告主很难在一个较长时期内追求一种恶意或破坏稳定性的策略。
- 通常存在**多个关键字短语拍卖**可以满足一个给定用户的需要。考虑到这些选择，如果一个拍卖变得太不稳定，那么广告主就会转移到另一个不同但类似的拍卖中，并取得类似的广告效果。
- 关键字短语的**不同匹配选项的影响**会为拍卖带来一些变化。这使任何一个广告主很难操纵拍卖过程。大部分赞助搜索广告系统提供从精准匹配到非常宽泛的匹配选项，任何广告主都可以参与任何一个给定的拍卖。
- 从长远来看，**质量得分的效果**会将拍卖推向稳定状态。质量得分奖励提供相关内容的广告主，并惩罚提供不相关内容的广告主。这往往使广告主在一个较长时期内破坏拍卖稳定的行为成本过高。
- **搜索引擎同时作为做市商和卖方**，这对拍卖有一种稳定作用。搜索引擎建立了拍卖的结构，并有动机向搜索用户提供有价值的体验。因此，通过一些举措比如质量得分和底价，搜索引擎会采取行动来保持拍卖稳定。

纳什均衡是众所周知的稳定点中的一种类型，指的是给定一组报价，没有任何一个广告主存在改变其投标行为的动机。对一个 GSP 拍卖机制来讲，总会至少有一组纳什均衡报价，并且在这些均衡中，总会存在一组最大化所有广告主的估值（所有广告主从其投标行为中获利最多）。换句话说，一个 GSP 拍卖机制总会存在一组有效的纳什均衡。

□ **集锦**

纳什均衡[30, 31]是博弈论策略的一个概念。它指的是博弈中的所有玩家无法通过改变其策略获得任何收益的一个点。因此，如果博弈处于均衡状态，那么它是稳定的。稳定性是在线拍卖（比如与赞助搜索广告相关联的拍卖）的一个关键组成部分。

纳什均衡的一个关键要素是所有玩家都必须了解其他玩家的策略。虽然这在赞助搜索拍卖中真的不可能，但广告主可以得到一个与其他广告主策略的相当准确的近似值，这就足够了。

纳什均衡随着2001年的美国电影《美丽心灵》（*A Beautiful Mind*）进入了通俗文化领域中。这部电影是由罗恩·霍华德（Ron Howard）导演，拉塞尔·克罗（Russell Crowe）、埃德·哈里斯（Ed Harris）、珍妮弗·康纳利（Jennifer Connelly）领衔主演的。

一个充分信息（完美信息）的纳什均衡常常被用来对赞助搜索拍卖进行建模，即使后者并不在完美信息条件下运行。完美信息纳什均衡的论据是，即使投标者并不精确地了解其他广告主的投标行为，但有可能更新报价直至拍卖达到最佳水平。这意味着，所引起的纳什均衡与最初就有完美信息的结果是一样的。[6]GSP拍卖机制的优势是它拥有一个纯粹策略的纳什均衡，并可以避免不断更新报价的模式。

下面的数学模型整合自多个文献来源，[10, 28, 32, 33, 29]抓住了赞助搜索拍卖的本质特征。

一个通用赞助搜索拍卖的定义如下：

- 一个包含 k 个广告位的集合，其点击率 $\phi_1 > \cdots = > \phi_k$，$\phi_I$ 表示用户点击位置 i 上的广告的可能性（位置 i 的点击率小于或等于1）。
- 假定广告位越高，其点击率越高，并且点击率通常会以几何级数递减。也就是说，点击率随着位置的降低而递减，并遵循某种算法序列。

- 一组（n 个）广告主参与拍卖，每个广告主有其私有的每点击估值，$v_1 > \cdots > v_n$(一组广告主各自设定自身对广告—关键字组合的每点击报价)。
- 假定 $k > n$（广告主的数目总是比广告位多）。
- 每个广告主根据所掌握的有关机制的知识和自身的私有估值，报出一个投标价。我们用 b_i 表示玩家 i 的投标价。
- 机制：
    - 计算一个将 k 个广告位分配给 k 个不同广告主的分配策略 χ。
    - χ_s 是分配到广告位 s 的广告主标识（搜索引擎将某一个广告位赋予某一个广告主的广告）。
    - 对广告主 χ_s 按照每次广告点击收费 p_s，$p_s \leqslant b_i$（对广告主的收费不高于其投标价）。
    - 如果广告主 i 被以 p_s 的价格赋予广告位 s，玩家 i 的期望效用是 $\phi_s(v_i - p_s)$（广告主从每次点击获得的净值是其估值减去支付价格）。

GSP 拍卖机制有一些一般性的分配与支付准则，包括以下几项。

- **广告位与投标价对应**：广告主被按照受质量得分调整的投标价降序分配到广告位。
- **支付价格只比下方投标价高一点儿**：对每一个广告位 s 来说，广告主 χ_s 的支付价格 P_s 只比广告主 χ_{s-1} 的投标价 $b_{\chi_{s-1}}$ 多一个增量。
- **根据投放广告来付费**：没有赢得广告位的广告主无须付费，同时也不会获得任何广告效用。

当被模型化为一个完美信息的静态博弈时，GSP 拍卖机制有一个纳什均衡连续体。在这些纳什均衡中，正好有一个均衡会使得广告主支付与 VCG 拍卖机制一样的费用。[6] 从广告主的角度来看，这种均衡是最便宜的免嫉妒均衡（envy-free equilibrium）。在这种均衡中，报价遵循一个递归公式。

最高估值的投标者的报价是无法确认的，因为任何报价 $b_i > b_2$ 都将足以获得最高广告位。

$$b_i = \begin{cases} >b_2 & i = 1 \\ v_i - \dfrac{\theta_i}{\theta_i - 1}(v_i - b_i + 1) & 2 \leqslant i \leqslant k \\ v_i & k < i \leqslant n \end{cases}$$

公式 8-3 质量得分对广告主投标价的影响

这就是 GSP 拍卖机制的纳什均衡，即任何一个广告主都没有动机去大幅改变其投标策略。

基本要点

- 赞助搜索拍卖是一种在线拍卖，投标者支付的费用比其对应的次高投标价多一个小数额。
- 我们需要知道赞助搜索拍卖的三方玩家：（你自己作为）广告主、其他广告主和搜索引擎。
- 一般来说，虽然 GSP 拍卖机制中的每个投标者有动机报出其对关键字短语的实际报价，但并不总是如此。GSP 拍卖机制并不是一种纯粹的真实报价拍卖机制，因为广告主可以（偶尔会），报出并不代表其真实估值的投标价。
- 作为拍卖商和做市商，搜索引擎在拍卖中存在最大化其收益的动机，并通过向搜索用户提供有价值的搜索体验将拍卖推向稳定状态。
- 虽然拍卖是针对关键字短语开展的，但最终的价值物品是 SERP 上的广告位。这些广告位与顾客流量相关联。
- 对关键字短语的投标价并不直接决定广告位，但 GSP 拍卖机制的一般性原则仍然成立。
- 赞助搜索拍卖并不是封闭的，即投标者可以随时进入和离开拍卖。
- 有些（如果不是全部）广告主总是会有预算约束、现金流问题或货量约束。这会限制关键字广告所能花费的金额。

- 总是存在一些其他关键字短语可供选择。
- 关键字短语的各种匹配选项会影响每点击的估值，从而也会影响投标价。
- 除了赞助搜索广告之外，还有其他广告形式可供选择。这会影响一个给定时间的投标价。

理论与实践相结合

- 通过使用不同的每出价的期望点击数（expected clicks per bid）和每出价的每点击价格（CPC per bid）组合来决定你的最优投标价（优化利润的投标价）。超出最优投标价的投标行为将降低整体利润，而低于最优投标价的投标行为将错失有利可图的点击。
- 在对关键字短语进行报价时，需要考量的目标除了利润之外还有其他方面，比如品牌化。举例来讲，如果施加于竞争对手的成本大于你自己的成本，那么占据 SERP 上的屏幕房地产还会产生其他效益。你可以确定一些关键字短语，对其进行比最优投标价高一点的报价，从而给你的竞争对手施加额外的成本（你利润的绝对减少值小于竞争对手的每点击价格的绝对增加值）。
- 一种产品仅与一个关键字短语有关联的情况很少出现。更经常的是，多个关键字短语和匹配类型会影响一种产品。这就需要一种投资组合的观点（针对一种产品考察整个关键字短语集合）。当你监控关键字短语的投标价时，注意这些改变对其他关键字短语的投资回报率可能产生的影响。有时，在提高一个关键字短语的表现时，实际上可能会减少整个关键字短语集合的整体回报。

结　　论

在本章中，我们讨论了赞助搜索广告底层的拍卖机制。这是赞助搜索广告的经济引擎，也是整个万维网的经济引擎。

拍卖部分是一个关键字的分配过程，广告主对关键字短语进行报价。然而，这些关键字只是真正价值物品（广告位）的替代物。关键字短语的确是无限的，但广告位是稀有商品，其受限于 SERP 上的屏幕房地产。因为广告空间是有限的，因而必须进行从最好到最差的广告位排名。

关键字拍卖是相当简单明了的。广告主作为投标者，对关键字短语报出投标价。通过采用一种被称为 GSP 的拍卖机制，搜索引擎对投标价进行评定，并向最高价投标者收取第二高投标价再加上一个数额的费用；第二高价投标者则支付第三高投标价再加上一个数额的费用，以此类推。对所有投标者都会遇到这种情况。根据这些投标者的排名，可以很容易地对其广告进行排名。

然而，在整个赞助搜索拍卖中，一些附加要素也会发挥作用。首先，关键字短语—登录页面组合的点击率会影响广告的投放位置。这被称为质量得分。如果一个广告过去获得高点击率，那么它可能会排在报价高但点击率较低的广告之前。虽然分配机制各不相同，但比较质量得分会产生一个在线拍卖模型，其中 GSP 的一般性原则仍然成立。

赞助搜索拍卖模型也受到了不少批评。最值得注意的是，关键字广告在理论上是不稳定的，虽然许多分析都基于一些不切实际的假设。此外，还有批评者认为搜索引擎作为做市商，其有一种内在的动机以参与拍卖的广告主为代价来最大化自己的利润。这是真的，市场是开放的，广告主可以带他们的广告费去别的地方。

广告主经济地分配价值和消费者决定市场的整体效果，带来一个有效的在线广告过程；在这一过程中搜索引擎、广告主和消费者都得到了服务和回报。

现在让我们以一种一体化的方式审视赞助搜索广告的所有不同组成部分。

参考文献

[1] Levy, S. 2009. "Secret of Googlenomics: Data-Fueled Recipe Brews Profitability." *Wired Magazine*, Retrieved April 4, 2011, from http://www.wired.com/culture/culturereviews/magazine/17–06/nep_googlenomics

[2] Doyle, R. A. and Baska, S. 2002. "History of Auctions: From Ancient Rome to Today's High-

Tech Auctions." Retrieved April 4, 2011, from http://www.absoluteauctionrealty.com/history_detail.php?id=5094

[3] Peterson, K. 2006. Microsoft's adCenter Is Google, Yahoo! Rival. (May 4). The Seattle Times, http://seattletimes.nwsource.com/html/businesstechnology/2002970721_microsoft04.html.

[4] McAeee, R. P. and McMillan, J. 1987. "Auctions and Bidding." *Journal of Economic Literature*, vol. 25(2), pp. 699–738.

[5] Krishna, V. 2002. *Auction Theory*. San Diego, CA: Academic Press.

[6] Varian, H. R. 2007. "Position Auctions." *International Journal of Industrial Organization*, vol. 25(6), pp. 1163–1178.

[7] Surowiecki, J. 2004. *The Wisdom of Crowds: Why the Many Are Smarter Than the Few and How Collective Wisdom Shapes Business, Economies, Societies and Nations*. New York: Random House.

[8] Jansen, B. J. and Mullen, T. 2008. "Sponsored Search: An Overview of the Concept, History, and Technology." *International Journal of Electronic Business*, vol. 6(2), pp. 114–131.

[9] Zhou, Y. and Lukose, R. 2006. "Vindictive Bidding in Keyword Auctions." In *Second Workshop on Sponsored Search Auctions, Conference on Electronic Commerce (EC'05)*, Ann Arbor, MI.

[10] Edelman, B. and Ostrovsky, M. 2007. "Internet Advertising and the Generalized Second Price Auction: Selling Billions of Dollars Worth of Keywords." *American Economic Review*, vol. 9(1), pp. 242–259.

[11] Urbany, J. E., Dickson, P. R., and Wilkie, W. L. 1989. "Buyer Uncertainty and Information Search." *Journal of Consumer Research: An Interdisciplinary Quarterly*, vol. 16(2), pp. 208–215.

[12] Rosso, M. A. and Jansen, B. J. 2010. "Brand Names as Keywords in Sponsored Search Advertising." *Communications of the Association for Information Systems*, vol. 27(1), Article 6.

[13] Goldman, E. 2010. Google Gets Complete Win in Rosetta Stone Case. (August 4). Retrieved February 2, 2011, from http://blog.ericgoldman.org/archives/2010/08/google_gets_com.htm

[14] Brooks, N. 2004. The Atlas Rank Report I: How Search Engine Rank Impacts Traffic. (July). Retrieved August 1, 2004, from http://www.atlassolutions.com/uploadedFiles/Atlas/Atlas_Institute/Published_Content/RankReport.pdf

[15] Brooks, N. 2004. The Atlas Rank Report II: How Search Engine Rank Impacts Conversions. (October). Retrieved January 15, 2005, from http://www.atlassolutions.com/pdf/RankReportPart2.pdf

[16] Athey, S. and Nekipelov, D. 2010. A Structural Model of Sponsored Search Advertising Auctions (working paper). (May). Retrieved February 2, 2011, from http://www.stanford.edu/group/SITE/SITE_2010/segment_3/segment_3_papers/nekipelov.pdf

[17] Advertising Age 2005. "38 Years of Super Bowl Ad Stats." In *Advertising Age*: Advertising Age.

[18] Associated Press. 2010. "Super Bowl Ad Prices Dip, but Still Pricey." In *CBS News Sports*.

[19] Shah, S. 2010. Analyze This: The Subtle Science of Bidding, Part 1: The Real Story. (June 18). Retrieved January 19, 2011, from http://searchengineland.com/the-subtle-science-of-bidding-part-2-brand-keyword-management-45387

[20] Shah, S. 2010. Analyze This: The Subtle Science of Bidding, Part 2: Brand Keyword Management. (July 16). Retrieved January 19, 2011, from http://searchengineland.com/the-subtle-science-of-bidding-part-2-brand-keyword-management-45387

[21] Shah, S. 2010. Analyze This: The Subtle Science of Bidding, Part 3: Second Order Effects. (August 13). Retrieved January 19, 2011, from http://searchengineland.com/the-subtle-science-of-bidding-part-3-second-order-effects-46983

[22] Lahaie, S. 2006. "An Analysis of Alternative Slot Auction Designs for Sponsored Search." In *7th ACM Conference on Electronic Commerce*, Ann Arbor, MI, pp. 218–227.

[23] Libby, B. (2010). Search Marketing Advice from Machiavelli. Retrieved January 19, 2011, from http://www.thesearchagents.com/2010/07/search-marketing-advice-from-machiavelli/

[24] Ostrovsky, M. and Schwarz, M. 2009. Reserve Prices in Internet Advertising Auctions: A Field Experiment (Research Paper No. 2054). (December 24). Retrieved February 2, 2011, from http://ssrn.com/abstract=1573947

[25] Ausubel, L. M. and Milgrom, P. 2006. "The Lovely but Lonely Vickrey Auction." In *Combinatorial Auction*, P. Cramton, Y. Shoham, and R. Steinberg, Eds. Cambridge, MA: MIT Press, pp. 17–40.

[26] Rothkopf, M. H. 2007. "Thirteen Reasons Why the Vickrey-Clarke-Groves Process Is Not Practical." *Operations Research*, vol. 55(2), pp. 191–197.

[27] Aggarwal, G., Goel, A., and Motwani, R. 2006. "Truthful Auctions For Pricing Search Keywords." In *7th ACM Conference on Electronic Commerce*, Ann Arbor, MI.

[28] Cary, M., Das, A., Edelman, B., Giotis, I., Heimerl, K., and Karlin, A. R. 2007. "Greedy Bidding Strategies for Keyword Auctions." In *8th ACM Conference on Electronic Commerce (EC'07)*, San Diego, CA, pp. 262–271.

[29] Lahaie, S., Pennock, D., Saberi, A., and Vohra, R. 2007. "Sponsored Search Markets." In *Algorithmic Game Theory*, R. Nisan and V. Tardos, Eds. Cambridge: Cambridge University Press, pp. 4–25.

[30] Nash, J. 1950. "Equilibrium Points in N-Person Games." *Proceedings of the National Academy of Sciences*, vol. 36(1), pp. 48–49.

[31] Nash, J. 1951. "Non-Cooperative Games." *The Annals of Mathematics*, vol. 54(2), pp. 286–295.

[32] Easley, D. and Kleinberg, J. 2010. *Networks, Crowds, and Markets: Reasoning About a Highly Connected World*. Cambridge: Cambridge University Press.

[33] Feng, J., Bhargava, H., and Pennock, D. M. 2007. "Implementing Sponsored Search in Web Search Engines: Computational Evaluation of Alternative Mechanisms." *Informs Journal on Computing*, vol. 19(1), pp. 137–148.

第9章

整合形成一个赞助搜索广告架构

每当一个理论对你来说是唯一可能的理论，将此作为这样一个征兆：你既不理解这个理论，也不理解该理论试图解决的问题。

卡尔·波普尔（Karl Popper）

被认为是20世纪最有影响力的科学哲学家之一[1]

当我们为镶框商店开展赞助搜索广告工作时，我们必须解决消耗我们注意力的许多方面的问题，包括关键字短语选择、广告创意、营销研究、洞悉作为搜索用户和顾客的消费者、我们产品（或服务）的品牌元素、广告与营销观念以及投标策略。

这些方面可能看起来像一系列独立的组成部分，而我们以某种方式使这些组成部分适用于赞助搜索广告。虽然我们独立地谈论了这些组成部分，但这种分割是人工的。上述每个组成部分都完美地整合于赞助搜索广告工作的完整画面中。分割是讨论的人工制品，是一种简化方式。

在现实生活和实践中，不理解市场和潜在消费者，就无法有效地选择关键字短语；不理解顾客的认知、情感和情境方面就无法设计出高品质的广告；不理解产品（或服务）属性就无法开展高水平的营销活动；不理解顾客和投标过程就无法研制出能够获得效果的广告；不理解测量、指标和竞争就无法有效地投标。

应对这些并成为这方面的专家是很困难的。而且，这一切都是相关的。

□ **集锦**

人们倾向于高估他们所了解的事情。更准确地说，人们更相信自己所了解的概念。这与波普尔在本章的引语中所提到的警告有关联。[1]

我们作为个体会这么做，在群体中和社会上也一样。因此，在我们对赞助搜索广告的基本要素甚至实施方面的看法中应该对这一点有所预期。

我们最了解科学理论和模型的一件事情是，它们最终都会被证明是错误的。

这不仅适用于“当年的科学”。对于当前的理论和范式来说，也是如此。

用来阐明这个现象的例子很多，其中最有意思的一个例子被称为薛定谔的猫悖论（Schrodinger’s cat paradox）。它是揭露量子力学怪诞性（或许不正确）的一个思维实验。

大致来说就是，一只猫被放入一个盒子，里面还有放置于一只烧瓶中的毒药、一个放射源以及一个盖氏计量器。这个计量器如果探测到辐射，毒药就会被释放。

这个悖论是这样的。数学上会形成一个稳定期（多于一个瞬间或一段持续稳定的时间），根据量子力学，这只猫既是死的，也是活着的。[2]

量子力学可能是正确的。尽管如此，你应该以一种怀疑的眼光对待所有理论和模型。

所有这些独立组成部分都是相互有关联的，并形成一个综合的整体，即赞助搜索广告。

在前面的章节中我们独立地讨论了每个组成部分，现在让我们将这些组成部分整合在一起，并着眼于整个赞助搜索广告系统。

我们先看看这个整体观点的理论基础，即一般系统理论。然后，我们考察赞助搜索广告系统，重定研究系统组成部分之间的内在交互。

一般系统理论

许多科学都致力于将一个复杂系统拆分为它的基本组成部分。这也是迄今为止我们在阐释赞助搜索广告时所运用的考察方式。

一个系统比如赞助搜索广告，可以被分为单独的组件，以便每个组件可以被当作一个独立的实体进行分析。另外一种方法是采用一种线性方式将这些组件汇总在一起来描述系统整体。这两种都是进行内部查看并考察系统内的子系统的还原论方法（reductionist approaches）。这些经典的还原论科学观允许集中分析系统的基本概念。

然而，还有另外一种观点聚焦于整个系统，被称为一般系统理论（general systems theory）。[3] 根据一般系统理论，还原论的观念是错误的，或者至少有些时候是错误的。相反，在一般系统理论中，一个系统的特征在于其组件之间的相互作用和这些相互作用的非线性特征。换句话说，我们要同时考虑系统整体和交互的复杂性。

□ **集锦**

一般系统理论与混沌理论（chaos theory）和复杂性理论（complexity

theory）有很多共同之处。

混沌理论处理复杂动力系统（随着时间的推移，遵守一个固定规则进行演化的系统）的研究。这意味着初始状态的一个非常小的波动就会对系统的最终状态产生重大的影响。因此，在山顶保持平衡的一个球（使用这个经典例子）可能会落向许多方向，这取决于非常轻微的大气条件变化。

蝴蝶效应是一个众所周知的例子。这些初始条件的细微变化会使长期预测变得不可能。

然而，一个混沌系统并不是随机的。这些系统是动态的，因而其未来状态由初始状态决定。这些系统知识看起来随机，因为随着时间的推移，细微的变化被放大了很多。

那么，如何解决混沌系统的问题呢？

我们不断地进行数据采样并测量系统，以便进行短期预测。举例来讲，我们可能不能预测从现在起两个月的天气。但是，我们可以对未来两小时的天气进行很好的预测。

根据这种系统观点，了解系统的一部分能够使我们了解另一部分的一些情况。在一般系统理论中，我们采用以下两种方式，而不是一种线性方式来分析系统。

- **横截面方式**（cross-sectional approach）涉及系统内的相互作用。
- **发展方式**（development approach）涉及随着时间的推移系统的变化。

具体来说，我们关心的是赞助搜索广告工作中的要素和模式、赞助搜索广告的基本要素、赞助搜索广告系统内部的相互依赖。我们也对赞助搜索广告的时间方面（比如拍卖过程）感兴趣。因此，我们同时从横截面视角和发展视角关注赞助搜索广告。

下面是一般系统理论中关键术语的精确定义。

- **要素**（element）——系统内任何可识别的实体。

- **模式**（pattern）——两个或多个要素之间的任何关系。
- **系统**（system）——要素之间以一种足够规则的方式联系起来并证明其值得注意的任何模式。
- **组件**（component）——一个运作系统中的任何交互要素。
- **相互作用**（interaction）——一个组件的变化引起另外一个组件变化的一种情境。
- **相互依赖**（interdependence）——一个要素的变化引起另外一个要素变化的一种情境。

当我们采取一种整体观点来看赞助搜索广告系统时将使用这些术语。

赞助搜索广告的一般系统观点

图 9-1 显示了赞助搜索广告系统的一般框架。赞助搜索广告系统由**基本组件**（foundational components）和**结构组件**（structural components）组成。贯穿这些基本组件和结构组件的是**内在构念**（inherent constructs），即第三种组件。上述这些组件中的每一个都是由以复杂的模式相互作用的要素组成的。这些要素相互依赖，如图 9-1 的横截面视图所示。

让我们通过这个集成框架来考察赞助搜索广告。

□ **集锦**

在《影响人类历史进程的 100 名人排行榜》（*The 100: A Ranking of the Influential Person in History*）一书中，迈克尔·哈特（Michael H. Hart）对影响人类历史进程的 100 人进行了排名，同时还有一些荣誉提名。

哈特利用列表上人们的数据进行了一些统计分析，注意到有一种按位置和时间聚类的现象。哈特将这种聚类现象归咎于特定社会中进行有效沟通的能力。这种沟通能力的增强对社会创新能力有积极作用。

从这个观点来看，赞助搜索广告（作为万维网的经济引擎）是一个重要的社会推动器。

谷歌采用赞助搜索广告观念的搜索平台并使其成为万维网的经济引擎，正如我们所知，谢尔盖·布林（Sergey Brin）和拉里·佩奇（Larry Page）塑造了万维网和因特网。这是真正值得称赞的。

顺便提一下，对于列表上的人们，哈特还发现了另外两种有趣的关联：痛风与没有后裔有较高的关联性。这与赞助搜索广告没有任何关系，但我觉得比较有趣。

结构组件

内在构念	消费者	关键字短语	广告	投标	测量
	最小努力原则	最小努力原则	最小努力原则		
	人类信息行为	人类信息行为	相关性	相关性	
		人类信息处理	人类信息处理	拍卖理论	
	幂律	幂律	希克海曼定律	纳什均衡	
	购买漏斗	信息可获得性原则	信息可获得性原则		跟踪数据 非介入式方法 行为主义
	消费者决策	不确定性原则	信号理论 序列位置效应		
	沟通过程	用户意图	首因效应 近因效应		
	品牌化				
	广告				
	市场营销				

基本组件

图 9-1 赞助搜索广告系统框架（包含基本组件、结构组件和内在构念）

基本组件指的是那些为赞助搜索广告（作为一种电子商务活动）提供基本概念和要素的组件，具体来说就是品牌化、广告和营销。它们会影响所有的结构组件。

结构组件指的是那些形成赞助搜索广告过程构件的组件，包括消费者、连接广告和查询词的关键字短语、在线拍卖的投标价、广告和提供整个过程测量的分析功能。它们都受基本组件的影响，并在交互模式方面受内在构念的影响。

内在构念指的是共同形成赞助搜索广告理论观点的那些概念。它们为赞助搜索广告系统及其子系统奠定了基础。

让我们来进一步逐一考察这些组件，先从品牌化、广告和营销开始。

基本组件

品牌化、广告和营销要素是赞助搜索广告系统的基础。它们与企业或组织有关，赞助搜索广告工作因其而存在。

品牌化

品牌是一种具体产品、服务或公司的身份识别。品牌可以采用多种形式，包括名称、符号、象征、颜色组合和口号。受法律保护的品牌名称被称为商标。更宽泛的品牌概念则包含了身份识别，因为品牌会影响一个公司、产品（或服务）的感知人格。品牌化行为常常涉及在消息中重复形象、口号或产品名称，以便使得消费者将相关品质与品牌关联起来。

品牌化是赞助搜索广告系统的一个关键要素，因为赞助搜索广告工作，特别是广告（文案），会在消费者心目中不断强化企业的品牌。

广告

广告是商业沟通的一种形式，其旨在说服目标受众（消费者或潜在顾客）购买或采取某些关于产品（或服务）的行动。这些产品（或服务）与一个品牌相关联，传递的具体信息被封装在称为广告的消息中。

广告具有商业性质，因为这种沟通通常是付费的，或者能够通过一个或多个消息赞助者（广告主）识别这种沟通。消费者通过一些媒介看到广告。他们知道或者至少被提醒，该消息由广告主支付这一事实。通过广告的沟通过程，广告主通常试图增加对产品（或服务）的消费。

广告是赞助搜索广告系统中的一个关键要素，因为在编写广告文案和吸引潜在顾客方面，广告的基本原则直接适用于赞助搜索广告。

营销

营销是一家公司试图创造顾客对其产品（或服务）的兴趣的一种过程。它产生的策略将作为销售技术（如广告）、商业沟通（如品牌化）和业务发展（如新产品或服务）的基础。因此，营销是企业建立积极消费者关系和为消费者与企业创造价值的整合过程。

营销旨在识别潜在顾客、满足现有顾客并致力于产生回头客。营销活动以顾客为中心，是任何企业的重要职能之一。营销策略的主要目标是保持业务盈利。

营销是赞助搜索广告系统的一个关键要素，因为赞助搜索广告是广告主与顾客和潜在细分市场进行沟通的一种直接形式。

结构组件

结构组件提供了赞助搜索广告的彼此独立的几个方面，包括消费者、关键字短语、广告、投标和测量。

消费者

消费者指的是可能使用一家企业的一种产品（或服务）的任何人。这个概念出现在各种不同的上下文场景和领域中，因此这个术语的一些微妙用法可能各不相同。企业可能会关心一些目标受众特征。这种关注点通常侧重于影响消费者购买或不购买决策的变量。因此消费者决策过程的一些方面本质上是赞助搜索广告的关键要素。

消费者是赞助搜索广告系统的关键要素。消费者拥有不同程度的关于一家企业的产品（或服务）的先验知识，包括产品属性（如价格）。因此，搜索引擎是企业和消费者之间的中介。广告主选择他们想要的目标关键字短语，而消费者向搜索引擎输入查询词并浏览 SERP 上显示的链接。

广告主的目标是以最经济有效的方式定位消费者。消费者则想要最小化其在寻找一种可接受的产品（或服务）过程中产生的搜索成本。如果广告主有效地选择了关键字短语，那么消费者就能收到相关的广告。这样一来，两方的搜索成本都降低了。

关键字短语

从语言学的角度来看，一个关键字是一个或一组词汇，其经常（而不是偶然）出现在其一个文本集中。统计测试（通常是对数线性模型）可被用来计算关键词组（keyterm），将一个文本中的词频与从一个更大语料库导出的期望频率进行比较。这种语料库被作为一般语言使用的参考材料。

关键字是查询请求中包含的一组词汇，它将查询请求与广告主所选择的关键字短语链接起来，从而触发赞助搜索广告。

关键字短语是赞助搜索广告系统的关键要素。因为它们将广告与搜索用户联系起来，并有可能将该搜索用户转化为潜在顾客。因此，关键字短语必须触发相关的广告，后者通过在线交互使搜索用户过渡到顾客阶段。

投标

投标指的是提供报价，其通常在一个竞争性拍卖的范畴内进行。报出的价格被称为投标价。这个术语在赞助搜索拍卖中被普遍使用。

在赞助搜索广告系统中，鉴于在线内容数量和搜索量，自动投标系统通常被用来处理广告主的投标价。最低报价或必要报价通常通过每点击成本（CPC）投标模型来呈现，虽然也可以使用其他方法，如每展现成本（cost per impression）、每千次展现成本（cost mille，CPM）和每行动成本（cost per action，CPA）。然而，每点击成本（CPC）好像是最平衡的一种选择；每千次展现成本（CPM）偏向于内容发布商；每行动成本（cost per action，CPA）则偏向于广告主。可以预期，这些模型的某种组合将会共存于一个自动投标系统中。这取决于双方的实际考量。

我们还注意到，这些投标拍卖会总体走向一种成本 / 价值经济均衡的状态，针对广告主而言也是如此。随着互联网作为广告平台的成熟并被全世界大部分广告主采纳，越来越多的在线广告市场正在达到一种经济均衡状态。换句话说，点击 / 展现 / 行动的价格标签正在接近其对广告主来说的平均价值。这降低了点击套利和获取超低成本顾客的机会，这也是成熟市场的标志。

投标是赞助搜索广告系统的关键要素。因为它直接将赞助搜索广告工作与盈亏状况、收入和利润连接起来。

广告

广告指的是一个付费公告，通常是针对某种产品（或服务），但也可以是针对公司或组织的。广告的一般目的为增加对一种产品的消费或对一种服务的使用，即使是间接地通过品牌沟通来进行。广告向消费者传播一些信息。这种信息常常包括一种产品（或服务）的名称和这种产品（或服务）如何有利于消费者。

广告是赞助搜索广告系统的关键要素。因为它是使人们从搜索用户角色过渡到消费者角色的消息。

测量

赞助搜索广告分析是关于测量的。

测量（measuring）指的是根据一种测量单位确定一个数量大小的过程，比如长度和质量。测量结果（measurement）是通过测量过程获得的具体结果。举例来讲，网络分析指网络数据的测量、收集、分析和报告，目的是理解和优化网络应用。赞助搜索广告分析是一种为商业和市场研究而进行的测量关键字广告流量的过程。通常，这种测量结果直接体现在关键字广告工作中。

通过估计一种新的广告系统活动发布后的流量变化，赞助搜索广告分析应用还可以辅助测量整合营销系列活动的结果，比如印刷媒体广告系统。赞助搜索广告分析提供了关于关键字短语搜索量、广告展现量、点击量、投资回报率等数据。赞助搜索广告分析也可以是为了市场研究的目的，用来发现关键字短语的流行趋势。

测量是赞助搜索广告系统的关键要素，因为它可以为下一轮广告进行规划，并在实施过程中进行分析、反思和改进。

内在构念

内在构念指的是系统地说明赞助搜索广告各个方面的构件。这些理论构件共同构成了赞助搜索广告的理论视图，并为赞助搜索广告或其子系统的模型化奠定了基础。如图 9-1 所示，其中一些构念主要直接适用于多个结构组件，而所有构念都与基础组件有关系。

赞助搜索广告的内在交叉构念如下所示。

- **拍卖理论：**将拍卖视为一种聚焦于人们在拍卖中如何行动的博弈。拍卖理论家通常关注一种特定拍卖设计的效率（拍卖在多大程度上能够实现参与各方（包括拍卖商在内）的目标）、最优和均衡投标策略和以创收来衡量的拍卖有效性。在经典博弈论中，参与者感兴趣的是，不考虑其他玩家时，最大化自己的收益。拍卖理论，特别是广义二价拍卖，是赞助搜索广告的基础。（投标组件的要素。）
- **行为主义：**一种强调思想的外在行为方面的分析方法。如针对赞助搜索广告所定义的，行为主义强调观察到的行为，但并不忽视伴随这些外在行为的内在方面。这种更灵活的行为主义观点认为，通过研究用户与广告系列活动交互时的表现（行为）可以获得很多有用的信息。这些表现的行为可能反映了搜索用户的内在认知方面，以及用户行为发生的上下文场景方面。在赞助搜索广告分析中，我们关心的是行为。（测量组件的要素。）
- **购买漏斗：**一个分阶段的过程，用来描述消费者制定购买决策的方式，从开始意识到需要一直到最终购买产品（或服务）来满足需要。每个阶段有不同的名称，通用的命名方法是知晓（awareness）、研究（research）、决策（decision）和购买（purchase）。购买漏斗有助于解释消费者的搜索行为。（消费者组件的要素。）
- **沟通过程：**传送一条消息（一大块信息）给某人。其中涉及发送者、消息、沟通渠道和接收者。沟通过程的挑战在于精确地把消息传送给接收者。沟通过程为发送者和接收者之间的交流提供了解释。（消费者组件的要素。）
- **消费者决策：**经常被表达为一个分层、分阶段模型，由一个或多个购前、购买和购后阶段组成。购前阶段包括需要识别、信息搜索、可选方案评估和产品选择。消费者决策有助于解释消费者的购买过程。（消费者组件的要素。）

- **希克海曼定律**：计算一个人面临一组可能的选择时，做出决定所需花费时间的一个公式。希克海曼定律对广告有着一定的影响作用。（广告组件的要素。）
- **人类信息行为**：关于信息来源和渠道的全部人类行为，包括积极和消极的信息寻求和信息使用。[5] 人类信息行为主要会影响消费者和关键字短语。（消费者和关键字短语组件的要素。）
- **人类信息处理**：获取、解释、管理、存储、检索和分类书面信息的方法。[5,6] 人类信息处理主要会影响关键字短语和广告。（关键字短语和广告组件的要素。）
- **信息觅食理论**：信号理论在网络搜索中的应用。信息觅食理论认为，人们采用自适应策略来优化其单位成本的有用信息摄入量。信息觅食理论与解释广告开发的信号理论有关。（广告组件的要素。）
- **信息搜索**：人们与信息检索系统之间的交互，涵盖从搜索策略的采纳到检索，再到对信息相关性的判断。[5]（消费者、关键字短语和广告组件的要素。）
- **纳什均衡**：博弈论策略的一个概念。它指的是“博弈”中所有玩家无法通过改变其策略获得任何收益的一个“点”。因此，如果博弈处于均衡状态，那么它就是稳定的。稳定性是在线拍卖（比如与赞助搜索广告相关联的拍卖）的一个关键要素。它允许广告主开发出理性的广告计划。（投标组件的要素。）
- **幂律**：两个量之间数学关系的一种特殊类型。当某种事件的频率随着该对象的某个属性的幂而变化时，称该频率服从幂律分布。幂即指数，是表示一个量自身相乘次数的一种数学符号。一个对象的属性可以是（比如）大小、排名、高度。如同钟形曲线一样，幂律是一种概率分布。幂律可以被用来解释消费者行为和关键字短语选择，其中少数元素出现得非常频繁（头），而大多数元素却很少出现（尾）。（消费者和关键字短语组件的要素。）
- **首因效应**：一个列表中的初始条款往往比最后的条款能更容易地吸引大脑。首因效应可用来解释为什么列表顶端的广告会获得较高的点击量。（广告组件的要素。）

- **信息可获得性原则**：信息越是可获得的，人们就越可能使用该信息。信息可获得性构念会影响关键字短语或广告。（关键字短语或广告组件的要素。）
- **最小努力原则**：有机体通常寻求一种最小化能量消耗的方法来追求某种目标。[7] 最小努力原则会影响消费者、关键字短语和广告组件。（消费者、关键字短语和广告组件的要素。）
- **不确定性原则**：信息搜索的早期阶段开始于理解缺失或者有限知识。[8] 不确定性原则会影响消费者、关键字短语和广告组件。（消费者、关键字短语和广告组件的要素。）
- **近因效应**：相对于排名中等的物品，人们更倾向于记住最后几件物品。近因效应可用来解释为什么列表底端的广告会获得高点击量。（广告组件的要素。）
- **相关性**：某事物如何有关于、连接到或适用于一个给定的事物。相关性会影响广告和投标，它与关键字和消费者也有关联。（广告和投标组件的要素，而且被纳入人类信息行为和人类信息处理中。）
- **序列位置效应**：位置对各种人类行为的影响。序列位置效应有助于解释排名对广告的影响，列表中排名第一的广告获得最多的点击。（广告组件的要素。）
- **信号理论**：搜索用户经常使用决策过程中的一些线索来指导对伴随选择的成本、利益、报酬和风险的感知。[9]（广告组件的要素。）
- **跟踪数据**：人们在开展其日常生活行为的过程中造成的痕迹、残留和磨损。这个过程会造成一些事情或印象，或者减少一些现存的物质。在研究的范围内，这些事情、印象和磨损成为数据。日志记录软件的跟踪数据是关于搜索用户、搜索引擎和网站之间的交互活动。因而，这种跟踪数据成为赞助搜索广告分析的数据。（测量组件的要素。）
- **非介入式方法**：无须分析人员介入行为者的上下文场景的分析实践。非介入式方法不涉及从行为者处直接获取数据。赞助搜索广告分析采用非介入式方法进行数据收集。（测量组件的要素。）

基本要点

- 赞助搜索广告系统是包含基本组件、结构组件和内在构念的一个整合系统。
- 这些组件由一些要素组成。这些要素是赞助搜索广告的关键构念。
- 为了理解赞助搜索广告的细节，我们采用一种还原论方法来考察其中的独立组件和要素。
- 为了理解赞助搜索广告的整体画面，我们采用一种一般系统方法，同时以横截面视角和发展视角来考察该系统。

理论与实践相结合

图 9-1 是整个赞助搜索广告系统的一般性概念框架。然而，我们可以将这个一般性框架应用于一个特定的层次上，聚焦于更多实践细节，也可以将图 9-1 的赞助搜索广告框架应用于你的账户。

- 在这些至关重要的基本组件和结构组件中，有哪些独特要素？
- 你应该如何针对你所在的行业实施这些内在结构？
- 在你的赞助搜索广告工作中，你可以探测到哪些具体的模式，特别是在投标、关键字短语和广告方面？

结论

赞助搜索广告系统的一般系统视图整合了其基本组件和结构组件。

我们考察了赞助搜索广告的内在交叉构念中的要素，包括人类信息行为、人类信息处理、信息搜索、相关性、最小努力原则、不确定性原则、信息可获得性、希克海曼定律、幂律、信号理论、信息觅食理论、序列位置理论、近因效应、购买漏斗、消费者决策、沟通理论、行为主义、拍卖理论和纳什均衡。

基本组件包括品牌化、广告和营销。

结构组件包括消费者、关键字短语、投标、广告和测量。

网络搜索引擎是在与万维网进行交互过程中不可或缺的工具。除了处理信息请求之外，现代搜索引擎还是将人们引导至特定网站和辅助浏览的导航工具。人们还将搜索引擎作为进行电子商务交易的应用程序。人们将会继续以新的、越来越多样的方式来使用搜索引擎。同时，搜索引擎也将会不断改善其检索服务的效果。改善网络检索方面的一个创新就是赞助搜索广告。通过赞助搜索广告，主要网络搜索引擎如雅虎、微软必应、谷歌和 Ask 大大改善了其在线商务。巴特尔对引起这些赞助搜索广告平台发展的要素进行了总结。[10]

在网络环境中，赞助搜索广告对网上信息和服务的可得性产生了巨大影响。赞助搜索支撑了搜索引擎提供的其他免费服务（如拼写检查、货币转换、航班时刻、桌面搜索应用程序等），并在使这些服务可访问的过程中发挥了关键作用。对许多网络用户来说，这些服务很快变得不可或缺。如果没有可行的赞助搜索商业模式，主要的搜索引擎是否能够承担任何近似于它们目前的基础设施的费用，这是值得怀疑的。这些基础设施提供了大量的功能：抓取数亿个网页，索引数亿个文档（如文本、图像、视频、报纸、博客和音频文件），每天处理百万级别的网络查询请求，并且每周呈现数亿个广告链接。

赞助搜索也为元搜索引擎（meta-search engine）提供了一种可行的商业模式。元搜索对需要高查全率和要求对主题进行彻底覆盖的信息搜索非常有益。

通过允许内容提供者以一个相对比较低的成本将其链接移动到搜索结果页面的首页，赞助搜索提供了一个有效方法来克服网络搜索引擎技术实现过程中的固有偏见。

在这么做的过程中，赞助搜索广告对许多商务的成功变得至关重要。公平地说，如果没有赞助网络搜索，网络搜索引擎市场（整个万维网）会跟今天看起来大不一样。

然而，看起来似乎在万维网上没有什么会保持不变。那么，我们预期未来赞助搜索广告也将会不断演化。在下一章中，我们看看赞助搜索广告可能会有哪些变化，以及这些变化的驱动因素有哪些。

参考文献

[1] Popper, K. 1972. *Objective Knowledge: An Evolutionary Approach*. Oxford: Oxford University Press.

[2] ErwinSchrödinger (Translated by John D. Trimmer). 1980. "The Present Situation in Quantum Mechanics: A Translation of Schrödinger 'Cat Paradox Paper'." *Proceedings of the American Philosophical Society*, vol. 124(1), pp. 323–338.

[3] von Bertalanffy, L. 1976 [1956]. *General System Theory: Foundations, Development, Applications*. New York: Braziller.

[4] Hart, M. H. 1992. *The 100: A Ranking of the Most Influential Persons in History*. New York: Citadel Press.

[5] Wilson, T. D. 2000. "Human Information Behavior." *Informing Science*, vol. 3(2), pp. 49–55.

[6] Putrevu, S. 2002. "Exploring the Origins and Information Processing Differences between Men and Women: Implications for Advertisers." *Academy of Marketing Science Review*, vol. 10(1), Article 1.

[7] Zipf, G. K. 1949. *Human Behavior and the Principle of Least Effort*. Cambridge, MA: Addison-Wesley Press.

[8] Kuhlthau, C. 1993. "A Principle of Uncertainty for Information Seeking." *Journal of Documentation*, vol. 49, pp. 339–355.

[9] Gregg, D. G. and Walczak, S. 2010. "The Relationship between Website Quality, Trust and Price Premiums at Online Auctions." *Electronic Commerce Research*, vol. 10(1), pp. 1–25.

[10] Battelle, J. 2005. *The Search: How Google and Its Rivals Rewrote the Rules of Business and Transformed Our Culture*. New York: Penguin Group.

[11] Introna, L. and Nissenbaum, H. 2000. "Defining the Web: The Politics of Search Engines." *IEEE Computer*, vol. 33 (January), pp. 54–62.

第10章 赞助搜索的前景

随着我们向前发展，我希望，我们也将继续用技术给人们的生活和工作带来真正巨大的改善。

谢尔盖·布林（Sergey Brin）

谷歌公司共同创始人[1]

我们希望镶框商店的产品和服务能够与目标消费者市场的欲望和需要相匹配，同时消费者有购买产品和服务的渠道。然而，消费者市场是不断变化的。技术日新月异，这促使我们的市场分析也要进行相应的改变。消费者今天认为新潮的产品，明天可能会被认为是过时的；他们今天可能需要一种服务，但是明天（或者当上下文场景改变时）可能不再需要它。随着产品系列的变化，消费者的需要也在不断演化。竞争对手进入市场，常常使我们的服务变得过时，或者会给我们的业务带来价格压力。很少有企业能够在任何一段较长时期内拥有一个仅属于自己的市场。

这些只是当今企业所面临的众多压力的一部分。

这些担忧是我们的镶框业务想要取得成功就必须面对的所有变革问题。技术、消费者和上下文场景几乎一直处于变迁中。对赞助搜索广告来说也是这样，而且由于因特网的快速变化，情况可能更是如此。在因特网时代，一切都在变化！

关于技术、消费者和上下文场景如何变化的预测充满着困难、误区和限制。然而，通过分析目前呈现的一些先兆，我们可以对赞助搜索广告在不久的将来可能会如何发展进行一些一般性的预测。我们通过考虑技术、消费者和上下文场景方面来考察这个可能的未来趋势。

但是，我相信赞助搜索广告模型与现在的形式几乎一样，而且在可预见的将来将会是默认的关键字广告模型，虽然它肯定会增加一些特性来适应日新月异的因特网环境。其核心结构在短期内似乎是稳定的。

这种稳定性部分归因于万维网和因特网能够提供赞助搜索广告带来的各种回报类型。目前还没有其他创收平台可以将搜索引擎和相关站点的基础设施维持在可以产生赞助搜索广告的水平上。此外，没有在线广告模型像赞助搜索广告一样对这么多商业类型有效。赞助搜索广告还可以有效地与内容广告和社会化广告进行整合，以便增强其长期潜力。

赞助搜索广告未来成功的长期潜力取决于它是否能够为利益相关者持续增加实际价值和感知价值。只要它在这方面比其他替代物做得更好，一般来说，它的未来就是有保障的。

让我们首先快速看看这些术语，如价值和利益相关者。从那里出发，我们将研究未来哪些变化可能会适用于赞助搜索广告。

□ **集锦**

很明显，预测未来并不容易。

尽管如此，科学家正在努力做到这一点，从利用社会媒体流来预测短期事件到更长期的阈值事件。因特网因其强大的数据收集能力而有助于这方面的努力。

利用过去的数据预测未来的问题被描述为休姆的归纳问题（Hume's Problem of Induction）。[2] 休姆的归纳问题质疑是否能够仅仅因为任何一件过去发生的事来预测未来它将会发生。

归纳问题通过《黑天鹅》（*The Black Swan*）一书进入大众文化领域。该标题是从先验数据进行归纳的一个典型例子。[3] 多年来，人们普遍认为黑天鹅不存在，因为没有一个欧洲人曾经见过任何一只。因此，预测结果是黑天鹅不存在。然而，黑天鹅的确存在，它产自澳大利亚。

从根本上来说，最终我们不能仅因为某事过去发生（或未发生）来证明它将会发生（或不发生）。然而，这并不意味着我们不能根据数据做任何事情。

科学家通过只用数据证明某些事不正确来绕过这个敏感主题。也就是说，从实证观点来看，我们可以展示存在证明一个假设为假的证据，但无法证明一个假设为真。我们最多可以说，“根据数据，一个假设被支持”。

我们在财务投资营销文献的警告中可以看到这一点——“过去的表现并不能保证未来的成功”。

这里有一个相关的问题是，不能用数据证明一个否定结论（某事物不存在）。从数据中我们可以得出的全部就是，并不存在证明某事物存在的证据。

价值和利益相关者

根据本章引语中谢尔盖·布林关于技术产生巨大改善的引述，我们必须对两个概念进行定义，以便评价技术是否会造成正面的改善效果。

价　　值

价值主要考察一些关键问题，比如为什么产品（或服务）定价这么高，产品（或服务）的价格如何演变，以及如何计算产品（或服务）的正确价格。

价值指的是对某事物的本质、质量、能力、范围或重要性的一种度量、评价或估计。它基于价值理论。

价值理论（value theory）涵盖了所有试图解释交换价值或产品（或服务）价格的经济理论。在经济学中，一种产品的价值是消费者对该产品的估价。价值表示感知利益相对于获得该利益的感知成本之间的关系。

价值经常被表示为以下公式：

价值 = 利益 / 成本

公式 10-1　价值定义为利益与成本的比值

然而，价值有两种成分：主观价值和实际价值。

- **主观价值**认为，一种产品（或服务）必须有助于满足人们的需要或愿望，才能实现大于零的经济价值。
- **实际价值**认为，产品（或服务）与其类似产品（或服务）的价值相同。

因此价值是一个与其他产品（或服务）相关的消费者估计函数。所以，产品（或服务）的主观价值或许与其实际价值无关，而取决于其满足顾客愿望、需要或要求的能力。一个人对赞助搜索广告价值的看法则取决于其观察视角和优先考虑的问题。

利益相关者

利益相关者指的是对事物有既得利益或受其变革影响的人或组织。利益相关者有三种类型：

- **主要利益相关者**（primary stakeholder）指的是最终受到影响的人或组织。

- **次要利益相关者**（secondary stakeholder）指的是一种“中间形态”，即受到间接影响的人或组织。
- **关键利益相关者**（key stakeholder）指的是受到重大影响或具有重要性的人或组织。关键利益相关者也可以属于前两种类型。

在评价一个系统时，企业通常会做利益相关者分析，即识别可能影响或受到一个拟定行动影响的个体或群体的过程。然后，企业根据利益相关者对该行动的影响以及后者对前者的影响来对这些利益相关者进行排序。这些信息被用来评定企业在多大程度上能够满足一个项目计划、政策、方案（或其他行动）中利益相关者的利益。

赞助搜索广告利益相关者的价值

我们可以确定赞助搜索广告对系统中各种利益相关者的价值。对搜索引擎来说，赞助搜索广告必须持续获利以支付账单。在其出现以来的首个 10 年中，赞助搜索广告的增长率的确是非常惊人的。其中大部分技术最终稳定下来，因而可以预期赞助搜索广告也会是如此。然而，很多稳定的技术并不是真正的收入来源。只要是这样，赞助搜索广告就将会为搜索引擎利益相关者提供价值。

对广告主（包括广告中介）来说，赞助搜索广告一定会继续作为在线广告系统，并在实现结果和企业目标方面与其他广告渠道水平相当，或做得更好。赞助搜索广告必须持续有效地促销产品和服务，并以一种高效的方式进行，以使企业在这些产品和服务上产生利润。它必须绝对地做到这一点，而且相对于其他的消费者沟通方式也是如此。至少对中小企业来说，赞助搜索广告必须易于访问和建立；特别是对大企业来说，必须有能够辅助企业进行搜索广告活动的营销机构。

变革的驱动因素

为了识别未来的发展趋势，看看目前赞助搜索广告中的内在问题、需要和愿望是很有帮助的。通过这种需要与问题分析（needs-and-problem analysis），我们可以预期赞助搜索广告将在定位、跟踪、分析和优化方面取得进展，也可以预期赞助搜索广告朝着广告主拥有更强控制力的方向发展。赞助搜索广告将会持续增强功能。在分析方面，我们将会看到更细微、更多样的分析。在营销方面，消费者将更有可能增加在线的时间和花费。

赞助搜索广告处于变革之中。[4]各种力量和驱动因素汇集在一起推动、塑造和重新定义赞助搜索广告的实施。现在让我们探讨一下赞助搜索广告未来可能是什么样的。变革的驱动因素包括技术、消费者和上下文场景。下面分别对这些方面进行陈述，但是，本质上它们是相互联系在一起的。

技　术

自然而然，技术是赞助搜索广告变革的驱动因素之一。

地理位置软件

在线签到软件、应用程序和功能为实体商业创造了一个非常值得注意的机会，特别是对那些主要面对本地市场的商业。通过地理位置软件，企业可以利用各种创意方式与在线顾客进行交互。这会影响赞助搜索广告。

当一个顾客通过一个地理位置应用程序签到，宣称他在一家商店或餐馆里时，甚至在顾客购买之前，企业就可以用一种令人信服的方式塑造客户体验。

虽然一次签到表示一个在门口的顾客，但是其本身的价值比较有限。为了让签到真正有价值，企业需要上下文场景、人口统计和情景的数据。一家企业比如我们的镶框商店，以这些信息作为反馈，可以用目前赞助搜索广告做不到的一种方式进行目标报价和推荐。

将签到类型的软件和赞助搜索广告关于顾客愿望与需要的知识结合起来，可以给企业一个利用实时上下文场景报价、折扣和做广告的机会。这些报价可以直接塑造任何交易之前的顾客行为。这将会是一种精彩绝伦的线上和线下的结合。

很难想象，赞助搜索广告居然没有增加某种签到功能。

赞助搜索广告分析

随着签到和移动应用程序的使用越来越多，我们将看到赞助搜索广告会利用基于地理位置的指标来测量实体商店客流量的增加，类似于现在的点击通话指标

(click-to- call metrics)。

当然，鉴于消费者数据越来越容易获得，未来赞助搜索广告指标将远远超出展现、点击和转化这几个指标。

举例来讲，网站在社交方面的用处越来越多，比如评论和消费者评价。这很可能会带来情感分析指标，用来测量消费者对品牌或广告的评价语气。这些数据会对如何计算质量得分产生潜在的影响。赞助搜索广告平台已经为搜索用户和消费者提供了评价广告的途径，因此与其他网络评论的结合也将紧随其后。

随着跟踪设备和通过许多设备（比如手机、电视和浏览系统）使用万维网的情况越来越普遍，广告主将会有更简单的方式来测量电视、万维网、广告和移动广告在整合营销传播过程中的联合到达率。

我们还可以预见的是与用户意图和心理模型有关的赞助搜索广告指标，用来理解用户目标与行为。通过这种类型的数据，我们可以根据确定的商业意图来更好地调整广告或自动调整投标价。

这些技术的发展需要对用户交互数据进行复杂的数据挖掘与分析，从而识别用户点击与行动之间关联的强度。现在的日志记录、分析和挖掘软件都可以用来跟踪这些交互行为。

将赞助搜索广告与底层用户模型联系起来，并在可接受的准确性范围内理解目标与意图，在目前来讲还不可行。然而，在其他领域（比如博客和微博）中，[5]这方面已经取得了长足的进步。

对工具进行改善的规划也是合理的。举例来讲，我们可以期望关键字工具不再仅仅依赖于历史数据，而是从论坛、博客、评论站点、产品评论、顾客的电子邮件消息、社会媒体站点和词典中收集可能的关键字短语。这将允许广告主更多地使用他们顾客的语言。

鉴于上述这些技术在其他地方已经得到成功应用，我们可以预期在赞助搜索广告中，将更多地使用这些技术来抽取用户意图并预测网络搜索行为。

点击欺诈控制

打击点击欺诈的力度必须继续加强。随着新的应用融入赞助搜索广告领域，点击欺诈也会出现新的可能性。

搜索引擎必须保持一个关键的信任点。如果点击欺诈恶化超过某一个决定性的点，广告主将会停止使用赞助搜索广告系统。这类似于，如果商店盗窃频繁发生，使得商家不可能盈利，或者恶化到被抢劫，商家就会逃离一个地理区域。

赞助搜索广告服务提供商必须通过更复杂的技术保持对点击欺诈进行检查：

- **预防技术**——阻止点击欺诈发生。
- **检测技术**——一旦发生则捕捉到点击欺诈。
- **调整技术与过程**——检测到点击欺诈后就记在广告主的账户上。

预防、检测和调整这三个部分的工作将需要更高的透明度、更多的沟通，还需要广告主和赞助搜索广告平台提供商之间更多的数据分享。在广告主方面，更复杂的技术将聚焦于微广告事件（microadvertising events），提醒广告主注意不寻常的模式。

鉴于点击欺诈及其相关活动一直困扰着赞助搜索广告和其他在线广告计划，它是否会很快消失是值得怀疑的。因此，我们必须计划如何解决它。

对查询请求提交的改变

可能对赞助搜索广告影响最大的技术就是改变 SEPR 响应查询请求的显示方式。改变 SEPR 上的标题，比如从“赞助搜索结果”到“赞助搜索广告”，会影响搜索行为。改变 SERP 上的一些小的设计方面，包括线条、图形和分割赞助搜索结果和自然搜索结果的界限，都会改变用户行为。任何突破传统“输入查询并点击提交”的查询请求提交新技术将最有可能改变用户行为。

即时搜索（instant search）就是一个好例子。即时搜索指的是使搜索更有针对性和更快捷的一种技术。即时搜索将预测搜索（predictive search）与搜索结果的实时可视化结合起来。即时搜索预测搜索用户在搜索什么，允许搜索用户不仅能更快地看到结果，而且在输入过程中看到结果的变化。

然而，如果随着输入查询请求显示结果，且在增量式输入每个字母时，这些结果都会变化，那么即时搜索产生了切中赞助搜索广告核心的问题，即转变中的查询词如何定位目标受众。关键字短语可以是“ frames”，但是沿着 f，fr，fra，fram 和 frame 的路上也存在着潜在的目标受众。

任何在查询请求提交过程中改变 SERP 显示方式的新技术都将会影响赞助搜索行为。因为查询请求是对搜索用户需要的主要表述形式，所以我们应该预测查询请求提交过程中的持续改进和改变。

移动设备与应用程序

移动技术对如何进行网络搜索和引入完全绕开万维网的搜索渠道都有很大的影响。智能手机的使用越来越普遍，这对搜索行为产生了明显的影响，从而也对赞助搜索广告有明显的影响。拥有一部手机和合适应用软件的用户可以直接访问电子商务网站。智能手机比个人电脑持有更多的个人信息，包括姓名、手机号和地理位置。我们的设备增加了识别我们身份、地理位置和愿望的能力。这将继续影响人们搜索的方式，进而影响广告主组织赞助搜索广告系列活动的方式。

举例来讲，在网络搜索引擎上，导航型查询请求相当普遍。但是在手机上执行它们时，则有一种全新的含义。手机上的导航型查询请求可能表明立刻想去访问一个实体商家。与产品相关的搜索也会出现类似问题，移动应用程序（包括条码读取器和基于地理位置价格检查器）仅用于产品搜索。同样，随着越来越多的零售商向搜索用户提供它们自己的应用程序，人们将能够直接关联到品牌，这些应用程序绕开搜索引擎并将消费者直接连接到商务网站。

赞助搜索广告服务将不得不通过手机平台上的广告和整合品牌自身应用程序的广告来适应这种新的移动应用环境。

消　费　者

赞助搜索广告变革的另外一个驱动因素是消费者。

在线数据的隐私问题

通过一些应用诸如工具栏和手机应用，定位消费者的能力无疑得到了增强。我们已经可以对一个潜在的移动搜索用户的情况略知一二。[6]

然而，在某些方面，消费者或代表他们作为监管机构的政府将会对此进行限制。虽然使用搜索和导航数据好像很平常（如当我搜索一本书或浏览一本书的网站时，这本书或相关的书的广告开始出现），但消费者会因“广告跟随他们”而感到“毛骨悚然”。[7]

大部分在线消费者想要确保三件关于隐私的事情。

- **控制**（control）——告诉消费者你在做什么，并给消费者退出选择权（即使退出选择意味着不使用服务）。
- **模糊**（obscurity）——主要使用汇总的消费者数据来探测趋势和整体模式。
- **匿名**（anonymity）——即使消费者数据是单个隔离的，也要保护它，不要披露个人身份。

消费者数据的使用将继续下去，特别是移动搜索的使用将越来越多，并且其中包含关于消费者更深刻的见解。然而，赞助搜索广告的定位方法将必须持续解决消费者的隐私问题，以避免消费者和法律方面的强烈反对。

电脑使用减少

随着互联网接入的范围和可用性的增加，越来越少的人使用传统电脑，通过浏览器进行网络访问。消费者越来越远离桌面和笔记本电脑。如上所述，他们使用手机或其他设备进行搜索。然而，基于因特网的电视、平板电脑和游戏机也是因特网的接入点。

因此，广告主需要将其现有的仅针对桌面电脑的工作扩展到其他形式的访问。网站自身的收入将会下降，赞助搜索广告将会转变为这些其他形式的访问。移动赞助搜索广告系列活动将很可能成为主要收入来源，而基于万维网的系列活动将会成为次要收入来源。

赞助搜索广告工作需要适应移动环境和非计算机环境中消费者的不同思维模式。这种新环境会影响整个搜索体验，从目标到关键字，再到影响这些选择的因素。举例来讲，移动搜索常常被消费者在移动环境中（如走路或开车）使用。因此，移动搜索使用更短的查询请求和更多的导航型搜索，因此关键字短语的选择和投标策略都有必要进行相应的改变。

整合线上 / 线下世界

随着签到应用、本地交易网站、移动应用、互联网电视和微支付的广泛使用，线上和线下消费者数据的融合正在变得更具有潜力。我们已经在跨服务和跨设备的情况下发现了这一点。这种整合可以创建越来越准确的消费者个人形象。定义线下结束和线上开始的位置变得越来越困难。

很明显，在移动设备上使用应用和网络服务将是大部分整合工作的起因。然而，计算机和电子书阅读器，以及在线数据库也是潜在的来源。不幸的是，对于市场营销人员来说，这些数据的专有层（proprietary layers）常常存储在个人设备和应用中。然而，这些数据越来越多地在应用程序之间共享，其通常可以通过接受第三方应用得到用户的许可。

在这种线上和线下世界的融合中，赞助搜索广告将越来越多地把顾客惠顾及其行为融入整个网络中。许多行为锁定（behavior targeting）已经在发生，从逻辑来讲，下一个步骤就是整合来自除搜索以外其他来源的行为数据。

上下文场景

我们讨论的最后一个变革驱动因素是赞助搜索广告系统运营的上下文场景。

实时内容

一旦网络用户访问了一个静态网页，人们就会面对通过评论站点、博客评论和社会化媒体网站产生的实时内容。[8] 因特网用户越来越多地接触实时内容。这为赞助搜索广告开辟了有趣的应用场景，而且很明显它将需要进行结构上的转变。

实时内容指的是短状态信息发布，有时带有指向更长文档或多媒体内容的链接。实时内容通常在社会网络和媒体平台上产生。实时内容一般是为即时上下文场景创建的，而没有任何存档意图，即一旦产生就会被消费。目前，实时内容流中的广告是关键字和内容广告的结合，这方面已经有很多进行中的实验。实时内容流中的广告很可能会采用每千次展现成本（CPM）、每点击成本（CPC）和每行动成本（CPA）这几种定价模式的一种组合。

很多涉及广告如何整合到实时转化流程中或SERP上的问题仍然存在。随着实时内容被整合到SERP上，搜索用户将会受到影响，虽然这些影响尚未被确定。一些主流社会化媒体网站上的实时搜索已经可以与主流搜索引擎相媲美。[9] 这些服务提供即时有趣的功能，比如通过地理标记发布本地焦点（focus）、状态和其他消息。

社会化媒体

社会化媒体的成长无疑会影响赞助搜索广告。许多社会网络站点已经将赞助搜索广告整合到其自身的广告服务中。很快，我们将看到支持社交的广告，因为潜在消费者将能够分享广告、评论广告，并对广告进行反馈。它将使广告主不再直接向消费者传递信息，而更多地转向品牌与其消费者之间的一种双向沟通渠道。

随着与社交媒体交互的增强，当搜索用户上网时，他们不再抱着唯一的搜索期望来寻找特定结果的信息。[10] 当人们花费更多的时间来与社交网络进行连接、分享和交互时，他们期望与搜索结果中的内容进行互动。在社交网络上花费的时间涉及与一个社区或网络中志同道合的个人进行的各种类型的互动。这将是赞助搜索广告的一个激动人心的、充满挑战性的方向。

此外，与社会化媒体进行整合可能会为赞助搜索广告带来更多的推动因素。关键字广告非常善于将搜索信息的人们转化为想要购买东西的消费者。那么，它对收获产品需求是很管用的，但对培养产品需求就不是特别管用。然而，赞助搜索广告与可以培育这种需求的社会化元素相结合，将会使其变得更加有效。

替代定价模式

随着赞助搜索广告的广泛使用和多样化，从万维网[11] 到移动设备，到实时搜索，[9] 到社会化媒体，[10] 再到基于位置的服务，似乎超越每点击成本（CPC）的替代定价模式将会受到欢迎。我们注意到，每千次展现成本（CPM）适用于一些地方，而在另外一些地方，每行动成本（CPA）则似乎更合理。

不同访问场景的定价模式不同，我们将可能看到更聚焦、更有针对性的广告系列活动。这些广告活动可能会在多个平台上被仿效。你已经可以将类似的赞助搜索广告系列活动锁定到万维网或移动设备上，甚至进一步将移动广告系列活动锁定到具体的设备上。

基本要点

- 赞助搜索广告的未来取决于为利益相关者提供的价值。
- 赞助搜索广告的变革来自技术、消费者和上下文场景的改变。
- 赞助搜索广告的变革最可能发生在移动、社会化、指标和本地化方面。
- 赞助搜索广告是关于人的商业活动，而人们的行为与态度一直处于持续的变化状态中。

理论与实践相结合

对于你的每一个账户，你可以问自己以下问题：

- 增加哪些你认为最合适的赞助搜索广告指标？
- 地理位置软件是不是一种会影响你客户的商业模式的技术？如果是，它将如何影响你的赞助搜索广告工作？
- 点击欺诈对你的客户来说是不是一个关注的重点？在未来几年呢？
- 查询请求提交过程中的哪些变化对你账户的广告产生的影响最大？
- 在移动应用空间中，你的赞助搜索广告工作是否可以占有一席之地？
- 关于搜索隐私，你可以收集的最小而仍然能合理地进行广告锁定的数据量是多少？
- 你的赞助搜索广告工作是否会转换到移动搜索环境中？
- 你的账户整合线上和线下消费者活动的程度如何？
- 你的赞助搜索广告工作是否在实施内容中占有一席之地？
- 在实现你的账户目标或者在新方向做出努力方面，社会媒体是否会发挥作用？
- 在某些上下文场景中，存在一些替代定价模式是否更有益？

结　论

我们看到许多力量作用于赞助搜索广告理念。来自移动应用领域的强大力量正在改变人们搜索信息的方式。在这种情况下，消费者正在绕开万维网而去因特网进行搜索，然后返回万维网以获得实际的信息。

移动应用搜索的使用正在与更加注重本地搜索和带有地域关注的搜索携手并进。移动应用搜索还与实时内容和社会化搜索的使用有关联，因为人们需要当下最重要的信息。

这些变化会影响赞助搜索广告分析、增强个性化，而与关注隐私背道而驰。

点击欺诈还将继续存在，赞助搜索广告平台将继续与之战斗。总体而言，点击欺诈很有可能被遏制，因为广告主在其网站定位（Web site targeting）中变得更具选择性。

不管这些变化如何，在可预见的将来，赞助搜索广告范式将会是搜索引擎以及其他主流网站（包括社会媒体服务）的搜索组件的一种支配性商业模式。没有什么即将到来的广告范式比赞助搜索广告更能有效地向各种利益相关者增加品牌化、广告和营销的价值。

自 1998 年以来，赞助搜索广告为主流搜索引擎的巨大技术基础设施的设立提供了资金流支持。就这一点而论，如我们所知，赞助搜索广告塑造了万维网。如果没有赞助搜索广告，万维网就会截然不同。

了解未来几年赞助搜索广告会将我们带往何方是很有意思的。然而，在可预见的将来，本书所介绍的构念可能会为在这个领域工作的人提供一些延续性要素。

参考文献

[1] Jennings, P. 2004. “Persons of the Week: Larry Page and Sergey Brin,” *ABC News*. Retrieved April 4, 2011, from http://abcnews.go.com/WNT/PersonOfWeek/story?id=131833&page=1

[2] Hume, D. 1910. *An Enquiry Concerning Human Understanding*. Cambridge, MA: P.F. Collier & Son.

[3] Taleb, N. N. 2007. *The Black Swan: The Impact of the Highly Improbable*. New York: Random House.

[4] Brinker, S. 2010. Agile Marketing for Conversion Optimization. (May 24). Retrieved January 26, 2011, from http://searchengineland.com/agile-marketing-for-conversion-optimization-37902

[5] Jansen, B. J., Zhang, M., Sobel, K., and Chowdhury, A. 2009. "Twitter Power: Tweets as Electronic Word of Mouth." *Journal of the American Society for Information Sciences and Technology*, vol. 60(11), pp. 2169–2188.

[6] Jansen, B. J., Zhang, M., Booth, B., Park, D., Zhang, Y., Kathuria, A., and Bonner, P. 2009. "To What Degree Can Log Data Profile a Web Searcher?" *American Society for Information Science and Technology 2009 Annual Meeting*, Vancouver, British Columbia, pp. 1–19.

[7] Helft, M. and Vega, T. 2010. "Retargeting Ads Follow Surfers to Other Sites." *The New York Times* (August 29), p. A1.

[8] Jansen, B. J., Chowdhury, A., and Cook, G. 2010. "The Ubiquitous and Increasingly Significant Status Message." *Interactions*, vol. 17(3) (May–June), pp. 15–17.

[9] Jansen, B. J., Liu, Z., Weaver, C., Campbell, G., and Gregg, M. forthcoming. "Real Time Search on the Web: Queries, Topics, and Economic Value." *Information Processing & Management.*

[10] Jansen, B. J., Sobel, K., and Cook, G. 2011. "Classifying Ecommerce Information Sharing Behaviour by Youths on Social Networking Sites." *Journal of Information Science,* 60(11), 2169–2188.

[11] Jansen, B. J. and Spink, A. 2005. "How Are We Searching the World Wide Web? A Comparison of Nine Search Engine Transaction Logs." *Information Processing & Management*, vol. 42(1), pp. 248–263.

科特勒营销系列

书号	书名	定价	作者
978-7-111-58599-2	营销革命4.0：从传统到数字	45.00	（美）菲利普·科特勒
978-7-111-33248-0	营销革命3.0：从产品到顾客，再到人文精神	36.00	（美）菲利普·科特勒
978-7-111-55638-1	数字时代的营销战略	99.00	（中）曹虎 王赛 乔林 （美）艾拉·考夫曼
978-7-111-46978-0	水平营销	39.00	（美）菲利普·科特勒
978-7-111-47355-8	营销十宗罪：如何避免企业营销的致命错误	30.00	（美）菲利普·科特勒
978-7-111-55031-0	混沌时代的营销	39.00	（美）菲利普·科特勒 约翰A·卡斯林
978-7-111-50071-1	营销的未来：如何在以大城市为中心的市场中制胜	45.00	（美）菲利普·科特勒 米尔顿·科特勒
978-7-111-53103-6	东盟新机遇：科特勒带你探索东南亚市场	39.00	（美）菲利普·科特勒
978-7-111-43291-3	逆势增长：低增长时代企业的八个制胜战略	39.00	（美）菲利普·科特勒 米尔顿·科特勒
978-7-111-35721-6	企业的社会责任	39.00	（美）菲利普·科特勒
978-7-111-40314-2	正营销：获取竞争优势的新方法	45.00	（美）菲利普·科特勒